crie sua própria economia

Tyler Cowen

crie sua própria economia

Tradução de
VITOR PAOLOZZI

Revisão técnica de
RICARDO DONINELLI-MENDES

EDITORA RECORD
RIO DE JANEIRO • SÃO PAULO
2011

CIP-BRASIL. CATALOGAÇÃO-NA-FONTE
SINDICATO NACIONAL DOS EDITORES DE LIVROS, RJ

C915c
Cowen, Tyler
Crie sua própria economia / Tyler Cowen; tradução Vitor Paolozzi. – Rio de Janeiro: Record, 2011.

Tradução de: Create your own economy
Inclui bibliografia
Índice
ISBN 978-85-01-08782-9

1. Economia – Aspectos psicológicos. 2. Pensamento criativo. I. Título.

11-4739

CDD: 330.019
CDU: 330:159.9

Título original em inglês:
CREATE YOUR OWN ECONOMY

Copyright © 2009 by Tyler Cowen
Esta edição foi feita em acordo com Dutton, membro da Penguin Group (USA) Inc.

Todos os direitos reservados. Proibida a reprodução, armazenamento ou transmissão de partes deste livro através de quaisquer meios, sem prévia autorização por escrito. Proibida a venda desta edição em Portugal e resto da Europa.

Texto revisado segundo o novo Acordo Ortográfico da Língua Portuguesa.

Direitos exclusivos de publicação em língua portuguesa para o Brasil adquiridos pela
EDITORA RECORD LTDA.
Rua Argentina, 171 – 20921-380 – Rio de Janeiro, RJ – Tel.: 2585-2000
que se reserva a propriedade literária desta tradução.

Impresso no Brasil.

ISBN 978-85-01-08782-9

Seja um leitor preferencial Record.
Cadastre-se e receba informações sobre nossos lançamentos e nossas promoções.

EDITORA AFILIADA

Atendimento direto ao leitor:
mdireto@record.com.br ou (21) 2585-2002.

SUMÁRIO

PREFÁCIO ... 7

1. O FUTURO DO PENSAR DIFERENTE ... 11
2. CRIATIVIDADE OCULTA ... 25
3. POR QUE A CULTURA MODERNA É COMO O CASAMENTO, EM TODA A SUA GLÓRIA ... 49
4. MENSAGEM INSTANTÂNEA, CELULARES E FACEBOOK ... 71
5. BUDA COMO SALVADOR E O PROFESSOR COMO XAMÃ ... 95
6. A NOVA ECONOMIA DAS HISTÓRIAS ... 119
7. HERÓIS ... 147
8. O BELO NÃO É O QUE VOCÊ IMAGINA ... 169
9. POLÍTICA AUTISTA ... 187
10. O FUTURO DO UNIVERSO ... 203

INDICAÇÃO DE LEITURAS E REFERÊNCIAS ... 219

AGRADECIMENTOS ... 237

ÍNDICE REMISSIVO ... 239

PREFÁCIO

O conteúdo deste livro tem um significado especial para os difíceis tempos por que nossa economia está passando. Vejo o livro e sua mensagem como um caminho para uma vida melhor, e é um caminho que tem especial importância hoje.

Quando a economia vai mal, as pessoas se recolhem e se voltam para prazeres menos dispendiosos. Durante a Grande Depressão dos anos 1930, as pessoas cortaram os caros programas na noite e se dedicaram a jogos de tabuleiro, rádio e diversão familiar em casa. Aprenderam a fazer mais com menos e essas tendências delinearam a vida americana por décadas. A Grande Depressão não foi apenas um acontecimento econômico; foi também uma mudança cultural. E existe uma outra mudança cultural acontecendo neste exato instante. Em épocas de vacas magras, as pessoas se exercitam mais, comem menos fora, cozinham mais e se envolvem em mais projetos de autoaperfeiçoamento e autoaprendizado. A frequência nas bibliotecas está em alta e as pessoas passam mais tempo na internet; uma vez que você já pagou pela conexão, navegar por sites é de graça na maior parte dos casos. Essas tendências são mais importantes do que a maioria de nós se dá conta e neste livro pretendo dizer por quê. Vou contar por que não se trata de tendências passageiras e por que são um presságio de algo muito mais profundo acerca do nosso futuro.

Este é o desafio: com a chegada da recessão, em vez de nos rendermos, o que podemos fazer para nos fortalecer e criar uma vida melhor? Que tecnologias podemos usar e como? Para quem devemos olhar como novos modelos e novos heróis? Como podemos nos voltar para dentro e melhorar quem somos e a maneira como organizamos nosso mundo interior?

Este livro é sobre o poder do indivíduo para fazer a diferença e também para mudar um mundo inteiro, independentemente de as supostas forças econômicas estarem do seu lado ou não. É isso o que eu quero dizer com "criar a sua própria economia".

Se quiser aprender mais, por favor vire a página.

O que ficou para trás e o que está à frente são coisas pequenas comparadas ao que vive dentro de nós.

— FONTE DESCONHECIDA

1

O FUTURO DO PENSAR DIFERENTE

Este livro começará e concluirá com a ideia do valor e do poder criativo do indivíduo. Este é o motor supremo da prosperidade no mundo moderno; é o poder que pode nos dar o que há de melhor na vida. Durante nossa jornada, abordaremos temas como sociedade, tecnologia, política, economia, cultura e internet, mas o primeiro passo nesse caminho será o da autodescoberta.

Um dia, cerca de cinco anos atrás, algo estranho aconteceu. Uma das leitoras do meu blog (www.marginalrevolution.com) — seu nome é Kathleen Fasanella — escreveu pedindo-me de maneira muito educada e inteligente para considerar a possibilidade de eu poder ser descrito como portador da síndrome de Asperger ou de autismo de alta funcionalidade. Ela achava, só pela leitura de meus textos, que esse era o meu caso e se considerava uma "aspie", forma abreviada com que se referia à síndrome de Asperger. Em seu e-mail, ela observou que eu detenho um monte de informações na minha cabeça de uma maneira bastante ordenada e que tenho controle sobre muitos pequenos fatos nas minhas áreas de interesse, especificamente cultura e ciências sociais. Aparentemente, isso foi o suficiente para acionar o radar dela.

Bom, eu recebo todo tipo de e-mails, de modo que a ficha não caiu de imediato. A princípio, achei vagamente insultante, um pouco como os e-mails excêntricos que recebo com teorias conspiratórias a respeito do sistema do Federal Reserve. Mas investiguei a questão um pouco, e quanto mais eu lia sobre o fenômeno mais via que, embora não me encaixe na típica concepção popular de autista nem sofra de "baixa inteligência social", tenho muitas das características cognitivas do autismo, deficitárias ou não. Em outras palavras, tenho um estilo cognitivo autista. Desde então, passei a acreditar que isso é um padrão cognitivo comum, inclusive entre algumas pessoas bastante bem-sucedidas.

Na época, fiquei muito surpreso com a mensagem de Kathleen. Eu era um homem branco de 41 anos de classe alta que durante toda a vida acreditara pertencer ao *mainstream* da sociedade americana. De repente, me vi defrontado pela sugestão de que poderia fazer parte de uma minoria, e uma minoria que se encontra sob muita pressão. A partir daí, tenho me sentido confortável com a ligação com o autismo, e, na verdade, me orgulho dela. Mas na época não era uma ideia para a qual estivesse preparado.

Uma forte característica do autismo é a tendência dos autistas de impor uma estrutura adicional à informação por meio de atividades como arranjar, organizar, classificar, colecionar, memorizar, categorizar e listar. Autistas têm fixação pela informação e são as pessoas que se relacionam com ela de modo mais intenso. Quando se trata das suas áreas de interesse, os autistas são os verdadeiros "infóvoros" — como vou chamá-los. Às vezes, os autistas são retratados como zumbis sem alma, mas na verdade são eles que têm o mais forte interesse nos códigos humanos de sentido. "Alegria", "paixão" e "autismo" provavelmente não são três palavras que estejamos acostumados a encontrar juntas, mas em geral elas se encaixam bem.

"Todos nós temos as nossas áreas particulares que conhecemos muito bem", é o que um autista me disse, que aliás não tinha um grau avançado. Em geral, os autistas procuram empregos que satisfaçam sua paixão pela informação, seja projetando um software novo para uma biblioteca, conduzindo um experimento científico ou ordenando ideias na forma de um livro ou blog. Mark Donohoo, um autista, passa boa parte do tempo estudando as estatísticas dos Atlanta Braves e colecionando tudo que se escreve sobre beisebol. Ou, para considerar mais um caso estereotípico, Ethan, um menino autista no jardim de infância, era fascinado pelos horários dos trens e ficava o dia inteiro na internet lendo as escalas, pelo menos até a sua mãe restringir o hobby. O Metro-North era o seu trem favorito para acompanhar.

A noção de "ordenar informação" pode soar um pouco enfadonha, mas é uma alegria nas nossas vidas cotidianas, seja você autista ou não. Deve ser familiar a qualquer um que já tenha se entretido colocando livros em ordem alfabética na estante, organizando fotos num álbum, fazendo palavras cruzadas ou simplesmente arrumando um quarto. Não é que alguém resolva sentar e dizer "quero arrumar alguma coisa agora", e sim que estamos interessados em características específicas do nosso mundo. Transformamo-nos em "infóvoros" para ajudar a tornar o mundo real e importante para nós. Ordenar e manipular informação é útil e divertido, podendo ser intenso e relaxante, e nos ajuda a explorar profundidades filosóficas. Estamos entrando num mundo em que a coleta e a ordenação de informações atingem extremos barrocos e extravagantes, e isso é (na maior parte das vezes) uma coisa boa. É uma trilha rumo a muitas das melhores recompensas na vida e uma trilha para criar a sua própria economia e assumir o controle da sua própria educação e entretenimento.

À medida que fui pesquisando o assunto, comecei a ver que a mentalidade autista em relação à ligação com a informação é um poderoso modo de compreender o mundo que nos cerca. Especialmente agora.

Lidar com a informação envolve tanto cognição como comportamento manifesto. A maioria de nós não consegue manter o controle de tudo em nossas mentes, de forma que então recorremos à tecnologia em busca de ajuda, ou, como diriam os economistas, nós usamos bens de capital. Por causa da web, a ordenação mental tornou-se muito barata e eficaz e, assim, uma força social bastante poderosa.

Pense no aumento da popularidade do iPod ou do iPhone, que é capaz de tocar música. CDs tornaram-se secundários e, pelo menos nos Estados Unidos, a maior parte da música agora é tocada em computadores e equipamentos similares a computadores. Tendo ultrapassado o Walmart em 2008, a loja iTunes agora é a maior varejista americana de música. Uma pesquisa de 2008 mostrou que, quando se trata de música, a maioria dos jovens não pensa mais em comprar CDs. Minha enteada de 19 anos, Yana, escuta quase todas as suas músicas no computador ou no iPod. O seu primeiro ano na universidade chegou ao fim, mas, para o meu horror inicial, ainda não lhe ocorreu que ela precisa de um som no seu dormitório. A realidade é que ela tem muito mais controle sobre a música em sua vida do que eu tinha na mesma idade, muito mais opções e maior facilidade de acesso.

O formato físico do iPod é atraente, mas a aparência é só parte do apelo. O iPod e a maioria dos outros tocadores de mp3 têm a ver com a reorganização da relação entre a música e a sua mente.

Os usuários organizam as músicas em *playlists* que combinam com seu estado de espírito, com os amigos ao redor ou com o tipo de viagem que estão fazendo. A música brasileira tem uma *playlist*, o punk tem outra e "músicas que me apaixonam" merecem outra. A opção "sequência aleatória" tem destaque nesta roda de controle, precisamente porque queremos ser surpreendidos pela música que escolhemos, porém sem abandonar o nosso papel de comandar o menu final. Os amigos compartilham e trocam iPods. O iPod significa deter o poder sobre a música, classificar música e se identificar com a música de novas formas.

O seu iPod, ao arranjar a sua seleção musical de um novo modo e dar a você um novo poder sobre sua organização, na realidade faz essa música soar melhor. Você pensa na música como algo mais importante, em que vale mais a pena gastar o tempo, algo mais especial e como uma extensão de si mesmo. Quando "Bohemian Rhapsody" toca nos fones do seu iPod, durante uma sequência aleatória, soa fantástica. Você reconecta-se mais uma vez com toda a experiência de audição musical, como se estivesse descobrindo a canção pela primeira vez, com 15 anos, como foi o meu caso. Nos círculos do marketing, sabe-se muito bem que a coisa mais difícil de vender aos consumidores é "a música por si só": em vez disso, um fornecedor perspicaz vai vender um novo tipo de experiência de audição musical. Esse aparelho une duas coisas que adoramos: música boa e o sentimento profundamente pessoal de "estar no controle". Não é por acaso que o manual publicado por Guy Hart-Davis de como usar o iPod e o iTunes enche 508 páginas, e sem papo furado ou informações inúteis — e nelas não estão incluídas novidades sobre as atualizações de 2008.

A estrutura econômica da indústria tem sido virada de ponta-cabeça desde a chegada do iTunes e do iPod. As megalojas de discos, como a agora falida Tower Records, estão sumindo. As empresas fonográficas estavam acostumadas a um modelo em que organizavam as músicas para você em algo chamado disco. Isso também praticamente desapareceu. A maioria dos fãs e consumidores fazem sozinhos a organização, em vez de pagar a um grupo musical ou a uma empresa para se encarregar disso. Em outras palavras, muito da produção de valor foi transferido para dentro da mente humana individual.

O iPod oferece qualidade inferior, ou no máximo igual, à maioria dos aparelhos de som tradicionais (você pode baixar músicas de alta densidade, com som melhor, mas a um custo de muito espaço em disco e praticamente ninguém faz isso). O fato de a maior parte dos usuários não parecer ligar para isso é outra maneira de compreender o sentido do iPod — ou seja, reorganizar como a mente controla e ordena a música. Qualidade de som vem depois.

Compare o iPod aos serviços de assinatura musical — como Rhapsody e Napster, entre outros —, que fracassaram em liderar o mercado. Os serviços de assinatura tinham uma boa seleção, com preços bastante razoáveis, permitindo aos usuários ouvir a música que quisessem, quando quisessem. Mas você não possuía e manipulava as músicas do mesmo jeito que com um iPod. Você não podia controlar, montar, compartilhar e reorganizar a experiência musical da mesma maneira. Os serviços de assinatura fracassaram em conquistar adeptos, precisamente porque oferecem menos softwares culturalmente úteis. Quando o Rhapsody anunciou uma reorganização total do seu serviço em junho de 2008, virou na direção da experiência iTunes/iPod.

Economistas comportamentais às vezes escrevem que os seres humanos são sujeitos a "efeitos de enquadramento" ("framing effects") no sentido de que a apresentação de alternativas influencia nossas escolhas. Por exemplo, nós em geral optamos de maneira mais conservadora se exatamente a mesma oportunidade nos é descrita como um ganho de algo, em vez de uma perda de algo. A presença de um item altamente calórico num prato — o qual não pedimos — deixa-nos com menos culpa de mais tarde pedir uma sobremesa. Geralmente, a presunção é de que os efeitos de enquadramento devem ser evitados. Por certo, muitos dos efeitos de enquadramento são irracionais, mas eles ajudam a pôr um pouco de ousadia na nossa vida. Nós gastamos tempo e energia enquadrando coisas da maneira certa, para que possamos apreciá-las mais ou aprender mais com elas. Enquadrar nos ajuda a dar importância às coisas e dá sentido às nossas experiências. Se você não pode comprar aquele novo Jaguar sedã, e em vez disso está apertando o cinto e ficando dentro de casa, um bom enquadramento é a maneira de fazer a coisa funcionar para você. Boa ordenação mental é como você pode criar o seu próprio conjunto de enquadramentos e, portanto, criar a sua própria economia.

Enquadramento e ordenação delineiam até mesmo o lado social de nossas vidas. Eu realmente me sinto mais ligado às pessoas que são meus (bem ordenados) amigos no Facebook ou que eu sigo no Twitter ou na blogosfera. Ordenar as pessoas dessa maneira me faz pensar sobre quem são e por que são importantes para mim.

O altamente social Facebook faz de todos nós "infóvoros" acerca de nossos amigos. Você não só deve escolher quem é amigo e quem não é, como pode estruturar o universo mental dos seus amigos. Você pode periodicamente enviar-lhes ícones de presente, pedir-lhes que façam testes de similaridade com você, ou pode tentar ficar amigo das pessoas mais legais. Você pode apresentar e ordenar todos os filmes que já viu e todos os livros que já leu ou todas as fotos que já tirou. Pode fazer com que as suas "tags", blogs, diários e outras formas de dados pessoais e de uso da web sejam colocados automaticamente na sua página do Facebook, desse modo acabando com quase todo o trabalho de ordenação. O seu "news feed", agora na sua principal página pessoal no Facebook, põe em ordem o que os amigos estão fazendo.

O participante médio do site de rede social Facebook — e por volta de 2008 havia mais de 60 milhões de usuários cadastrados — tem 164 amigos e faz inúmeros acessos por dia. Minha conhecida Alissa, uma usuária extremamente social, tem atualmente 294 amigos no Facebook e visita o site diversas vezes todo dia. Ela põe fotos (110 na última conta), troca mensagens, responde a convites para festas, entra ou sai de "grupos do Facebook" e, é claro, recruta novos amigos. Ela cancela como amigo aqueles que não mantêm contato. Da última vez que chequei, Alissa era membro de 32 grupos do Facebook, incluindo Salvem os Ursos Polares, Viciado em Starbucks e Crianças que se Esconderam nos Cabideiros das Lojas de Departamento Enquanto a Mãe Fazia Compras. É o que eu chamo de ter uma existência online ordenada. Hoje é regra, não a exceção.

Alguns usuários tentam ordenar o máximo possível de "amigos" diferentes. Steve Hofstetter certa vez conseguiu em torno de 200 mil amigos no Facebook, ainda que apenas para ter o maior número de amigos na história do serviço. Ele começou com a meta de dez mil amigos, aí atingiu 15 mil amigos, então expandiu para 100 mil e, por fim, 200 mil amigos. Na época, ele tinha mais de 1% da população universitária do Facebook como amigo. Até que o Facebook reinicializou o seu perfil porque chegou a um ponto que sua página desacelerava o carregamento do Facebook para outros usuários. Desde então, o Facebook decidiu limitar em 5 mil o número de amigos que se pode ter (por volta de 2008). Mas se você realmente gosta do Steve, mesmo que não possa ser seu amigo, ainda pode entrar para o seu grupo do Facebook; não há limite para o número de membros. Steve, a propósito, depois disso resolveu se tornar um comediante profissional.

Mas quem é Steve Hofstetter? O cara mais sociável do planeta? Ou um fanático por informação que acumulou "amigos" no Facebook por diversão? Talvez seja um pouco de cada. O próprio Hofstetter disse: "Os programadores do Facebook não esperavam encontrar alguém tão obsessivo quanto Steve Hofstetter." Existe até mesmo um grupo do Facebook chamado "Eu não sou viciado no Facebook". Não é raro as pessoas, especialmente jovens, checarem o Facebook 15 vezes ou mais por dia.

O Totspot é conhecido como um Facebook para crianças. Os pais criam perfis para seus filhos, que às vezes não têm mais do que alguns poucos meses de idade, e conectam esses perfis aos de outros bebês, geralmente dos amigos. Você pode listar as comidas, livros e apelidos favoritos das crianças. Alguns pais visitam e atualizam os perfis uma vez ou mais por dia. E não é só o Totspot, também existe Lil'Grams, Kidmondo e outros. O Odadeo ajuda você a não esquecer as suas promessas de ser um pai melhor e a mantê-las.

Para algumas pessoas, não basta catalogar os bebês dos amigos. Muita gente também ordena os diferentes serviços de redes sociais, usando FriendFeed, Fuser, 8hands, Gathera e Secondbrain. Na Wikipédia, isso se chama "agregação de redes sociais".

Fundamentalmente, a relação entre a mente e a cultura humana está mudando. Hoje, cultura não diz respeito apenas a comprar e vender mercadorias básicas como livros ou CDs. A cada dia mais diversão, prazer, conexão social e, de fato, mais contemplação são produzidos em Facebook, blogs, YouTube, iPods, eBay, Flickr, Wikipédia e Amazon.com — entre outros serviços — do que se imaginava vinte ou mesmo dez anos atrás. Pouco importa qual seja o meio, boa parte do valor real hoje vem de leitores, espectadores, estudantes e consumidores, como um "extra" àquilo que eles recebem das corporações. Cada vez mais a "produção" — esta palavra à qual os meus colegas economistas vêm se dedicando há gerações — se tornou interior à mente humana, em vez de se localizar dentro de uma fábrica. Mesmo quando uma grande empresa de mídia produz os pixels, os espectadores e ouvintes usam sua ordenação mental para criar o significado e as interpretações, e é aí que reside a maior parte do valor.

Existe, literalmente, um novo plano para a organização de pensamentos e sentimentos humanos e nós estamos agarrando essas oportunidades num ritmo sem precedentes. Se olharmos para como a cultura é fornecida, distribuída e desfrutada, os cinco últimos anos trouxeram mais mudança do que qualquer período comparável da história humana. O uso adequado do entretenimento e da educação se transformou no mais fundamental empreendimento social.

Em essência, estamos utilizando ferramentas e bens de capital — computadores e a web — para reproduzir ou imitar parte das capacidades dos autistas de absorção e processamento de informação e ordenação mental. Você vai ler ou ouvir algumas afirmações especulativas a respeito de como o uso da web está "mudando o nosso cérebro", ou reformulando nossas conexões cerebrais, por meio da neuroplasticidade, mas a minha mensagem é mais direta. A web nos permite pegar emprestado habilidades cognitivas do autismo e sermos melhores infóvoros, mesmo que não rearranje nenhuma das conexões existentes em nosso cérebro.

Nós estamos aplicando a ordenação onde quer que seja possível. A própria Terra pode ser vista, classificada, rotulada e mentalmente organizada como nunca antes. Com exceção das instalações militares norte-coreanas e algumas outras partes, o Google Earth cria um mosaico de todo o planeta. Existem imagens em 3D das principais cidades, e dá para inclinar, aproximar e girar — tudo organizado por código postal, endereço ou latitude e longitude. A função "camadas" (*layers*) informa onde estão os parques públicos, onde é mais provável a ocorrência de um terremoto, se refugiados políticos estão rumando para uma região e se você pode ver uma área por meio de uma webcam. Adolescentes britânicos desordeiros usam o Google Earth para localizar casas vazias dos vizinhos com piscinas para invadir e dar festas. Ou ainda você pode incorporar o seu vídeo favorito do YouTube a uma imagem de praticamente qualquer lugar do planeta — pode ouvir blues enquanto vê o delta do Mississippi — ou pode fazer um passeio pela Disney em três dimensões. Quando se cansar do Google Earth, pode ir para o Google Sky.

O Delicious, que agora é usado por pelo menos três milhões de pessoas, ajuda você a criar o seu próprio website multidimensional para indexar conteúdo sobre tópicos específicos. É possível criar tags para websites e fotos e visitá-los novamente sempre que quiser, desse modo gerando fácil acesso. Também é fácil visitar os links e fotos que outras pessoas marcaram com as mesmas palavras-chaves. Você cria a sua própria enciclopédia particular de conteúdo e significado, mas na web, em vez de na sua mente.

Fotografias pessoais tornaram-se uma das principais manifestações da cultura contemporânea. Não é que a qualidade das fotos seja sempre alta, mas sim que as imagens são empregadas para tecer uma memorável narrativa emocional da família, das férias e da experiência pessoal. O serviço Flickr auxilia você a organizar suas fotos e compartilhá-las com outros. Neste momento, o Flickr oferece mais de dois bilhões de imagens, todas dispostas numa ordem que permite buscas. Pesquisei o meu próprio nome e em menos de dois segundos encontrei quatro imagens com tags (postas por outros usuários) embaixo do meu nome, incluindo uma foto minha e também uma de uma grande pilha de livros. A nova palavra para sites assim é "folksonomia", que combina as raízes de "folk" e "taxonomia".

O que é a Wikipédia senão um vasto e ordenado espaço intelectual para reunir e apresentar de maneira eficaz o conhecimento factual e analítico da humanidade? É um dos mais espetaculares projetos de ordenação já iniciados por seres humanos.

Seria um erro imaginar que nossa nova paixão pela informação e ordenação diz respeito à mente, em detrimento do corpo. Mesmo quando fazemos as mais físicas, mais exuberantes e mais sensuais atividades na vida ainda estamos impondo novas ordens mentais em nossas escolhas.

O website Bedpost (www.bedposted.com) ajuda os usuários a mapear virtualmente suas vidas sexuais. As instruções são bem claras: "Simplesmente acesse após cada vez que você fizer sexo e preencha uns poucos campos de dados. Em pouco tempo, você terá um histórico contínuo da sua vida sexual para refletir. Use a função tags para obter uma compreensão ainda mais profunda das suas atividades, e use a classificação de parceiros para registrar tantos quantos você conhecer."

O rastreador Brightkite organiza onde você esteve e o My Mile Marker ajuda no registro dos seus hábitos ao volante, inclusive os postos em que você encheu o tanque. O Garmin Forerunner 305 GPS tem a aparência normal de um relógio digital de pulso. Mas se você usá-lo enquanto corre, um registro do seu exercício pode ser baixado para o computador. Ele mantém uma conta atualizada (quantos quilômetros você realmente correu no mês passado?) e pode exportar a informação diretamente para a conta no Facebook. Existe um site — everytrail.com — no qual você pode compartilhar suas viagens com outros e colocar automaticamente tags geográficas nas fotos. Registros na web também estão sendo usados para fazer dietas, parar de fumar, ajudar ou impedir gravidez e curar maus hábitos.

A ideia básica por trás das inovações na web é pegar uma crescente, enorme e excitante massa de confusão — informação moderna, em toda sua riqueza e glória — e impor alguma coerência local a ela, desse modo transformando-a numa forma utilizável. Esse processo reflete a maneira como vivemos dia a dia. Mas espere... é um princípio conhecido. Com o propósito de permitir uma comparação, Kamran Nazeer, um advogado britânico, defensor de política pública e escritor que se descreve como autista, sugere o seguinte retrato:

Uma pessoa autista pode ter uma hierarquia diferente ou pode não ter hierarquia nenhuma de dados sensoriais. É o que costuma acontecer com autistas quando se sentem oprimidos pelo que está ao redor. É porque não estão formando uma hierarquia de dados sensoriais, é porque estão recebendo todos os dados sensoriais, é aleatório e, como você pode imaginar, estamos sempre bombardeados por dados sensoriais. Mas a razão pela qual não nos sentimos oprimidos é porque temos uma hierarquia para filtrá-los. Acredito que o que frequentemente acontece com pessoas autistas é que elas não estabelecem hierarquias. Não estabelecem hierarquias do mesmo modo ou não estabelecem hierarquia nenhuma?... Muitos autistas exibem o que eu e muita gente chamamos de *desejo por coerência local*. Assim, como não estão formando uma hierarquia de dados sensoriais, que no fim das contas é a única maneira pela qual podemos impedir de nos sentirmos oprimidos no mundo, o que eles fazem, em vez de estabelecer a hierarquia, é desejar algum modo simples de colocar ordem no caos ao redor.

No caso de uma pessoa típica, você se defronta com a web e se sente oprimido, mas dá um jeito de impor alguma coerência local, ao seu próprio modo, ainda que recorrendo ao serviço de busca do Google ou à sua lista de sites favoritos. Você lança mão de alguma ordenação mental, geralmente com o auxílio de tecnologia. Inicialmente, você está apenas lutando para não se afogar, mas quanto mais tempo passa na web, mais aumenta o seu controle. Você sai dos favoritos para o Facebook, para o Twitter e daí para sites superespecializados para ordenar os detalhes da sua vida. Você sai da perplexidade para um sentimento de crescente domínio.

Os economistas estudaram a nossa espécie como o *Homo economicus* e, algumas décadas atrás, quando meus colegas cientistas sociais investigaram a nossa natureza inclinada aos jogos, nasceu o *Homo ludens*. Hoje, um novo tipo de pessoa cria a sua economia muito particular dentro da cabeça. A era do *Homo ordo** chegou.

Ludens vêm do latim *ludus* (lúdico) e *ordo* é a palavra latina para ordem. (N. do T.)

Voltaremos ao tema da web e seu significado no modo como a sociedade está mudando, mas antes vejamos as pessoas que têm sido ordenadores mentais *par excellence*. Quaisquer que sejam as tragédias do autismo, nós podemos aprender muito com os autistas e com suas *forças* cognitivas. Eles são uma surpreendente chave para a compreensão de onde o nosso mundo veio e para onde está indo.

2

CRIATIVIDADE OCULTA

Para compreender o que poderíamos aprender com os autistas, primeiro precisamos limpar nossas mentes daquilo que geralmente se ouve a respeito do autismo. Ao examinar a literatura sobre o autismo e conversar e trocar correspondência com autistas, fiquei chocado em descobrir a minha ignorância. Esqueça o que você viu no filme *Rain Man*. O autismo envolve muitas diferentes características da condição humana e frequentemente está vinculado à tragédia humana, mas gostaria que você encarasse o autismo por um outro ângulo. Gostaria que considerasse a possibilidade de que muitos autistas — e não apenas os *savants** — têm notáveis forças cognitivas.

O autismo é discutido de pelo menos duas maneiras diferentes e, às vezes, conflitantes:

1. O autismo se refere a algumas capacidades e incapacidades cognitivas (conectadas).

2. O autismo diz respeito a personalidade e comportamento manifesto.

---

*O termo é ligado à síndrome de savant, cujos portadores têm incapacidades mentais, mas contam com excepcionais dons intelectuais em áreas específicas, por exemplo, memória prodigiosa. (N. do T.)

Há um subconjunto do número 2 muito comum, especificamente:

2b. O autismo diz respeito a ter muitos problemas e maus resultados na vida.

Esta última frase representa a concepção pública dominante do autismo, que é, fundamentalmente, uma série de desvantagens e distúrbios. A menos que os problemas dominem a discussão, pode não haver autismo, e quem quer que afirme o contrário simplesmente não sabe o que autismo significa. Neste ponto, uma longa série de definições é repetida, geralmente evocando versões do número 2b, para desacreditar qualquer ponto de vista contrário. Muitas definições estabelecidas, a maioria delas em manuais formais de diagnóstico, conceituam o autismo em termos de "deficiências" variadas.

Talvez existam algumas razões práticas para se definir o autismo, e outras trajetórias do desenvolvimento neurológico, em termos de problemas na vida. Por exemplo, algumas questões jurídicas e securitárias são resolvidas pela existência ou não de um diagnóstico formal para um indivíduo. É a presença de deficiências que leva a um diagnóstico, que leva ao julgamento de um tribunal (ainda que apenas potencialmente), o que por sua vez leva a um desembolso ou uma reivindicação na justiça ou talvez uma classificação educacional.

Mas quaisquer que sejam os usos práticos de semelhantes esquemas de classificação, a compreensão da neurodiversidade humana em termos de deficiências é fundamentalmente equivocada. Nós estamos deixando a nossa compreensão de alguns seres humanos bastante reais ser determinada por questões médicas e legais formais. Há uma abordagem mais profunda que coloca os autistas numa compreensão mais ampla da condição humana, ou seja, como pessoas esforçadas que aprendem todo tipo de coisas maravilhosas, conhecem muitos tipos de alegria e vivenciam tragédias, grandes e pequenas. Esse entendimento é bom também para os autistas e vai nos ajudar a aprender com eles, para o nosso próprio benefício coletivo.

Obviamente, o autismo quase sempre traz consigo problemas. Mas uma correlação não deveria ser transformada em definição, não mais do que deveríamos *definir* a África subsaariana como um local cheio de gente abaixo da linha da pobreza. Se *definimos* o autismo no sentido de seus problemas, vamos ter mais dificuldade para entender como essas dificuldades surgem, como remediá-las e como apreciar e tirar proveito das habilidades autistas.

Também há uma razão ética para eu não querer definir o autismo como uma deficiência ou resultado fracassado. Não quero usar todo o peso da ciência como um consenso social predeterminado para rotular um grupo de gente como "inferior". Nós rejeitamos tais abordagens em relação a raça e deficiências físicas precisamente porque nos demos conta, nesses outros contextos, de que cada indivíduo tem importância e que os estereótipos negativos podem ser destrutivos. É hora de fazer o mesmo com o autismo. Não importa o que você pensa que é o resultado médio ou típico do autismo, e não importa quanta tragédia autista você já viu, ouviu ou leu, por favor não fale ou escreva sobre o autismo como se fosse um braço quebrado, um defeito a ser consertado ou destruído, e nada mais que uma praga no mundo. Quando você se refere ao autismo, está discutindo pessoas muito reais, e algumas dessas pessoas estão lendo as suas palavras com grande consciência e recebendo a mensagem de que são menos valiosas como seres humanos simplesmente em razão de quem são. Não é nem uma boa prática médica nem uma boa base filosófica para uma sociedade de indivíduos livres e dignos.

Em relação a incapacidades não autistas, tem havido uma tendência a um distanciamento de se retratar pessoas incapacitadas como sendo amaldiçoadas e fardos lastimáveis. Está na hora de aplicar os mesmos padrões à nossa discussão sobre o autismo.

Concebo o autismo como um perfil cognitivo, ou seja, com forças e fraquezas cognitivas. O resultado é que — como veremos — problemas serão frequentes, mas também há muitos êxitos e bons resultados. Acima de tudo, iremos entender melhor as forças cognitivas do autismo.

A compreensão cognitiva ressalta que os autistas diferem nas formas básicas em que vivenciam o mundo e em como aprendem a partir dele. O perfil cognitivo dos autistas é complexo, mas gostaria de me concentrar em duas capacidades cognitivas em particular. Primeira, muitos autistas são muito bons em discernir, processar e ordenar informação, especialmente em áreas especializadas ou preferidas; já discuti essa paixão pela informação no capítulo 1.

Segunda, os autistas têm uma inclinação para o "processamento local" ou a "percepção local". Por exemplo, um autista pode ter mais chances de notar um som particular ou um fragmento específico de um padrão, ou um autista pode ter um conhecimento especialmente bom de detalhes ou fatos, novamente, nas áreas preferidas de interesse.

Para enfatizar essas duas características, as forças cognitivas do autismo incluem:

- Grande habilidade para ordenar conhecimento em áreas preferidas; e
- Grande habilidade na percepção de fragmentos de informação em áreas preferidas.

No geral, temos aprendido que as forças cognitivas do autismo são mais importantes do que as pessoas costumavam pensar. Para apresentar uma breve lista dessas forças, os autistas têm em média uma percepção superior de diapasão, percebem melhor detalhes em padrões, em média enxergam melhor, têm menos chances de serem enganados por ilusões de ótica, têm maior propensão de se ajustar a alguns cânones da racionalidade econômica e têm menor propensão a desenvolver falsas memórias de tipos específicos.

Os autistas também têm probabilidade maior de serem *savants* e gozam de enorme capacidade para memorizar, fazer operações com códigos e cifras, realizar cálculos de cabeça, aprender a ler espontaneamente ou se destacar em outras tarefas cognitivas especializadas. O autismo, entretanto, tem forças cognitivas com ou sem capacidades do tipo *savant*; autistas não *savants* exploram as mesmas fontes de vantagem cognitiva que os *savants*, embora de maneira menos radical.

Um problema cognitivo é que muitos autistas são facilmente afetados ao processar determinados estímulos do mundo externo. Esse problema está relacionado à já mencionada força de percepção local. Um autista pode contar com um sentido de olfato bastante sensível, mas também pode ficar incomodado ou sobrecarregado por aquilo que é, ao seu aparelho sensorial, o forte odor de um perfume ou de um chocolate. Um autista pode ser perturbado por um alarme ou sirene, ou ainda pelo tremeluzir de luzes fluorescentes. Às vezes, a sensação de opressão é tão forte que um autista não consegue ter um bom desempenho na sociedade. Por exemplo, alguns autistas têm dificuldade em lidar com o transporte público ou outros ambientes ruidosos e sensorialmente carregados. Para um autista, a capacidade de controlar o seu ambiente tem um valor especialmente alto.

Alguns pesquisadores veem os autistas como portadores de aparelhos sensoriais "muito ligados" ou "muito desligados", em vez de modulados nos mais comuns intervalos entre os extremos. Outros autistas, por exemplo, têm sensibilidade bastante elevada ou bastante baixa para a dor física. Segundo essa visão, os autistas são um grupo de pessoas cujos "interruptores" possuem combinações incomuns ou extremas das posições "ligado" ou "desligado". O que acontece é que o arranjo dos interruptores difere em cada autista, e essa é uma razão de por que é difícil fazer generalizações precisas sobre os autistas como um todo.

Uma compreensão um pouco diferente do autismo postula que há menos controle automático "de cima para baixo" de como a percepção sensorial é processada. Assim, algumas formas de percepção são mais fortes ou mais agudas, contudo novamente há o perigo de o nível de percepção causar uma sensação de opressão. Nesta visão, o "gerente de cima para baixo" do cérebro desempenha um papel mais forte em não autistas. O interesse do autista em ordenar informação pode refletir forças que ficam mais fortes quando o gerente de cima para baixo está enfraquecido ou desligado.

Uma série de problemas cognitivos ocorre em muitos autistas em taxas maiores do que a média. É comum, embora de modo algum universal, que autistas tenham dificuldade em falar de maneira inteligível, que comecem a falar tarde ou que entendam melhor instruções escritas do que orais.

Alguns pesquisadores incluem "fraca função executiva" (uma função que engloba planejamento estratégico, controle de impulso, memória operacional, flexibilidade de raciocínio e ação, e outras características) como parte do perfil cognitivo do autismo. Outros pesquisadores se concentram na questão da "fraca coerência central", ou incapacidade de ver o "todo". Mas parece que essas são características secundárias, mais comuns em subgrupos autistas do que no autismo em si. A evidência também indica que autistas de QI alto são plenamente capazes de ver o todo quando querem, mesmo se têm preferência por processar apenas fragmentos de informação. Em geral, quando se trata de autismo, para se definir se uma dada generalização é verdadeira ou não vai depender do subgrupo de autista que está sendo considerado.

É um estereótipo comum a noção de que autistas não têm consciência da existência mental de outras pessoas, mas essa é uma definição pobre do autismo. Muitos autistas apresentam bom desempenho em testes de "teoria da mente" e podem compreender as intenções de outras pessoas muito bem. Além disso, muitas crianças não autistas com deficiências, inclusive linguísticas, fracassam em testes de teoria da mente da mesma maneira que algumas crianças autistas. Experiências com a teoria da mente geralmente avaliam um complexo conjunto de características humanas, como capacidade de alternância de atenção, interpretação de comandos, habilidades linguísticas e estruturas comuns de referência cultural. Um grande número de autistas considera muitos traços da sociedade dominante e da vida social verdadeiramente intrigantes (retornarei a esta questão), mas não porque sejam zumbis sem concepção de uma vida mental interior.

De todo modo, se você pegar essas capacidades e incapacidades cognitivas e colocá-las numa economia de mercado em rápida evolução, obterá algumas pessoas que atingem relativamente alto status social e outras — muitas outras — que acabam com status bem menor. Essa é a minha visão básica do autismo como um fenômeno social, ou seja, que por razões enraizadas na percepção e cognição há uma elevada variação de resultados no espectro de indivíduos. Isso é verdadeiro tanto se olharmos para resultados em salários como para resultados em QI, em conquistas científicas, em apreciação musical e em muitos outros pontos de referência. A alta variação de resultados significa que é fácil encontrar grande número de evidências de incapacidades no autismo, mas, novamente, isso é deixar de enxergar o todo.

Compreender o autismo como mais do que somente uma incapacidade não significa que tudo seja ideal do jeito que está agora. Seria muito bom se muitos adultos e crianças autistas pudessem desenvolver mais das habilidades possuídas em maior proporção pelos não autistas. Mas sejamos coerentes: também penso que seria bom se a maioria das pessoas não autistas pudesse desenvolver algumas das habilidades encontradas em maior proporção nos autistas. Conforme discutirei no próximo capítulo, já é um objetivo fundamental (embora mal compreendido) do nosso sistema educacional ensinar (a não autistas) algumas das forças cognitivas dos autistas.

Estou usando os termos "autismo", "autista" e "espectro autista" porque hoje em dia é como a maioria dos autistas assumidos discutem a si mesmos. As palavras "síndrome de Asperger" podem ser empregadas para se referir a uma pessoa que tem muitos traços cognitivos de autismo, mas menos dificuldades de desenvolvimento na juventude, pouco ou nenhum atraso no desenvolvimento linguístico e capacidades verbais relativamente fortes. Os pesquisadores estão divididos na questão sobre se a síndrome de Asperger é conceitualmente distinta do autismo, mas ao longo do tempo a tendência tem sido de duvidar se é possível traçar uma linha clara e, desse modo, eu vou me referir a autismo a menos que o contexto exija a menção de que outras pessoas usam o termo síndrome de Asperger. Como síndrome de Asperger é um termo de melhor aceitação social, muita gente tem encorajado a utilização do termo e conceito, ainda que por temor de ser rotulada como autista e se tornar um pária. (Você também encontrará a palavra "neurodiversidade" empregada dessa maneira.) Também há um uso mais sinistro do termo "síndrome de Asperger". Muitas pessoas creem que os autistas não têm condições de obter capacidades e conquistas positivas. Assim, sempre que um autista faz algo positivo, essas pessoas reclassificam o autista como portador da síndrome, para preservar "autismo" como uma categoria puramente negativa. Essa prática é um dos motivos pelos quais eu não uso "síndrome de Asperger", embora não queira imprimir essa culpa sobre os muitos usuários responsáveis do termo e dos conceitos associados.

Você também encontrará a palavra "nerd" associada ao conceito de Asperger. "Nerd" é um termo sociológico e, portanto, não se associa com o autismo de nenhum modo. Talvez muitos nerds pertençam a uma subcategoria de autistas, mas seria errado imaginar que a maioria dos autistas fosse vista pelo mundo como nerd. Tipicamente, nerds aprendem precocemente e muitos autistas são julgados lentos ou mentalmente retardados (ainda que apenas por dificuldades na comunicação) mesmo quando não são. A distinção entre nerds e pessoas que aprendem devagar é outro bom exemplo da diversidade de resultados dentro do autismo.

Minhas opiniões sobre a força cognitiva do autismo são muito influenciadas por meu ex-colega Vernon Smith, premiado com o Nobel de economia. Um dia, Vernon "saiu do armário" e anunciou ao mundo pela televisão (depois pelo YouTube) que era um autodiagnosticado portador da síndrome de Asperger. Vernon falou sobre o seu foco, sua persistência, sua atenção ao detalhe, sobre como persevera nas suas ideias e sobre como pode ser exaustivo para ele se socializar em público. Também atribuiu muito do sucesso na carreira — não é apenas um ganhador do

Nobel como um dos mais importantes e influentes laureados — ao que chama de seus traços de Asperger. Até hoje, Vernon provavelmente é a pessoa de maior projeção a fazer tal admissão pública. A maioria recebeu a revelação com frio silêncio e muita gente não acredita que alguém tão bem-sucedido como Vernon possa ser autista.

Em geral, quem está de fora não vê as forças cognitivas ao longo do espectro autista porque se concentra excessivamente no que é alta ou facilmente visível. O autismo no mundo moderno com frequência diz respeito a "diagnóstico" e "tratamento", e isso cria um viés de seleção. Profissionais da medicina controlam as definições conhecidas de autismo e recebem essas pessoas ou parentes que vão em busca de ajuda. Não é surpresa que essas pessoas e seus médicos estejam focados nos problemas da vida. Ao mesmo tempo, muitos dos autistas com status social relativamente alto não querem ligação com o conceito ou, mais comumente, desconhecem genuinamente que podem se classificar como autista de algum modo.

Vieses de seleção entram em operação novamente se você visitar as reuniões mais informais de pessoas que se descrevem como autistas, portadoras de Asperger e indivíduos neurodiversos. As pessoas que vão a um grupo de apoio ou entram num fórum de discussão online em geral estão respondendo a algumas necessidades sentidas em suas vidas ou passando por problemas. Elas gostariam de receber conselhos ou conforto de semelhantes. É bom que ajuda, ou pelo menos consolo, esteja disponível. Mas, novamente, o foco em tais grupos vai provocar um viés na nossa compreensão. Os "autistas observáveis", seja em clínicas médicas ou na internet, geralmente não são os autistas, ou as pessoas do espectro autista, que detêm status social mais elevado. Mais uma vez, o universo de estudos sobre o autismo evoluiu para nos dar uma visão oblíqua da natureza do autismo.

Há exceções nesse quadro preconceituoso. Simon Baron-Cohen realizou um excelente estudo sobre autistas bem-sucedidos; sua conclusão é que eles são muito mais comuns do que a maioria imagina, acima de tudo nos campos da matemática e engenharia. Baron-Cohen destaca o comportamento sistematizador como uma importante força cognitiva dos autistas.

Craig Newmark, fundador do fórum virtual Craigslist, escreveu em seu blog que a sua história como um "nerd em recuperação" está ligada à síndrome de Asperger. Talvez não seja por acaso que os autistas sejam conhecidos por seu apego a listas como meio de processar, registrar e ordenar conhecimento. Bram Cohen, criador e ex-CEO do BitTorrent, também se descreve como portador da síndrome de Asperger. Ele fundou a companhia aos 29 anos e o BitTorrent tem sido um pioneiro na troca de informação digital pela web; uma das suas principais sacadas foi como o BitTorrent podia fragmentar arquivos em pedaços menores e fazer o envio desse jeito, em vez de mandar todo o arquivo imediatamente. Aos 16 anos, Cohen já dominava três linguagens de programação, e seu trabalho no BitTorrent é considerado brilhante. O exemplo mais conhecido de um autista bem-sucedido é o de Temple Grandin, que introduziu melhorias no tratamento de animais e em matadouros que hoje são de uso disseminado; sua singular perspectiva cognitiva ajudou-a a entender quando os animais estão com medo e como se pode fazê-los sentirem-se mais seguros.

Ainda não vi um estudo científico ou uma discussão clínica séria sobre autistas que exercem cargos públicos, trabalham em Hollywood, criam empresas virtuais 2.0 ou administram companhias americanas ou fundos hedge de porte. Se você ainda pensa que semelhante trajetória de conquistas soa maluca, vá ao Google e visite o site da National Association of Blind Lawyers; a associação de advogados cegos. Deficiências podem ser superadas ou compensadas, especialmente por gente talentosa e determinada com disposição para se concentrar no aprendizado. Thomas Gore (1870-1949), de Oklahoma, foi um advogado completamente cego que por 20 anos ocupou uma cadeira no Senado dos EUA.

Ou, então, pense nesta parábola: uma vez conheci uma mulher num almoço que, por razões cognitivas, era incapaz de reconhecer outras pessoas pelo rosto. (Essa deficiência é conhecida como prosopagnosia, aparecendo em muitos livros populares de neurociência.) Essa mesma mulher era a única pessoa ali que se lembrava de todos os demais no recinto. O que acontece é que ela desenvolveu um sistema para se lembrar das pessoas pelas roupas e o aplicava de uma maneira bastante consciente e coerente; sem o sistema, estaria perdida. Pessoas como eu, com capacidades normais de reconhecimento facial, geralmente não têm esse sistema. O resultado era que essa mulher — que alguns poderiam chamar de "deficiente" — tinha um sentido da multidão muito melhor do que o meu.

Charles Darwin, Gregor Mendel, Thomas Edison, Nikola Tesla, Albert Einstein, Isaac Newton, Samuel Johnson, Vincent van Gogh, Thomas Jefferson, Bertrand Russell, Jonathan Swift, Alan Turing, Paul Dirac, Glenn Gould, Steven Spielberg e Bill Gates, entre muitos outros, fazem parte da lista um tanto longa de famosos que foram identificados como possíveis autistas ou portadores da síndrome de Asperger. Não creio que podemos "diagnosticar" indivíduos a distância, portanto devemos ter cautela ao fazer quaisquer afirmações específicas. Ainda assim, a possibilidade de que algumas dessas pessoas estejam no espectro autista não pode ser descartada, especialmente a partir do momento em que você compreende os autistas como capazes de aprender e superar problemas iniciais.

O economista Thomas Sowell escreveu dois livros sobre "crianças que falam tarde". Sowell sustenta que existe toda uma classe de pessoas, incluindo muitas que conhece e estudou, que começaram a falar tarde e possuem muitos traços de "autismo moderado". Essas pessoas têm QI muito elevado, acentuado interesse em matemática e engenharia, às vezes são introvertidas, extraem grande prazer do trabalho e frequentemente mantêm uma relação especial com a música. Sowell estudou essas pessoas distribuindo elaborados questionários e compilando os resultados. Ele teme que essas pessoas terminem equivocadamente classificadas como autistas e nota que muitas delas são bastante bem-sucedidas.

Aparentemente, a principal razão para não classificar muitas delas como autistas é simplesmente a de que estão bem — são inteligentes, têm êxito e tiram prazer do trabalho. Sowell pecou nesse ponto.

Também há um crescente número de obras sobre crianças que se "recuperaram" do autismo, frequentemente com pouca ou nenhuma terapia comportamental. Uma equipe de pesquisadores, liderada por Molly Holt, estima que entre 3% e 25% das crianças diagnosticadas como autistas se desenvolvem a ponto de não poderem ser facilmente distinguidas de crianças não autistas. Deborah Fein, uma professora de psicologia da Universidade de Connecticut, calcula (*grosso modo*) um índice de 20% de recuperação. Esses números são intrigantes, embora especulativos; é difícil saber, antes de mais nada, quantos diagnósticos originais simplesmente estavam errados. Mas eu prefiro a palavra "aprendizado" a "recuperação"; muitos autistas *aprendem* a superar suas desvantagens cognitivas. Nós diríamos que uma pessoa não autista, enquanto cresce, se "recupera" das incapacidades de uma criança de quatro anos? Ou diríamos que a pessoa aprendeu muito?

Reconhecer o poder do aprendizado autista anula uma série de estereótipos. Há uma crença comum de que os "muito autistas" são casos perdidos, mas talvez os "autistas moderados" possam atingir algum tipo de sucesso. Essa é uma opinião, mas é uma hipótese, não um fato. Nós poderíamos, de maneira igualmente fácil, produzir outra hipótese e afirmar que os "autistas verdadeiros" são as pessoas bem-sucedidas que são autistas de modo bastante consistente, mas jamais foram assim diagnosticadas porque obtêm elevado status social e talvez também tenham tido infâncias felizes. Elas aperfeiçoaram estilos autistas de aprendizado e, assim, têm muitas conquistas, incluindo um bom domínio funcional de inteligência social. Histórias de sucesso não têm que ser classificadas como casos de "autismo moderado"; elas podem perfeitamente ser mais bem compreendidas como casos de aprendizado autista efetivo.

No campo da pesquisa do autismo, avanços científicos vieram de pesquisadores que são, eles próprios, autistas. Michelle Dawson, uma pesquisadora autista de Montreal, insistiu com seus colegas para que eles aplicassem o teste de QI de matrizes progressivas de Raven a autistas. Esse teste bastante diferente põe o foco na capacidade de um indivíduo completar segmentos ausentes de padrões abstratos. No passado havia a presunção comum de que autistas têm inteligência menor do que a média, mesmo se olharmos apenas para aqueles que não são mentalmente retardados. Esse resultado era obtido a partir de testes de QI Wechsler, o qual envolve conhecimento acumulado, por exemplo, comando de vocabulário, ou conhecimento extraído da vida cotidiana, tal como saber o que pode ser encontrado num armário de cozinha. Essas nem sempre são forças autistas. Isso significa que autistas, diferentemente de vários não autistas, se sairão muito melhor em alguns testes de QI que outros. Quando os resultados de alguns recentes testes de QI de matrizes progressivas de Raven foram contabilizados, os autistas realmente foram muito bem. Na verdade, dois dos participantes subiram do nível "mentalmente retardado" para o campo dos 95%, perto do topo.

Michelle Dawson é pesquisadora e autista, mas há pouco mais de dez anos era uma mensageira postal canadense com nada além de um diploma colegial. Dawson foi então entrevistada em um documentário sobre autismo e, assim, entrou em contato com alguns pesquisadores sobre o autismo. Eles ficaram impressionados com sua inteligência e compreensão, e agora Dawson faz parte da equipe de cientistas e é uma figura de destaque na pesquisa do autismo. Ainda tem apenas um diploma colegial, mas também conta com um conhecimento enciclopédico e compreensão do campo da pesquisa do autismo, e é intelectualmente brilhante. Durante o crescimento, teve dificuldades enormes para aprender a falar de forma significativa e só conseguiu após grandes esforços e sofrimentos. Em outra época, ou talvez até mesmo hoje, poderia ter sido internada, mas Michelle Dawson é uma prova viva das forças cognitivas do autismo. Note que, pela maioria dos padrões, ela seria considerada "muito autista", e não "moderadamente autista". Aparentemente, o próprio Hans Asperger — um pesquisador bastante inovador — era, sob alguns aspectos, autista.

O que é a própria ciência senão outro meio de ordenação mental? O neurocientista Matthew Belmonte (que tem um irmão autista) escreveu: "Agora, pensando bem, vejo que tanto a ciência como o autismo são compulsões para ordenar que diferem apenas em seus graus de abstração. Sinto agora que o mesmo conjunto de tendências genéticas que deu ao meu irmão o autismo deu-me apenas o suficiente de desespero pela ordem para tornar-me um cientista e, de fato, um estudante do autismo — o suficiente para ser movido pelo mesmo sentido de caos iminente que move o meu irmão; contudo, isso não me oprime tanto. Frequentemente penso em como meu irmão e eu somos semelhantes e em como facilmente eu poderia ter sido ele ou ele, eu."

Fiquei curioso a respeito de Peter Mark Roget, o homem por trás do *Roget's Thesaurus*. Uma biografia recente de Roget, escrita por Joshua Kendall, tem o apropriado título de *The Man Who Made Lists* [O homem que fazia listas]. No segundo parágrafo do livro, ficamos sabendo que Roget era uma pessoa culta e também um gênio do xadrez. Kendall escreve: "O interesse juvenil em geometria e álgebra não foi um encanto passageiro... Sob alguns aspectos, a matemática revelou-se ainda mais atraente a Roget do que a comunicação verbal porque ele a via como uma forma pura de linguagem, uma que tratava diretamente da relação entre conceitos abstratos." A propósito, Roget também inventou a escala log-log, a qual aumentou a utilidade das réguas de cálculo. E ele escreveu um livro de 250 mil palavras — o seu Tratado de Bridgewater — sobre como organizar o mundo vivo em diferentes categorias.

Eis uma passagem ainda mais explícita da biografia de Roget, e só posso me perguntar por que o conceito de autismo não ocorreu ao autor: "Enquanto a maioria das crianças se familiariza com animais e plantas usando todos os sentidos — olhando, ouvindo, cheirando e tocando — e acessando suas emoções, Peter, por outro lado, confiava exclusivamente na sua mente. Sem nenhum dos pais disponível para ajudá-lo a processar todos os estímulos potencialmente perturbadores e assustadores... Peter foi forçado a limitar a quantidade do ambiente externo que assimilava. Em vez de experimentar o conteúdo do mundo em todo o seu deslumbramento, tomou um atalho aberto pelo seu agudo intelecto: ele o classificava." A propósito, o filho de Peter, John, também foi descrito como uma "máquina classificadora e arranjadora".

Se você gosta de atividade focada, e às vezes repetitiva, ajustada para a ordenação mental, hoje em dia você pode se encaixar bem no mundo dos extremamente bem-sucedidos. Estava lendo a recente biografia de Warren Buffett, chamada *A bola de neve: Warren Buffet e o negócio da vida*. Ali, fiquei sabendo que Buffett tem uma antiga obsessão por trens, que adora colecionar e que "poderia ter passado décadas trabalhando com estatísticas de mortalidade, avaliando as expectativas de vida das pessoas. Além das maneiras óbvias com que isso se adequava à sua personalidade — que tendia à direção da especialização, apreciava memorizar, colecionar e manipular números, e preferia a solidão —, trabalhar como um atuário de seguros de vida teria permitido que passasse o tempo meditando sobre uma das suas duas preocupações favoritas: a expectativa de vida". A questão aqui não é dizer que Buffett é autista, já que não posso saber. A questão é perceber que, no mundo atual, muitos autistas serão capazes de elevadas conquistas, naturalmente recorrendo às forças cognitivas autistas.

Até agora abordei a cognição. Mas, conforme listei perto do começo deste capítulo, um segundo conceito de autismo (e noções associadas, como a síndrome de Asperger) faz a discussão em termos de alguma mistura de *traços de personalidade* e *comportamento manifesto*. Esse é o uso mais comum para essas palavras, mas é diferente da compreensão do espectro do autismo em termos de cognição.

É fácil ver por que os conceitos baseados em personalidade e em comportamento são tão populares. Adoramos falar sobre outros seres humanos e suas personalidades e comportamentos, e, desse modo, quando discorremos sobre autismo nós frequentemente voltamos nossa atenção para as mesmas direções. Gostamos de usar exemplos e apontar traços particulares que podem ser observados por outros. A maior parte do que você vê ou lê na mídia reforça as visões baseadas em personalidade e comportamento, em parte porque são fáceis de relatar e transformar numa história de interesse humano. Então fica fácil de contar essa história para amigos e parentes. Mas uma boa parte dessas características é generalização informal com graus variados e incertos de verdade.

A lista de traços observados em pessoas autistas — em graus variados — inclui introversão, falta de contato visual direto ou padrões incomuns de contato visual, paixão por rotinas repetitivas, autoestimulação (geralmente um movimento corporal repetitivo), tom de voz relativamente uniforme, modo de discurso direto, aversão a falar ao telefone, tendência a se referir a si mesmo na terceira pessoa, perseverança nos temas preferidos e hábitos alimentares restritos ou excessivamente seletivos. Também há padrões comportamentais encontrados apenas numa minoria de autistas, mas vistos em autistas em taxas maiores do que o normal. Isso inclui comportamento autolesivo e ecolalia, a tendência de repetir sons e frases ouvidas de outras pessoas.

É uma lista interessante de características, mas muitos dos traços de personalidade associados com o autismo estão simples e inequivocamente errados.

Uma ideia errada comum é a de que os autistas não têm senso de humor. Provavelmente é verdade que os autistas, no todo, têm um senso de humor diferente, então é claro que para algumas pessoas isso vai se parecer com completa ausência de humor.

Outra ideia errada é a de que os autistas não têm necessidade de compartilhar experiências ou pensamentos. Com frequência maior, o método de compartilhamento simplesmente é diferente. Os autistas têm mais predisposição para a troca de análises, informações factuais, entusiasmo por hobbies e sentimentos do que para "jogar conversa fora". Se você conversa com um autista sobre uma área de interesse dele, pode ouvir muita coisa sobre o tópico, e quando autistas se comunicam entre si geralmente falam ou escrevem sobre como é ser autista num mundo majoritariamente não autista. Tampouco os autistas se opõem à socialização, apesar de muitos serem desprovidos das ferramentas cognitivas para ter sucesso na socialização em ambientes convencionais. Muitos autistas anseiam por contato com o outro, em geral associado a apreensão e temor de inadequação. A dra. Sandi Chapman expressou um ponto por demais pouco conhecido quando escreveu que: "Ao encontrarmos centenas de indivíduos com autismo, quase todos disseram que a coisa que mais desejam é um bom amigo, ou uma relação duradoura..."

O erro mais pernicioso é a crença de que autistas não demonstram solidariedade para com outros seres humanos e seus sofrimentos. Novamente, essas falsas caracterizações vêm de gente, às vezes até mesmo cientistas, que não consegue enxergar que os autistas quase sempre fazem ou apreendem as coisas de maneiras bastante distintas. É verdade que autistas amiúde não compreenderão quando outras pessoas (especialmente as não autistas) estão sofrendo, mas isso, mais uma vez, é um problema cognitivo. É diferente de uma falta de preocupação ou de sentimento. É mais exato pensar nos autistas como vindos de uma cultura diferente e atípica e que simplesmente não entendem todos os sinais de sofrimento das outras pessoas, e que talvez sejam incapazes de mostrar que se importam de uma maneira que os demais compreendam ou apreciem.

É um pouco parecido com você poder não entender quando um japonês está tentando lhe dizer "não", mas vai chegando ao ponto de uma maneira diferente e menos direta da qual você está acostumado. Quando fazemos ajustes para as dificuldades de comunicação e percepção em experimentos, deixando claro se há sofrimento ou não, o que acontece é que os autistas têm tanta compaixão quanto os não autistas.

Jim Sinclair, um webwriter que se descreve como autista, coloca desta maneira: "Mas eu *ligo* quando, apesar de tanto esforço, não percebo as pistas e alguém que tem capacidade de comunicação inerente muito melhor do que eu, mas que sequer fez um exame detalhado da minha perspectiva para notar a enormidade do fosso entre nós, me diz que o meu fracasso em compreender acontece porque *eu* não tenho empatia.

Se eu sei que não compreendo as pessoas e devoto toda essa energia e esforço para entendê-las, tenho mais ou menos empatia do que gente que não apenas não me entende e que nem mesmo nota que não me entende?"

Jason Seneca, que se autodescreve como *aspie*, escreve:

> Eu fui pessoalmente acusado de ser frio, superficial, egoísta, insensível, egocêntrico, reprimido, emocionalmente morto, incapaz de emoção e incapaz de amar... Se você é como eu, essas acusações tendem a vir como um choque. Você sabe que é uma pessoa sensível e atenciosa; pode ver essas tendências em si mesmo e pode identificar suas manifestações externas. Como você pode ser visto de maneira tão dura?

Eu me arriscaria a afirmar que os autistas provavelmente se solidarizam mais com os sofrimentos dos não autistas do que vice-versa. Como seres humanos, somos condicionados a nos solidarizar com membros do grupo e frequentemente não com os demais. Grupos de minorias, grupos sem poder e gente "diferente" têm chances maiores de se tornarem alvos dessa falha humana do que de serem os perpetradores. O grupo minoritário está acostumado a tentar entender a maioria (ainda que às vezes fracasse), mas geralmente a maioria tem relativamente pouca experiência em tentar compreender os sentimentos da minoria. A realidade é que os autistas têm muita compaixão, acima de tudo por outros autistas. Isso é realmente surpreendente?

Notavelmente, ainda é totalmente aceitável para um grande jornal, ou colunista, usar o conceito da síndrome de Asperger ou do autismo para se referir a uma pessoa insensível, ou talvez até mesmo desdenhosa, às emoções de outras. Uma coisa é o comentarista de rádio Michael Savage chamar os autistas de um bando de falsos preguiçosos que precisam sair dessa. Outra é o *New York Times* usar o termo "síndrome de Asperger" para indicar insensibilidade, como repetidamente permitiu a seus jornalistas. É difícil imaginar membros de diferentes grupos étnicos ou religiosos sendo discutidos nos mesmos termos.

Você pode pensar que eu estou exagerando, mas encontrará atitudes preconceituosas até mesmo na literatura de pesquisa científica, e não apenas na grande imprensa ou em alunos de colégio. Michael L. Ganz, professor de saúde pública em Harvard, publicou um artigo intitulado "Os Custos do Autismo". Em nenhum momento considera se indivíduos autistas trouxeram benefícios à raça humana. Você consegue imaginar um artigo semelhante chamado "Os Custos dos Indígenas Americanos"? David Bainbridge é anatomista na Universidade de Cambridge. Em 2008, publicou um livro sobre o cérebro pela Harvard University Press; ele afirmou que os autistas tinham deficiências na qualidade de vigilância e comparou, desfavoravelmente, suas faculdades cognitivas às de macacos com danos cerebrais. O problema aqui não é atribuir culpa a esses indivíduos em particular, e sim que eles absorveram ideias e atitudes comuns, sem demonstrar qualquer senso de aversão ou mesmo hesitação a tais representações.

O autismo é com muita frequência visto como um tipo de personalidade emocionalmente "superficial", mas já me acostumei a observar vidas emocionais bastante ricas e "profundas" de autistas. Não deve haver lugar melhor para testemunhar isso do que nos escritos na web de assumidos autistas, *aspies* e "neurodiversos" — em fóruns de discussão, blogs, diários pessoais online e nos esparsos textos que pipocam pelo Google. Você encontrará um conjunto extraordinário de escritos inteligentes, humanos, muito emotivos e compassivos, repletos com todo o brilhantismo e também as imperfeições que passamos a esperar do espírito humano. Nesses escritos na web, encontrei um mundo que simplesmente desconhecia e essa experiência me convenceu da compaixão inerente dos autistas.

No mundo virtual, você encontrará Amanda Baggs, que não consegue se comunicar efetivamente por conversas normais, mas cujos escritos são mais agudos, inteligentes e penetrantes do que a maioria do que você lê de PhDs; faça uma busca por ela no YouTube para ganhar uma surpreendente lição sobre a diferença entre comunicação escrita e falada.

O site neurodiversity.com, de Kathleen Seidel, traz uma visão geral das novidades (Seidel não é autista) e o grupo de discussão Asperger's LiveJournal apresenta uma variedade de vozes diferentes, com uma ativa seção de comentários e uma especialmente alta representação de escritoras. Ao contrário do estereótipo, a discussão no LiveJournal é quase invariavelmente cordial. Em outros sites, você encontrará teorias malucas de que os autistas são os elos perdidos do homem de Neandertal, preocupação de pais autistas sobre como educarão seus filhos autistas e temores de que os autistas serão alvo de futura eugenia. Você ainda encontrará muita raiva, compartilhamento de problemas e dicas, montes de consolo e montes de perplexidade sobre um mundo que nem sempre é simpático ou compreensivo.

Em resumo, os autistas não são um grupo de indivíduos insensíveis que não dão a mínima para os outros.

Repetindo, embora nossas neurologias possam ser bastante diferentes, existe algo fundamentalmente humano em todos nós. Não se trata apenas de fé ou filosofia moral, isso é comprovado pela ciência.

O autismo é transmitido geneticamente, apesar de causas ambientais também poderem exercer um papel. As taxas de concordância de autismo entre gêmeos idênticos são bem altas, acima de 90% segundo algumas estimativas, mas pelo menos 60%; assim, se um gêmeo idêntico é autista, o outro provavelmente também é. Ao lado disso, as taxas de concordância de autismo entre gêmeos fraternos não são tão altas, provavelmente menos de 10%. Desse modo, se genes ligados ao autismo sobreviveram tanto tempo à luz de pressões evolutivas, talvez eles carreguem importantes qualidades positivas, mesmo que essas qualidades nem sempre sejam visíveis. Por exemplo, ordenação mental e percepção aguda podem ajudá-lo a lidar com o mundo e talvez fortaleçam suas chances de sobrevivência; hoje, essas mesmas qualidades podem fazer de você um inovador da web.

Embora haja mais possibilidades de pais de crianças autistas estarem no espectro do autismo, a maioria dos autistas tem pais não autistas. A implicação é de que muitas das chamadas pessoas "normais" carregam em si genes do autismo. Um recente estudo mostrou que pais de crianças autistas tinham menor capacidade de se relacionar e que esses mesmos pais também têm menos chances de estabelecer contato visual, sendo mais inclinados a ler as intenções das outras pessoas observando as bocas, em vez de os olhos, um traço autista comum. Também há evidências de que os pais de crianças autistas têm mais chances de possuir uma inclinação cognitiva para o processamento local de pequenos fragmentos de informação, do mesmo jeito que encontramos entre autistas. Mais uma vez retornamos à ideia de que as forças e fraquezas cognitivas autistas permeiam nosso mundo de muitas maneiras, frequentemente inobservadas. Um estudo populacional recente sugere que traços autistas estão distribuídos por toda a população de modo regular e normal, em vez de em dois grupos distintos e compactos de "autistas" e "não autistas". Para colocar sem rodeios, o autismo não diz respeito apenas "ao outro".

Outra distorção na pesquisa sobre o autismo acontece em relação às crianças. Elas são um grupo especialmente vulnerável e, naturalmente, em geral têm pais para cuidar delas e levá-las a médicos regularmente. Também é mais fácil avaliar crianças como uma população geral, principalmente devido ao sistema escolar público. Assim, se você está tentando medir a prevalência geral do autismo na população, as crianças são o lugar óbvio para começar.

Mas há um problema. Parece fácil encontrar montes de crianças autistas, contudo é relativamente difícil, pelo menos pelos padrões da percepção pública comum, achar um número comparável de adultos autistas. Por exemplo, um número típico sugere que os Estados Unidos têm cerca de 500 mil crianças autistas, com uma taxa de incidência *grosso modo* na proporção de 1 em 150. Isso significaria que os Estados Unidos também contam com 1,5 milhão de adultos autistas. (Esses números não são exatos.)

Minha crença é de que os Estados Unidos de fato têm algo como (aproximadamente) 1,5 milhão de adultos autistas.

Mas se há pelo menos um milhão de adultos autistas, e provavelmente muito mais, as perguntas óbvias são: Onde estão? Quem são? Estão trancados em hospitais psiquiátricos? Com que frequência você vê um "Rain Man" na rua? Algumas pessoas acreditam que deve haver uma epidemia bastante recente de autismo. Mas as quantificações epidemiológicas da frequência do autismo, se fizermos um ajuste para a definição mais ampla do autismo ao longo do tempo, não parecem estar aumentando ano a ano em grandes quantidades. Se você ler o *Handbook of Autism and Pervasive Developmental Disorders*, um guia de autismo e distúrbios de desenvolvimento generalizados de 2005, encontrará dito de maneira bem clara por Eric Fombonne: "A evidência epidemiológica disponível não apoia enfaticamente a hipótese de que a incidência do autismo aumentou." Existem algumas maneiras de se defender uma elevação gradual nos índices de autismo, mas ainda assim deveria haver pelo menos um milhão de adultos autistas nos Estados Unidos.

Então o que está se passando? A resposta mais provável é que você vê autistas regularmente no curso da sua vida comum. Você simplesmente, de modo geral, não os nota e eles não se destacam porque muitos deles são indivíduos altamente competentes, ou talvez apenas moderadamente competentes, ou talvez ainda indivíduos um pouco incompetentes. De todo jeito, muitas dessas pessoas estão no lado menos visível do espectro do autismo.

Mas tudo isso é difícil demais para muitos observadores admitirem. Por qualquer que seja o motivo, o autista ainda não é socialmente respeitado. A hostilidade social para com o autismo nem sempre é clara, como nas provocações nos pátios escolares, mas pode assumir muitas formas sutis. De maneira certa ou errada, os autistas são em geral vistos como demarcando sua independência em relação ao grupo e às normas do grupo. São vistos como questionando o poder psicológico dos líderes e valentões e indicando que, em suas mentes, não se curvam ao mundo criado por esses círculos (não estou dizendo que seja como os autistas se veem; mais frequentemente, os autistas simplesmente veem a si mesmos como sendo de um jeito diferente, em vez de realizando uma rebelião social). Isso não é popular. Adultos maduros não têm muita predileção por atacar ou criticar o autista por si só, mas com frequência o alvo será alguém que afirma ser autista e, pelo menos aos olhos do crítico, não merece o rótulo. É como se essa pessoa estivesse se arrogando uma liberdade que não é merecida e que não deveria ser reconhecida. É como se somente aqueles que realmente sofrem, ou que são realmente "deficientes", deveriam ter o "direito" de reivindicar essa liberdade; de outro modo, a liberdade poderia se espalhar amplamente, e isso seria perigoso.

Após a confissão de Vernon Smith do seu autodiagnóstico, um dos meus colegas mostrou-se desdenhoso, como se Vernon fosse um estranho hipocondríaco que havia imaginado uma alergia a uma substância inexistente, ou como se não tivesse o direito de arrogar a si mesmo uma posição tão especial. Mas eu conheço Vernon muito bem (eu o recrutei para a universidade em que trabalhamos; ele agora é professor emérito). Eu o vejo como um exemplo vivo das forças cognitivas do autismo.

Está ficando cada vez mais claro que há uma considerável heterogeneidade de resultados no autismo. A melhor compreensão científica do autismo está mudando, e mudando rapidamente. Até mesmo os critérios formais de diagnóstico do autismo mudaram, sendo ampliados e ficando menos pejorativos a cada nova edição dos manuais de diagnóstico. Os autistas são seres humanos conscientes, reais, frequentemente com elevadas inteligência e sensibilidade.

Dado tudo isso, nós devemos escolher como falar e como pensar a respeito do autismo. Uma alternativa é continuar pensando e falando sobre o autismo como se fosse uma praga. Isso significa que sempre que um autista conquistar algo nós devemos nos assegurar de que as categorias estejam definidas para que o caso não seja contabilizado como autismo. A outra alternativa é procurar uma compreensão e uma terminologia coerente com a dignidade e as aptidões de cada indivíduo. Para mim, a resposta está clara.

Os antiautistas podem muito bem vencer a luta para definir o autismo como uma deficiência. Mas o que importa é a substância das ideias. Não importa como o autismo acabe sendo definido, as forças cognitivas do-como-quer-que-chamemos-o-que-eu-estou-falando continuarão a redefinir nosso mundo. Usarei a palavra "autismo" neste livro porque acho que fornece um arcabouço consistente para pensarmos tanto sobre a questão cognitiva como sobre a social.

Vamos examinar mais um pouco como a sociedade está mudando, como a autoeducação está mudando e como a web está evoluindo para alterar nossas vidas. As ideias a seguir não são *sobre* o autismo ou o espectro do autismo. São ideias que resultaram da minha busca por autoconhecimento e essas ideias têm implicações, creio, para todos. São ideias sobre como estamos pensando diferente e sobre o que esses pensamentos podem produzir.

3

POR QUE A CULTURA MODERNA É COMO O CASAMENTO, EM TODA A SUA GLÓRIA

Nem sempre reconhecemos ou apreciamos a inteligência quando ela aparece em formas inusuais ou não tradicionais. Há uma proposição consequente, ou seja, que por motivos cognitivos nós também tendemos a não perceber formas não familiares de beleza. Muitas das glórias do mundo estão escondidas de nós porque são difíceis de ver olhando de fora para dentro. Mas se compreendermos essa ideia de criar nossa própria economia, estaremos mais bem preparados para apreciar e também para criar beleza na cultura em rápida transformação de hoje.

Gostaria de examinar três fatos estilizados acerca do mundo atual e reuni-los numa única visão coerente. Os fatos são os seguintes: a cultura está muito mais barata e acessível do que antes; cada vez mais fazemos montagens culturais; e muitas pessoas inteligentes reclamam sobre o quão feia se tornou a cultura contemporânea. Pode ser que eles soem como fenômenos separados, mas podem ser unidos por meio de alguma economia básica e intuitiva. Quando esse quadro unificado estiver completo, veremos que nosso mundo moderno é apenas um pouco mais glorioso do que geralmente se reconhece.

Para esta discussão, estou usando a palavra "cultura" para me referir a alguns produtos culturais habitualmente aceitos. A lista com os principais itens desse conceito de cultura inclui livros, filmes, música e artes visuais, entre outros candidatos. Mas o argumento é bastante geral e pode se aplicar também a concepções mais amplas de cultura. O desenvolvimento chave é que nós agora temos acesso sem precedentes a fragmentos para nosso aprendizado, entretenimento e inspiração. Se quisermos entender o quadro geral de como o mundo está mudando hoje, precisamos começar de baixo.

Para começar com a economia, a dificuldade de acesso influencia os tipos de diversão que buscamos. Por exemplo, quando se trata de amor, não muitas pessoas estão dispostas a atravessar o país de avião para ganhar um beijinho na bochecha. Quando o custo de uma viagem é alto, geralmente você quer se assegurar de que valha a pena. De outro modo, por que apenas não ficar em casa? Você pode atravessar a cidade de carro por um beijo, se a cidade não for muito grande ou o tráfego não for pesado.

No começo do século XIX, era comum um concerto de música clássica durar cinco ou seis horas. Se as pessoas caminhavam longas distâncias ou viajavam em carruagens lentas, o deslocamento precisava valer a pena. Um concerto não tinha a ver só com música, era toda uma ocasião social, envolvendo bebidas, jogo de cartas e uma grande noitada. Hoje, o Kennedy Center, em Washington DC, apresenta concertos "Millenium Stage", populares e gratuitos, de não mais de uma hora. A esperança, não confirmada até agora, é de que um número suficiente de pessoas estejam próximas, ou possam chegar lá rapidamente de táxi, carro ou metrô para fazer dos concertos um sucesso. Você vai ouvir a música e depois rumar para algum outro lugar.

Algumas pessoas saem antes do término do espetáculo de uma hora, para que possam se deslocar rapidamente. Estão com pressa e têm que ir a outros lugares.

Se eu vou embarcar para uma longa viagem ao Brasil, que não tem muitas boas livrarias com obras em inglês, o custo de conseguir outro livro para ler pode ser bem alto. Então, talvez eu leve *Moby Dick* para reler, ou, nos dias que correm, carregarei o meu Kindle, cheio de clássicos. A leitura vai demorar um bom tempo e tenho certeza de que será cativante, de modo que esse livro é uma boa escolha para uma viagem em que o acesso a outras obras é difícil. Se estou em casa, o acesso a livros é bem fácil. Pego uma enorme pilha de livros (gratuitos) na biblioteca pública e os folheio. Se as primeiras nove escolhas da prateleira não forem boas, tudo bem; posso facilmente deixá-los de lado e encontrar mais alguns, para não falar em procurar na pilha extra de livros pousada na sala de jantar. Há cinco boas bibliotecas públicas num raio de 20 minutos de carro a partir de casa.

A questão geral é: quando o acesso é fácil, tendemos a favorecer o curto, o doce e o pequeno. Quando o acesso é difícil, tendemos a procurar produções em larga escala, *extravaganzas* e obras de arte. Por meio desse mecanismo, os custos de acesso influenciam nossa vida interior. Geralmente há "pedacinhos" e "pedações" de cultura ao nosso alcance. Altos custos de acesso fecham a porta para os pedacinhos — não valem a pena — e, portanto, nos empurram para os pedações. Baixos custos de acesso nos dão um mix diverso de pedaços pequenos e grandes, mas em termos relativos é bem fácil desfrutar os pedacinhos.

A tendência atual — que já vem de décadas — é que grande parte da nossa cultura está vindo em pedaços mais curtos e menores. O clássico álbum de rock dos anos 1960 abriu espaço para o compacto do iTunes. Os vídeos mais populares do YouTube geralmente têm apenas alguns minutos e, na maioria das vezes, o internauta não vê mais que os dez primeiros segundos. O almoço de duas horas em dias úteis está perdendo terreno até mesmo na Espanha e na Itália. Alguns anúncios de rádio têm três segundos ou menos. Nos últimos 25 anos, virtualmente toda a mídia impressa reduziu drasticamente o tamanho dos seus textos. *The New Yorker* e *The New York Review of Books* ainda publicam artigos longos, mas as revistas mais populares — tais como *Maxim* ou as femininas campeãs de vendas — preferem textos com mil palavras ou menos. Na internet há links que direcionam o leitor para resenhas de filmes e livros com cinco palavras, memórias com seis palavras ("Not

Quite What I Was Planning"), análises de vinhos com sete palavras, minissagas de 50 palavras e *napkin fiction*, que, como indica o nome, é escrita num guardanapo. No Japão, muitos dos romances best sellers são escritos para serem lidos em celulares e, como você poderia esperar, são servidos em pedacinhos.

É claro que nem tudo está mais curto e mais direto ao ponto. A mesma riqueza que encoraja a brevidade também permite apresentações e espetáculos muito compridos. Na cidade alemã de Halberstadt, um órgão especialmente construído está tocando o maior concerto do mundo, programado para se encerrar em 639 anos. Esta também é a era das caixas completas, das edições de DVDs de colecionador, da versão com a edição mais longa do diretor do filme e do PhD de oito, às vezes dez, anos. Há uma crescente diversidade de duração, mas, quando se trata do que é culturalmente central, a tendência básica é a brevidade. Quantos de nós têm interesse em ouvir mais do que um curto trecho do maior concerto do mundo? O *String Quartet Number Two*, de Morton Feldman, enche cinco discos com música esplêndida, mas quase ninguém o compra ou escuta. Eu, sim, mas infelizmente nem sempre de uma sentada só.

Então, o que está se passando com esses "pedacinhos culturais"? Que diferença eles fazem na nossa vida interior?

A tendência rumo a pedaços mais curtos de cultura torna mais fácil experimentar coisas novas. Se você está pegando itens pedaço por pedaço, a predisposição é satisfazer o seu desejo de fazer montagens. É difícil fazer isso se você pretende ler uma história em dez volumes, mas fácil se a maioria das suas experiências culturais é curta ou pequena. Pedacinhos culturais jamais foram fáceis de desfrutar, gravar, armazenar e encomendar, mas, como já disse, nos tornamos "infóvoros" que adoram testar e experimentar novos fragmentos de informação tanto quanto nos é possível.

O próprio prazer de aguardar e testar — simplesmente pelo gosto disso — encoraja ainda mais a cultura de pedacinhos. Quando se trata de cultura, muito do prazer vem de abrir e desembrulhar o presente, por assim dizer. Assim você quer estar tentando coisas novas o tempo inteiro, assim você tem algo para aguardar e assim você tem a emoção de contínuas descobertas.

Um dos grandes apelos de postar num blog é a expectativa de receber uma nova recompensa (e terminá-la completamente) a cada dia. Você pode "começar um novo livro" — embora um bastante curto — rapidamente. Você pode terminá-lo não apenas no mesmo dia, mas geralmente na mesma sentada. Que tal isso para uma sensação de dever cumprido? A blogosfera, e muitas outras formas de consumo na web, mantém você interessado ao lhe dar prazer a partir do processo em si. O suprimento desses pedacinhos é refeito periodicamente, de modo bem parecido com o recebimento dos trechos serializados de um folhetim do século XIX, mas num ritmo mais veloz. É uma versão radical de um aspecto do pós-modernismo — construção cultural sintética por parte do consumidor —, acelerado pela tecnologia e pela facilidade do acesso cultural.

Geralmente, um blog vai fracassar se o blogueiro não postar diariamente ou pelo menos em todos os dias úteis. As pessoas não gostam da ideia de visitar o blog e sair de mãos vazias, por assim dizer. A noção de que a visita a um blog não tem custo é apenas aparente; na verdade, ganhamos uma pontada de dor por "sair sem nada". E, tão logo um blog desaponta, eu classifico o site como "NÃO". O site continua a apenas um clique de distância, mas, para a maioria dos fins práticos, o custo de revisitá-lo agora é virtualmente infinito. No meu universo emocional, esse site não existe mais e tem um status menor do que a proverbial agulha no palheiro.

Eu posso ganhar alguns brindes, praticamente a hora que quiser, só por visitar o site do jornal *Guardian* (publicado no Reino Unido). Não vou lá todo dia (não tenho tempo suficiente), de forma que geralmente a maior parte do conteúdo é nova para mim. E é bem escrito, mesmo que eu às vezes discorde da perspectiva editorial. Embora a maioria desses presentes seja bem pequena em termos de valor prático, o centro de recompensa do meu cérebro é ativado e a mera possibilidade de ganhar algo de valor de graça — com custo direto zero — delineia meu comportamento.

Pode-se dizer que a moeda fundamental da web não é o dinheiro, mas sim lampejos de prazer e decepção. Isso soa bem simples, mas é crucial para entender como a internet está redefinindo nossa vida interior e, também, o conteúdo da nossa cultura.

Os lampejos são um motivo do porquê tanta gente se vicia em e-mail ou outras atividades baseadas na web. Se você é um viciado em e-mails, a chegada de cada mensagem traz um pequeno choque ao centro de prazer do seu cérebro e a promessa de alguma perspectiva de recompensa.

Uma lista (www.alexa.com) dos websites mais populares nos Estados Unidos por volta de 2008 oferece os seguintes nomes nas 13 primeiras posições:

1. Google
2. Yahoo!
3. MySpace
4. YouTube
5. Facebook
6. Windows Live (um mecanismo de busca)
7. Wikipedia
8. Microsoft Network (MSN)
9. eBay
10. AOL
11. Blogger.com
12. Craigslist
13. Amazon

É claro que esses sites têm conteúdo importante, mas cada um deles apresenta o conteúdo de uma maneira bastante particular. Os sites oferecem aos visitantes uma série contínua do equivalente a novos presentes de Natal. Esses sites estabeleceram de uma maneira convincente que, se você os visita, haverá alguns novos brindes e presentes à sua espera. Por meio de uma espécie de condicionamento operante, associamos esses sites com prazer e, assim, geralmente ficamos animados com a perspectiva de visitá-los, e os bons sites satisfazem essa expectativa. Você pode olhar os principais websites em praticamente qualquer país — incluindo Cazaquistão e até mesmo Cuba — e verá que eles seguirão esses mesmos princípios básicos de um suprimento contínuo de novos pedaços de informação e prazer a cada dia.

Nós também tendemos a preferir websites, e mídia cultural, que nos dão um monte de pequenos lampejos de prazer logo *de cara*. É comum se notar que na internet tudo está "a apenas um clique de distância", mas isso não é exatamente verdade. Muito do que você quer está a dois ou três cliques de distância, ou talvez mais se o webdesigner não tiver feito um bom trabalho. "O que importa um ou dois cliques?", você pode estar pensando, mas o número de cliques frequentemente responde pela diferença entre felicidade e frustração.

Às vezes somos nós, como consumidores, que transformamos itens maiores em unidades menores, e isso fornece uma analogia ao que está acontecendo na web a cada instante. No ano passado, eu comprei uma coletânea de cinco livros de mistério e espionagem de Eric Ambler em um único volume e o rasguei em cinco blocos separados e fáceis de transportar. Eu literalmente desmanchei o livro com as minhas mãos e, felizmente, a encadernação permitia que cada parte permanecesse intacta e legível. Eu, agora, já li e descartei todos esses "livros" separados. Fiz essa desmontagem por duas razões. Primeira, posso viajar e levar um dos romances sem precisar carregar todo o grande volume. O motivo mais sutil, e talvez mais constrangedor, é que eu tenho satisfação em começar a ler um livro e também em terminar. Eu quero ler mais livros do início ao fim. Nós gostamos de marcos arbitrários de progresso e de reforços psicológicos. Assim, uma mídia bem-sucedida para entregar cultura deve oferecer as duas coisas.

Um leitor do meu blog expressou uma atitude comum: "Sou culpado de jamais ter lido *Ana Karenina*, porque é muito grande. Eu prefiro ler dois livros de 300 páginas a um de 600 páginas." Deixar um marcador no meio e reivindicar uma conquista parcial não gera muita satisfação. Assim, a busca pelo prazer de começar e terminar mais uma vez nos leva a procurar unidades culturais menores. Por motivos semelhantes, muita gente parece preferir ler resenhas de livros a ler as próprias obras. A resenha consome apenas uns poucos minutos e, certo ou errado, ao terminar você sente que aprendeu algo ou que é capaz de conversar sobre o livro. Se os jornais estão reduzindo o espaço para as resenhas de livros, em parte isso acontece porque os leitores estão procurando as ainda menores resenhas da web.

Frequentemente se debate quem ofereceu o melhor ou mais original relato de como a internet e a web realmente funcionam e atraem a nossa atenção. Algumas pessoas sugerem que é Esther Dyson, enquanto outros mencionam Sherry Turkle ou Neil Stephenson. Não pretendo tirar nada desses pensadores bastante interessantes, mas tenho duas indicações alternativas, não muito convencionais. Nenhum deles escreveu sobre a web.

São dois economistas, especificamente Armen A. Alchian e William R. Allen, ambos professores da UCLA nas décadas de 1960 e 1970. Alchian é um herói não convencional de muita gente no ramo da economia. Publicou um relativamente pequeno número de artigos na carreira, mas todos eram notáveis, especialmente quando escreveu acerca da importância da informação para a compreensão da economia moderna. Ele apresentava argumentos simples que tinham um imediato apelo intuitivo. Acima de tudo, era reconhecido como professor e por não ser muito tolerante em sala de aula. Caso recorresse a um conceito medíocre ou nebuloso, o aluno podia ter a certeza de receber uma censura cortante e intimidante. Allen, o parceiro mais jovem, dirigiu por muitos anos o programa de rádio *Midnight Economist*, transmitido em rede.

No livro didático *University Economics*, os dois apresentaram um teorema que mais tarde ficaria apropriadamente conhecido como o Teorema de Alchian-Allen. Em linguagem técnica, o teorema afirma que se um custo fixo é somado aos preços de dois bens substituíveis, tais como maçãs de alta qualidade e maçãs de baixa qualidade, o custo irá aumentar o consumo relativo do bem de qualidade mais elevada. Em termos menos técnicos, isso simplesmente significa que a maioria das pessoas não irá atravessar o país de avião para um mero beijo na face. Se o acesso é difícil, você só se dá ao trabalho se uma pessoa especial, ou maçã especial, faz valer a pena. Quando o acesso é fácil e quase isento de custo, muitas das maçãs de baixa qualidade, ou pedacinhos, parecem aceitáveis e, portanto, não ficam de fora na filtragem.

O Teorema de Alchian-Allen estava bem adiante do seu tempo, mas nem Alchian nem Allen compreenderam toda a sua importância. Tanto seus escritos como a pequena literatura cercando o enunciado se esforçam para encontrar exemplos significativos no mundo real. Os próprios Alchian e Allen escreveram sobre "exportar as boas maçãs". A afirmação deles — a qual eu não aceito — é que pessoas que vivem longe de pomares de macieiras irão comer maçãs mais saborosas (embora em menor número) do que pessoas que vivem perto das plantações. Segundo essa visão, se você vive longe do pomar não se incomodará de pagar o custo de transporte se quiser uma maçã realmente boa. Talvez isso seja verdade, mas acho mais importante que as pessoas que vivem perto dos pomares consigam maçãs mais frescas, portanto mais saborosas, e, assim, o principal exemplo de Alchian e Allen não ilustra realmente os mecanismos do teorema.

Para que o Teorema de Alchian-Allen se aplique de modo simples e intuitivo, precisamos de exemplos em que os custos de acesso a um produto caiam rápida e visivelmente. É exatamente o que a internet fez e é por isso que a web e outras inovações estão nos trazendo o que eu chamo de uma cultura de pedacinhos. A internet transformou o Teorema de Alchian-Allen de uma curiosidade em busca de aplicações num motor da nossa cultura.

OK, então nós temos uma cultura de unidades ou pedaços cada vez menores e cada vez mais numerosos; o que isso significa? A resposta típica é que estamos vivenciando uma sobrecarga de informações e uma abundância de conhecimento. Você não reparou em todas aquelas pessoas grudadas em BlackBerries, digitando torpedos, lendo mensagens de texto no celular e olhando a televisão (não vou dizer "assistindo"), tudo ao mesmo tempo? Muito disso está acontecendo.

Mesmo assim, apesar de ser fácil observar uma aparente sobrecarga nas nossas vidas ocupadas, a realidade subjacente é mais sutil. A palavra de ordem é "multitarefa", mas eu prefiro apontar para a coerência na sua mente do que considerá-la uma mistura confusa ou caótica. A coerência encontra-se no fato de que você está recebendo um fluxo contínuo de informação para alimentar a sua atenção constante. Não importa quão disparatados os tópicos possam parecer a quem olha de fora, a maior parte do fluxo se relaciona com as suas paixões, seus interesses, suas afiliações e com a maneira como tudo se coaduna. Na essência, tudo diz respeito a *você* e isso é, de fato, um tópico favorito para muita gente. Agora, mais do que nunca, você pode reunir e manipular unidades de informação do mundo externo e relacioná-las com suas preocupações pessoais.

Minha automontagem diária de experiências sintéticas geralmente envolve música, leitura e olhadas periódicas na web, com uma verificação de e-mails a mais ou menos cada cinco minutos. Dado o quanto eu gosto de música, não tenho muito interesse em acrescentar a TV na mistura, a menos que seja um programa que eu possa ver com o som desligado. Isso praticamente se resume às finais da NBA. Note que frequentemente eu *não* quero selecionar esses modos distintos de interagir com o mundo e me concentrar neles um por vez por longas horas. Eu *gosto* da mistura que estou fazendo para mim mesmo e gosto do quanto aprendo com ela.

Penso na minha mistura como uma maneira muito boa de absorver informação do mundo externo, mas seria um erro colocar os propósitos informacionais da mistura (por mais importantes que sejam) acima da importância emocional e do sentido de conexão. Antes de mais nada, penso na minha mistura como um conjunto reunido de histórias e um conjunto reunido de pacotes de informação. A mistura diz respeito aos escritores que leio, às figuras públicas sobre as quais leio, a relatos intelectuais mais amplos sobre o mundo, e indiretamente a histórias acerca da minha própria autodescoberta. Para mim, a mistura oferece o supremo em interesse e suspense. Se quiser, pode me chamar de viciado, mas se eu sou arrancado dessas histórias por um dia que seja fico ansioso em voltar ao "próximo episódio", por assim dizer.

Muitos críticos afirmam que fazer multitarefas nos torna menos eficientes; já li que verificar periodicamente e-mails reduz o seu desempenho cognitivo ao nível do alcoólatra. Se essas afirmações fossem em geral verdadeiras, a multitarefa desapareceria bem rápido como um meio de conseguir com que as coisas sejam feitas. Quando se trata de se divertir e montar unidades culturais, a multitarefa é notavelmente eficiente. Frequentemente é um método *dominante* de produção (interior) e, naturalmente, é por isso que tem tanta popularidade. O poder emocional de nossas misturas pessoais é potente, e elas tornam o trabalho e o aprendizado muito mais divertidos. A multitarefa é, em parte, uma estratégia para nos mantermos interessados.

Se você examinar as mensurações de QI, verá que estão subindo ao longo do tempo, a cada geração, num fenômeno conhecido como Efeito Flynn. Não existe motivo particular para acreditar que a multitarefa esteja conduzindo esse fenômeno, mas isso contradiz a impressão comum de que as pessoas estão ficando mais burras ou menos atentas com o passar do tempo. Contrariamente a muitas das críticas que se pode ouvir, uma sociedade pressionada, multitarefa, parece perfeitamente compatível com um monte de inovações, um monte de pessoas bem-sucedidas e um monte de QIs altos. Também há uma série de experimentos de laboratório que mostram que distrair as pessoas diminui a capacidade da memória operacional e, portanto, reduz a capacidade para a tomada de decisões inteligentes. Contudo, é muito mais difícil mostrar que a multitarefa, quando resultante de escolhas e controle do indivíduo, está nos provocando danos cognitivos. Indivíduos podem aprender a melhorar sua produtividade em multitarefa e em alternância de tarefas, e é exatamente o que está acontecendo hoje.

A acusação de diminuir os períodos de atenção tem sido feita ao longo dos tempos contra a maioria dos novos meios culturais — foi lançada contra o romance (no século XVIII), contra os quadrinhos, contra o rock and roll e contra a televisão. Note que jamais houve uma "era dourada" de longos e intensos períodos de atenção. Recentemente, a atividade intelectual se transferiu para a web — desse modo, saltando de meio — numa velocidade sem precedentes na história humana. Isso acontece porque, de maneira bem simples, a web é um meio muito bom para armazenar, comunicar e manipular informação, e o resultado final é que estamos prestando mais atenção na informação. É muito fácil encontrar exemplos onde saltamos de um bit de informação para outro, mas o resultado mais importante é que a informação detém um lugar mais forte na consciência pública. A informação também está muito mais prontamente disponível à comunidade científica.

Às vezes, podemos acessar e absorver informação mais rapidamente e, em decorrência, podemos parecer menos pacientes. Mas ainda estamos dedicando mais pensamento a ideias amplas sobre sociedade, política e filosofia. Se você usar o Google para procurar algo em dois segundos, em vez de passar cinco minutos vasculhando numa enciclopédia, isso não significa que você esteja menos paciente. Na verdade, você terá mais tempo para algumas de suas atividades de longo prazo, seja a redação de um tratado, o cultivo do jardim ou a criação da sua própria economia.

Nosso foco cultural nas partes não significa que estamos negligenciando o todo. E sim que as partes são como os tijolos de uma parede, para vermos e compreendermos algumas tendências e narrativas maiores.

O estereótipo da atividade na web não é visitar um blog de jardinagem num dia, entrar num sobre sapatos no outro e jamais retornar a eles. A maioria da atividade online, ou pelo menos os tipos que persistem, é investimento em narrativas sustentadas e contínuas. É daí que vem o suspense e é por isso que a internet prende tanto a nossa atenção.

Nicholas Carr, num artigo de 2008 para *The Atlantic*, perguntou "O Google está nos emburrecendo?" e basicamente respondeu que sim, o Google está nos emburrecendo. Ele argumentou que a cultura da internet encurta os nossos períodos de atenção e faz com que haja menos chances de termos pensamentos profundos. Mas ele não percebeu como as pessoas podem construir sabedoria — e drástico interesse de longo prazo no autoaprendizado — ao acumular, reunir e ordenar unidades de informação. O que nos deixa impacientes são unidades enviadas a nós e que na verdade não queremos.

Diferentemente do que pensa Carr, nós ainda temos um longo período de atenção quando se trata do quadro maior e, ao contrário, o Google *aumenta* nossos períodos de atenção ao nos permitir seguir a mesma história ao longo de muitos anos. Por exemplo, se eu quero saber alguma novidade sobre o meu atleta favorito, ou ainda sobre o meu economista favorito, ou se desejo me atualizar sobre os debates a respeito do aquecimento global, o Google me põe lá rapidamente. Antes, eu precisava de contínuo envolvimento pessoal para seguir uma história por anos, mas agora tenho como acompanhá-la de maneira fácil e a uma distância maior. Às vezes, parece que estou impaciente ao descartar um livro que, vinte anos atrás, poderia ter concluído. Mas, ao deixar de lado um livro, geralmente estou voltando minha atenção para uma história contínua que acompanho na web. Se as nossas buscas às vezes são frenéticas ou vão em muitas direções, isso acontece precisamente porque nós temos um grande interesse por algumas histórias contínuas. Seria possível dizer, de modo um tanto paradoxal, que somos impacientes para retornar aos nossos programas de paciência escolhidos.

O Google aumenta os nossos períodos de atenção de uma outra maneira também, ao nos permitir maior especialização de conhecimento. Não precisamos passar tanto tempo procurando vários fatos e podemos nos concentrar em áreas de interesse particular, no mínimo porque o conhecimento geral está disponível de uma maneira muito veloz. Nunca foi tão fácil mergulhar num projeto intelectual de longo prazo, ao mesmo tempo sem perder contato com o mundo que nos cerca.

Quanto à sobrecarga de informação, é você quem escolhe o quanto de "coisas" você quer vivenciar e o quanto de pedacinhos deseja juntar. Se preferir, pode manter a informação a distância de acordo com a sua necessidade e usar o Google ou procurar um amigo quando precisar saber algo. Geralmente não é assim que funciona — muitos de nós estão se atulhando com experiências na web e também somos atormentados por um fluxo interminável de mensagens. Mas a pressão de tempo resultante reflete a diversão do que estamos fazendo. Nossos novos modos de ordenar as realidades mentais internas são muito, muito atraentes. Você fortaleceu o significado e a importância dos pedacinhos culturais ao seu dispor e, dessa maneira, quer agarrar mais deles, organizar mais deles, e está disposto a se empenhar nessa tarefa, mesmo que signifique às vezes você se sentir pressionado.

A quantidade de informação vindo na nossa direção explodiu, mas o mesmo aconteceu com a qualidade dos nossos filtros. Não é só Google e blogs. O Digg lista notícias populares, baseadas na votação dos leitores, e o Technorati ajuda a rastrear a influência de posts em blogs; mais importante, esses serviços serão substituídos por concorrentes superiores nos próximos anos. Como observa Clay Shirky, no que tange à web, não existe sobrecarga de informação, existe apenas filtragem malfeita.

A sua própria montagem de pedacinhos culturais às vezes é viciante, no sentido de que quanto mais você faz, mais quer fazer. Mas esse tipo de vício não precisa ser ruim. Qualquer coisa boa na sua vida provavelmente também vai ter um tanto de viciante, como acontece com muita gente em relação à música clássica, aos clássicos ocidentais ou, até mesmo, a um casamento feliz. Não deveriam algumas das melhores coisas da vida ficarem ainda melhores dependendo de quanto mais você as faz? Muita gente se "desconecta" e fica alguns dias longe dos e-mails, do celular, do BlackBerry e das outras conexões com o mundo externo. O escritor especializado em culinária Mark Bittman escreveu um artigo para o *New York Times* sobre o tempo que passou desconectado, livre da web e de todas as demais conexões eletrônicas com o mundo. O engraçado é que ele falou do dia desconectado — isso mesmo, *um dia* — como se fosse uma grande conquista. Mas é claro que ele está certo: até mesmo um dia pode ser difícil. Eu me pego voltando furtivamente para verificar mensagens e ler meus sites favoritos, ou decido que tenho que fazer umas poucas tarefas simples. Em parte é porque sinto, certo ou errado, que outras pessoas, no trabalho, amigos ou parentes, precisam de mim. Também em parte porque eu acho a montagem de pedacinhos culturais por demais inebriante e excitante. Apela para um senso de controle pessoal e há muito mais pedaços interessantes disponíveis do que antes. Seja a mais recente análise na espn.com, ou uma análise na web sobre o que o último episódio de *Lost* realmente significa, eu quero saber o que vem em seguida.

Que nós estamos fazendo mais ordenação mental de cultura não significa que, no geral, temos uma existência mais ordenada. Os pratos sujos continuam na pia. Ainda temos um monte de caos nas nossas vidas, montes de tarefas não realizadas e montes de missões inacabadas. E, por estranho que pareça, toda a ordenação é uma força impulsionando o caos maior. A ordenação se tornou tão divertida que nos especializamos em ordenar o que é mais fácil e mais potente. Para a maioria de nós, isso está na web e a ação multitarefa é parte da ordem resultante, não parte do caos. O caos está no resto, acima de tudo na sua pia. Talvez o resto de nossas vidas esteja tendo *menos* cuidado e atenção. Não espere que esse caos vá embora tão cedo.

Novamente há uma relação entre como estamos utilizando a web e forças e fraquezas cognitivas autistas. Jamais foi o caso, tampouco, de que os autistas põem tudo em ordem. Em vez disso, os autistas tendem a se especializar em ordenação mental em áreas favoritas, frequentemente com a negligência de outros deveres e tarefas. A tendência autista observada é de ser ou muito ordenado ou muito caótico, dependendo da esfera da vida em exame, e essa é a direção para a qual o resto de nós também está indo. Você pode dar o crédito à (ou culpar) informática. Nós tivemos um setor da economia crescendo em ritmo excepcional, ou seja, a web, e esse crescimento desequilibrado está repercutindo em nossas vidas pessoais e emocionais. Nós tiramos vantagem dos avanços em produtividade onde os encontramos e deixamos muitas outras áreas da vida relativamente negligenciadas. Para vidas autistas, a distribuição desigual de ordem origina-se a partir de fontes cognitivas; para vidas não autistas, o crescente desequilíbrio na distribuição de ordem vem da tecnologia, em outras palavras, da enorme expansão recente na produtividade da web.

Uma boa maneira de entender a montagem de unidades culturais e de como ela cria um mundo ordenado, sintético, é recorrendo a contrastes. Pegue a ópera *Don Giovanni*, de Mozart. A música e o libreto, juntos, expressam uma ampla gama de emoções humanas, do terror à comédia, ao amor, ao sublime, e muito mais no meio. A ópera representa o que há de mais poderoso no cânone ocidental, ou seja, sua capacidade de combinar tanto numa única obra de arte. O libreto, analisado sozinho, merece elevados louvores, mas sua integração com a música de Mozart levou a cultura do Iluminismo a novos patamares.

Hoje, em geral não recebemos comédia, tragédia e o sublime juntos numa forma pré-embalada, pronta para consumo. Como já disse, estamos mais interessados nessa ideia de montar nós mesmos os pedaços. Apesar de todas as suas virtudes, leva bem mais de três horas para ouvir *Don Giovanni* do começo ao fim, talvez quatro horas com intervalo. Além disso, o libreto é em italiano. E, se você quiser ver ao vivo, um bom ingresso pode custar centenas de dólares — mais os custos da viagem.

Então, em vez disso, pegamos os humores e ideias culturais que queremos de fontes variadas e os reunimos por meio da nossa própria montagem. Tiramos uma piada do YouTube, uma cena assustadora de um filme de terror japonês, uma melodia de uma compra de três minutos no iTunes e o sublime da lembrança da visita do ano passado ao Grand Canyon, talvez potencializada por uma fotografia. O resultado é um fluxo rico e variado de vivência interior.

Se você ler o que muitos críticos dizem a respeito das artes na Renascença ou no século XVII, saberá que a criatividade humana então tinha uma intensidade, uma ressonância, um brilhantismo e uma força que não foram alcançadas desde então. No século XVII, temos pinturas de Velázquez, Rubens, Rembrandt, Brueghel e Caravaggio, composições de Monteverdi e escritos de Shakespeare, Milton e Cervantes. É um elenco impressionante. É tudo tão poderoso e tão real. A maior parte dessas criações continua disponível para nós, de uma forma ou outra, pelo menos com um pouco de viagem ou tolerância para reproduções digitais. Mas, na realidade, essa cultura mais antiga está perdendo, em termos relativos, para a concorrência da internet e do iPod, e, assim, perdendo para pedacinhos montados.

Digamos que você pudesse carregar por aí uma cópia perfeita e tridimensional de uma obra de Caravaggio (ou, se o seu gosto for mais moderno, de Picasso). Você levaria uma caixinha no bolso e, sempre que quisesse, poderia apertar um botão e a cápsula se abriria gloriosamente em tamanho real e exibiria a tela. Você a levaria a todas as festas que fosse. O auge da cultura do século XVII (ou dos anos 1920, se você gostar mais de Picasso) estaria à sua disposição.

Alternativamente, digamos que você pudesse carregar no bolso um iPhone. Isso dá a você milhares de músicas, um celular, acesso a fotografias pessoais, YouTube, e-mails e conexão à web, entre muitos outros serviços, para não mencionar todas as aplicações que ainda não foram escritas. Você terá uma forte ligação com a cultura contemporânea de pedacinhos. E o iPhone é, ele próprio, uma obra de beleza.

A maioria das pessoas iria preferir carregar o iPhone, e eu acho que elas estão certas.

Essa preferência levou a uma correspondente mudança no significado de alfabetização cultural. O que alfabetização cultural quer dizer hoje não é se você pode "ler" todos os símbolos numa tela de Rubens, mas se você pode operar um iPhone e outras tecnologias relacionadas à web. O iPhone, se usado apropriadamente, também pode levá-lo a um website sobre Rubens. A questão não é se você conhece os clássicos, mas se é capaz de montar a sua própria mistura de pedacinhos culturais. Quando vistos sob essa luz, os jovens de hoje são de fato extremamente alfabetizados culturalmente e, na verdade, com frequência são os líderes e criadores culturais.

Do lado de fora da janela, descendo a rua, fica uma Walmart, um símbolo da América moderna. A loja parece feia e muitas das mercadorias dentro parecem feias. Não sou daqueles que odeiam a Walmart, mas ela não se compara a *Don Giovanni* ou aos adoráveis prédios de Praga ou Viena, de forma que a modernidade tem um fardo estético a carregar. Contudo, interiormente, nossas vidas jamais foram tão ricas. Nossa crescente preferência por pedacinhos culturais fortalece a compreensão da beleza da história humana mais ampla, apesar de nem toda parte do mundo externo parecer tão belo. Nossa nova beleza interior é mais difícil de ser localizada por quem está do lado de fora do que as fantásticas catedrais da velha Europa.

Assim, para melhor entender a cultura contemporânea, vamos retornar à analogia com o amor. Lembra da afirmação que abriu esse capítulo, que a maioria das pessoas não vai atravessar o país de avião para um beijinho na bochecha? No entanto, muitos relacionamentos de longa distância sobrevivem, dado que essas relações oferecem claramente alguns valores muito reais. Se entendermos os prós e contras dessas relações, podemos ter um pequeno *insight* de para onde nossa cultura vai hoje. A cultura não se presta a todo tipo de analogias com relacionamentos amorosos, mas podemos observar algumas tendências básicas comuns acerca da distribuição, respectivamente, de prazeres intensos e comuns. Quando você percorre uma grande distância para se encontrar com a pessoa amada, você quer que toda viagem seja grandiosa e gloriosa. Geralmente, você não vai de uma costa à outra apenas para jogar conversa fora ou não fazer nada. Você sai para comer, vai ao cinema, faz amor apaixonadamente muitas vezes e tem conversas intensas, em vez de apenas bater papo. Você também briga um bocado e sente que a sua vida normal foi, por mais que seja de forma temporária, roubada de você.

O problema, é claro, é que nós "esperamos demais" de cada encontro. Lembra da velha pergunta "Será que vale a pena?". A busca por excitação de alta qualidade contínua não contribui para momentos casuais passados juntos, e tais rotinas são a base dos relacionamentos de longo prazo. Ou, em outras palavras, os altos custos de uma viagem são um potencial inimigo das tão importantes "baixas expectativas". Você vai ter um monte de emoção, mas também é difícil fazer dar certo. E, naturalmente, boa parte do tempo vocês não estão juntos. Se você realmente ama a outra pessoa, você não está de todo feliz, apesar de as experiências de pico serem fantásticas.

(Se você tem um relacionamento de longa distância e está procurando por conselhos: faça alguma outra coisa importante na viagem ao local distante e, assim, reduza as expectativas para a visita. Encontre-se também com outro amigo, ou faça alguns negócios, ou dê uma palestra numa vibrante conferência acadêmica. Sim, você terá menos tempo com a potencial pessoa amada, mas o período restante levará você ainda mais na direção de onde quer estar. Aliás, por quanto tempo uma pessoa precisa estar apaixonada?)

Bem, um relacionamento de longa distância é, em termos emocionais, um pouco como a cultura na época de Caravaggio ou Mozart. Os custos de viagem e acesso, na época, eram elevados, pelo menos se comparados aos tempos modernos. Quando você chegava, frequentemente era muito excitante e, de fato, monumental. Infelizmente, no resto do tempo você não dispunha de muita cultura para desfrutar. Você não podia correr para a internet e ver Haydn no YouTube. Tampouco havia rádios ou CD players por perto. Livros eram caros e difíceis de obter. Os picos eram incríveis, mas as decepções também eram grandes, porque você não tinha acesso muito bom ou conveniente a uma cultura de qualidade. Comparado a hoje, você, no geral, não podia ser tão feliz, mas as experiências de pico podiam ser extremamente memoráveis, assim como no relacionamento de longa distância.

OK, agora vamos considerar como viver junto e casamento diferem de um relacionamento de longa distância, pelo menos no que diz respeito a picos versus experiência diária constante. Quando você está casado e vivendo na mesma casa, transporte e acesso custam muito pouco. Seu parceiro ou parceira geralmente está bem ali e é bem fácil vê-lo(a). Na maioria dos dias não há grandes acontecimentos, mas você tem muitas interações regulares e, de fato, previsíveis.

A progressão diária do casamento, é claro, tem uma mesmice e, às vezes, até mesmo uma feiura que nem sempre estão presentes no relacionamento de longa distância. Nem todo encontro é acompanhado por sexo apaixonado ou uma ida ao cinema à noite. Você pode nem mesmo ganhar uma refeição caseira, e sim comida congelada. Também há os pratos sujos na pia, grama para aparar, tarefas a se fazer e, talvez, até fraldas para trocar. Em outras palavras, há muitas coisas pequenas e um monte de rotina. Você pode pensar no casamento como sendo, a seu modo, uma "cultura de pedacinhos".

Na minha opinião, se você é feliz no casamento, ou mesmo um pouco feliz, a sua vida interior será bastante rica. Você pegará todos esses pedacinhos e, na sua mente e na da pessoa amada, eles se entrelaçarão na forma de uma rica e profundamente satisfatória narrativa, com fraldas sujas e tudo o mais. Nem sempre parecerá grandioso visto de fora, mas do ponto de vista da interioridade — o que você realmente vivencia — o casamento é melhor do que o relacionamento de longa distância. A maioria das pessoas, é claro, concordaria. As evidências das ciências sociais também parecem confirmar que a maior parte das pessoas é mais feliz quando está casada.

Agora, para retornar à cultura, o acesso realmente ficou mais fácil. A internet e outras tecnologias significam que nós, literalmente, estamos vivendo com os nossos criadores favoritos, ou pelo menos estamos vivendo com as suas criações. Entre nós e nossa música não mais há uma relação de distância, por exemplo. Não é mais difícil conseguir livros — basta baixá-los no seu Kindle ou Sony Reader, ou quaisquer que sejam os aparelhos que virão no lugar. Clique na Amazon ou em qualquer uma das inúmeras livrarias online. A cultura está lá o tempo inteiro e você pode obter mais, praticamente na hora que quiser. Você não está comprometido com nenhum momento particular de cultura, e sim com o seu fluxo estabelecido e com a maneira como customizou o fluxo diário da sua experiência.

Resumindo, nossa cultura contemporânea tornou-se mais como o casamento, no sentido de que estamos trocando algumas experiências de pico por um melhor estado mental diário. A cultura, sob alguns aspectos, tornou-se mais feia, porque é assim que a montagem de pedacinhos se parece ao observador externo. Mas quando se trata da dimensão interior, a cultura contemporânea tornou-se mais feliz e mais satisfatória. E, em última análise, ficou também mais nobre e mais apreciativa do quadro maior das virtudes da vida humana.

Muitos críticos da vida contemporânea querem que a cultura permaneça como um relacionamento de longa distância, com picos excitantes, quando a maioria de nós está evoluindo para algo mais maduro. Estamos tratando a cultura como uma automontagem de pedacinhos, e estamos criando e nos comprometendo com um fascinante brocado diário, da mesma maneira que podemos fazer de um casamento uma vida rica e satisfatória. Estamos muito melhor com essa mudança e ela faz parte de uma tendência mais ampla de como a produção de valor — incluindo beleza, suspense e educação — está cada vez mais sendo feita dentro de nossas mentes.

4

MENSAGEM INSTANTÂNEA, CELULARES E FACEBOOK

Não se trata apenas do fato de que agora temos mais música, mais texto, mais sites e mais TV para montarmos o nosso mix cultural pessoal. Também temos novos meios para experimentar e nos expressarmos, e para construir a riqueza das nossas vidas.

Marshall McLuhan afirmou que "o meio é a mensagem" e, mais tarde, os economistas Harold Innis e Leonard Dudley mostraram como os meios de comunicação delineiam as vidas humanas. Durante os últimos 15 anos, o rápido avanço da tecnologia digital acelerou esse processo além das expectativas. Muitos de nós ainda estão tentando recuperar o terreno perdido, de forma que pretendo que este capítulo seja um guia simples de como alguns dos novos meios de comunicação — como mensagens instantâneas, torpedos e microblogs — têm importância no aspecto emocional de nossas vidas. Eles têm importância para o nosso mix cultural pessoal e têm importância para como nos relacionamos e estabelecemos vínculos. Novamente, a intensa ordenação da informação não é uma busca estéril — também tem a ver com conexão humana. Isso reflete o *"insight* autista" de que a ordenação da informação pode ser uma atividade prazerosa.

McLuhan e seus seguidores foram enfáticos em apontar que a televisão era um meio "quente" devido à sua personalidade e imediação, enquanto a mídia impressa era um meio "frio" em função da objetividade e distância. O que aconteceu é que a mídia impressa — no sentido amplo do termo — também tornou-se um meio quente. Hoje, a mídia impressa não são somente letras numa página; com o uso inteligente de meios de distribuição eletrônicos, você pode criar mais contexto e tornar suas mensagens mais pessoais, emocionalmente ricas e mais evocativas, de maneiras sutis. Contrariamente ao que seria de se esperar, é a própria possibilidade de distância da mídia impressa que permite pequenas variações na mensagem, planejada para comunicar pequenas, mas importantes, variações em sentido emocional.

Comecemos com a mensagem instantânea (MI), que agora transcendeu o grupo inicial de usuários, os adolescentes. A MI, como os torpedos, ganhou popularidade no mundo adolescente em grande parte porque os jovens perceberam mais rápido por que o novo meio era importante. Mas a MI está se espalhando por toda a população, incluindo, naturalmente, o ambiente de trabalho, onde a cada dia substitui um pouco mais os e-mails.

O próprio uso da MI nos leva a diferentes tipos de comunicação. Um diálogo por MI é muito diferente de um por e-mail, mesmo quando são as mesmas duas pessoas "conversando".

Senão vejamos: quando os pedaços ordenados são pequenos, pequenas mudanças em custo podem ter um enorme efeito final no poder do filtro, ou seja, quais pedaços são ordenados e quais não são. Mais uma vez, a lógica aqui é econômica. Quando a mensagem é grande e importante e mais ou menos indivisível, essa mesma mensagem passará mais ou menos incólume por muitos diferentes filtros. Por exemplo, se você precisa comunicar cerca de cinquenta palavras de instruções razoavelmente precisas sobre como tomar um antídoto contra um veneno letal, o conteúdo da mensagem será praticamente o mesmo se você mandar uma nota manuscrita, dar um telefonema ou postar numa página da web. Os pontos-chave da mensagem simplesmente têm que ser transmitidos, quaisquer que sejam os filtros que você use e vale a pena fazer o esforço para comunicar a informação necessária. Mas quando a montagem de pedacinhos culturais está ocorrendo, geralmente nenhum desses pedaços ou nem mesmo um grupo específico desses pedaços tem muita importância para o fluxo geral. Cada pedaço particular tem valor pequeno e, assim, a natureza do filtro — e, desse modo, o meio para comunicação — tem uma grande influência no que passa e não passa.

Num mundo de cultura barata e prontamente disponível, o meio importa mais do que nunca. Importa para como nós ordenamos a informação e também importa para o que é ordenado. Veja desta maneira: quando se trata de mensagens, você está construindo um pacote da mensagem em si e do meio de distribuição. Quanto mais barato o conteúdo, mais os custos e os métodos de distribuição importam para determinar suas decisões de comunicar.

Você poderia pensar que não faz sentido que uma pequena mudança em tecnologia possa ter tanta importância. A MI é só ligeiramente mais fácil de usar do que o e-mail. Antes de mais nada, é tão difícil assim mandar um e-mail? Muito, na verdade, pelo menos em termos relativos. Quando você envia informação por MI, a janela para a conversação já está aberta. Você não precisa daquele clique extra para abrir a nova janela do e-mail e não precisa do meio segundo extra para que ela abra. Acontece que diferença muito pequena em velocidade extra e conveniência fazem uma grande diferença para a comunicação humana.

Mesmo entre adolescentes, um e-mail geralmente tem pelo menos uma sentença de conteúdo mais ou menos normal. Um e-mail pode convidar uma pessoa para uma festa, recomendar um filme ou talvez delinear todo um plano de negócios, embora sucintamente. Nós até mesmo usamos o e-mail para fazer acordos que têm valor jurídico.

Em contraposição, eis uma típica conversa, ou pelo menos parte, entre duas pessoas por mensagem instantânea:

Mulher: lol
Mulher: q interessante
Homem: q? =P
Mulher: =D
Homem: interessante? =]
Mulher: eh
Homem: pq? ^^;
Mulher: deixa pra lah
Homem: to curioso
Mulher: vc tah?
Homem: eh
Mulher: hahaha
Mulher: q blz
Homem: ...
Mulher: *^^*
Homem: argh. =P
Mulher: ^_^
Homem: mto irritante
Mulher: kem, eu?
Homem: eh
Mulher: hehe

Comparado com um típico e-mail, as mensagens instantâneas são mais curtas, a linguagem é uma espécie de dialeto, símbolos e emoticons são mais comuns e muito mais pensamentos e sentimentos são digitados na janela de conversa. É claro que a capacidade de facilmente pôr todo pensamento ou sentimento na janela significa que, antes de mais nada, você desenvolve, monitora e relata mais pensamentos e sentimentos. Um estudo sobre a MI descobriu que 22% de todas as transmissões se limitam a uma só palavra, ou menos, como quando a letra "q" é usada para substituir "que".

MENSAGEM INSTANTÂNEA, CELULARES E FACEBOOK

Não tem a ver somente com expressões bonitinhas ou fortalecer nossas amizades. A MI torna o ambiente de trabalho mais eficiente. É mais fácil fazer um rápido diálogo pingue-pongue, um funcionário pode usar a MI para checar se outro funcionário está disponível para um bate-papo produtivo. A MI significa que nem toda pergunta precisa ter a forma de um contato cara a cara e tampouco exige um e-mail. O uso sensato de mensagem instantânea pode diminuir o número de interrupções no ambiente de trabalho.

Alguns dos efeitos de novos meios são não intencionais e também inesperados. Por exemplo, a natureza igualitária da MI remedia um desequilíbrio sexual frequentemente visto em conversas comuns. Há inúmeras evidências de que durante conversas cara a cara os homens interrompem as mulheres mais vezes do que elas os interrompem e que as mulheres permitem que isso aconteça ou talvez às vezes até encorajam. Quando se digitam mensagens instantâneas, a noção de interrupção não faz mais sentido; num certo sentido, *tudo* é uma interrupção. O poder de interromper, portanto, é muito mais simétrico e a tecnologia tira dos homens uma das suas vantagens conversacionais intimidadoras. Em conversas cara a cara, talvez pareça que seja só um pequeno custo para a mulher cortar ou desencorajar a interrupção do homem, mas com frequência ela não faz isso. Uma pequena diferença em custo inicial ou atratividade faz uma grande diferença para o resultado final. Se você é o tipo de cara que intimida mulheres excessivamente (intencionalmente ou não), a MI é o meio para você corrigir esse desequilíbrio. Ou, se você é mulher e o cara a interrompe, tente estabelecer um diálogo com ele via mensagem instantânea.

A MI é uma boa maneira para conhecer alguém, geralmente melhor do que o e-mail. Um diálogo por MI geralmente tem muito mais perguntas que um e-mail. Além disso, é rude não responder imediatamente, a menos que você anuncie que precisa parar a conversa. Na MI, você aprende em pouco tempo se, e com que habilidade, a outra pessoa pode acompanhar o seu ritmo. É informação "dançando" de um modo que o lento e-mail jamais pode fazer. E quem não adora dançar? Conversas por MI realmente boas são como polifonias sobrepostas, com ondas e picos, quebras e momentos de grande intensidade, e também humor. É uma das melhores maneiras de se conectar com outras pessoas. Não se trata de uma corrupção da cultura, e sim de um cruzamento entre o elo emocional do mambo com a conexão intelectual de veloz debate pingue-pongue. É uma nova tela para se pintar histórias de amizade e compartilhamento, sem falar em namoro e também sexo.

Essas histórias e significados naturalmente são, acima de tudo, pintadas na dimensão interior da mente e, portanto, não são facilmente visíveis. Então, não surpreende que muita gente continue suspeitando do novo meio. Mas a maioria dos adeptos da MI não pensa duas vezes sobre a importância que ela tem em suas vidas e isso acontece porque os usuários possuem uma grande compreensão, possivelmente implícita, do poder e da sutileza do meio para formatar mensagens.

A mensagem instantânea, de fato, é uma boa metáfora para muito da cultura contemporânea. Dê uma olhada numa janela vazia de MI e você não ficará nada impressionado. Os designers não colocam nas janelas cores adoráveis e nem formas interessantes. São puramente funcionais, pelo menos na maioria dos serviços do tipo. Você pode chamá-las de feias. Mas são um meio para conexões fascinantes e o que é interessante numa conversa por MI é que acontece entre mentes humanas individuais. A empolgação, a conexão e a beleza resultantes não são vistas com facilidade por muitos observadores externos.

As tecnologias de MI também permitem a você se comunicar com diferentes pessoas ao mesmo tempo, possivelmente até 12 ou mais. Você pode manter tantas janelas abertas quanto é capaz de controlá-las e pode se deslocar de uma à outra com um único movimento do mouse, o que é mais rápido do que abrir uma nova janela de e-mail. Diferentemente de clicar "enviar" para um e-mail, a janela da mensagem está aberta e pronta para a ação. Assim, parte da beleza da MI não é apenas a dança, mas a capacidade de dançar com muita gente ao mesmo tempo e numa base, *grosso modo*, igualitária.

A distinção entre mensagem instantânea e e-mail não é o único exemplo de como pequenas diferenças em formatos de comunicação podem ter importância. Ler um documento em HTML, um formato de arquivo mais simples, é diferente de ler no formato mais rico do PDF. O HTML está mais na categoria de um meio menor-denominador-comum e é mais fácil para fazer buscas, criar links e usar control-C para piratear conteúdo. Por volta do começo de 2009, você não podia ler PDF num iPhone. Também é mais rápido rolar a tela por um documento em HTML, ainda que apenas porque você antes precisa clicar num documento PDF para que a função "descer página" funcione. Isso pode parecer uma minúscula diferença, mas quando eu vejo um documento em PDF meu primeiro instinto é imprimi-lo, ou então ignorá-lo. Quando vejo algo em HTML, meu primeiro instinto é ler. Isso geralmente leva a uma grande diferença em resultados finais. À medida que a web se desenvolve, vejo o HTML ganhando influência sobre o PDF. O PDF é o principal formato para pesquisa científica, mas o anúncio dessa pesquisa geralmente é feito em HTML, seja por meio de blogs ou sites da mídia convencional.

Assim como a MI difere do e-mail, os torpedos são muito diferentes de fazer uma ligação por celular. Tendo crescido com telefones públicos e cartões pré-pagos, eu costumava pensar que fazer uma ligação por celular era bem simples. Mas, se você pensar nisso um pouco, vai perceber que não é nem um pouco simples. Quando faz uma ligação por celular, você se abre para a possibilidade de tornar-se alvo de perguntas. Você tem que se comprometer com questões de tom de voz e também com informações cruciais, tais como contar à sua mãe onde você está, o que está fazendo e por que não ligou antes. Um telefonema, na verdade, é um evento emocional bem complicado e essa é uma razão pela qual tanta gente resistiu aos celulares enquanto pôde. Um celular (pelo menos se você o leva junto, deixa-o ligado e atende-o) significa que outras pessoas podem ligar para você praticamente a qualquer hora que quiserem.

Tenho um crescente número de amigos que, ainda que possuam e andem com os celulares, evitam telefonemas. Uma ligação é uma demanda para você. Um telefonema é uma chance de ser rejeitado. E um telefonema é uma chance de falar bobagem ou de deixar-se levar pelo otimismo.

Com o torpedo, o remetente e o destinatário têm mais controle. O remetente pode escolher quando responder a indagação inicial e o destinatário pode limitar com mais facilidade a informação enviada como resposta. Toda a tecnologia se encaixa bem na ideia de uma vida construída a partir de pedaços culturais disparatados. E, é claro, a própria existência do torpedo (e do e-mail) torna o telefonema ainda mais emocionalmente carregado. Antigamente, você podia simplesmente ligar para alguém para papear; hoje, um telefonema frequentemente traz consigo a pressuposição de que algo está profundamente errado (ou certo) ou talvez você tenha um noivado ou uma morte para informar. Naturalmente, quanto maior a pressão emocional colocada nos telefonemas, mais e mais as pessoas procurarão por substitutos para os telefones, incluindo torpedos e também e-mail. Isso torna o acontecimento de um telefonema ainda mais importante. Em decorrência, quem tem aversão por telefone vai ficar ainda menos predisposto a fazer uma ligação.

Você poderia pensar que o torpedo serve perfeitamente para a troca de informações práticas, tais como onde e quando se encontrar, e de fato serve. Mas o torpedo também abre portas emocionais. Oferece imediação combinada com uma certa dose de distância. Assim como as pessoas escrevem coisas num e-mail que poderiam não dizer em voz alta, elas mandarão com maior conforto torpedos com sentimentos e revelações. Ou, se você apenas quiser fazer uma pergunta, pode ser mais direto sem parecer rude. O meio exige objetividade e, desse modo, muda os padrões do discurso polido. Ninguém espera que você fique dando voltas sem chegar ao ponto e, nesse sentido, "conversas" por torpedo são mais similares a muitos dos diálogos entre autistas. Apenas seja direto e diga o que você quer.

Apesar de a ideia de receber ou dar um telefonema ser emocionalmente ameaçadora para muita gente, andar com um celular também é uma forma de conforto emocional. Muita gente, especialmente adolescentes, gosta da ideia de ficar o tempo inteiro com o aparelho. Simboliza uma espécie de proteção, um ninho eletrônico, e a possibilidade de sempre estar em contato com amigos e parentes, caso necessário. A opção de mandar torpedos fortalece esse sentimento de ninho, ao mesmo tempo que diminui a potencial ameaça de telefonemas. Assim, para tornar o celular mais próximo a um cobertor de segurança, o torpedo deveria atender algumas funções emocionais, e realmente o faz. Donna e Fraser Reid escreveram sobre "'Círculos de torpedo' — a ideia de que torpedeiros parecem formar grupos fechados de 'colegas de torpedos', com quem se mantêm em contato regular, talvez até eterno".

O torpedo está encorajando algumas formas de comunicação em detrimento de outras. É uma excelente maneira de falar "eu não disse?" ou de admitir uma falha sem detonar uma longa discussão verbal.

Adolescentes e amantes japoneses utilizam os torpedos para comunicar um fluxo contínuo de emoções entre os encontros "ao vivo". Antes de um encontro é comum a troca de inúmeras mensagens saudosas durante a tarde, com frequência atingindo um pico ao se aproximar a hora marcada. No caminho de volta para casa, após o encontro, mais mensagens são disparadas, como "brasas que se apagam da conversação", e esse rastro de sentimentos pode prosseguir por dias até a chegada do próximo encontro. Isso é mais difícil de manter com o seu tom de voz. O torpedo atingiu o auge no Japão, e você pode passear por Tóquio o dia inteiro e ver centenas, ou milhares, de torpedeiros, mas talvez umas poucas pessoas realmente falando ao telefone.

Você também pode enviar e ler textos durante o seu tempo ocioso ou quando supostamente deveria estar fazendo alguma coisa. Ou talvez você mande um torpedo quando alguém esteja dirigindo, como faz a minha mulher, e você interrompe os torpedos de tempos em tempos para manter a conversa. Um papo pelo telefone não tem a mesma flexibilidade numa variedade de situações.

Serviços de microblog, como Twitter, Jaiku e Pownce, também delineiam o discurso. Acima de tudo, o microblog cultiva nosso senso da importância do pedacinho. No caso de você ainda não saber, o microblog permite que você poste somente observações curtas. Em outras palavras, os sites limitam o número de caracteres num único post de blog. No caso do Twitter, atualmente o mais conhecido desses serviços, o máximo é 140 caracteres e a mensagem é colocada numa pequena nuvem num espaço vazio. Se são pedacinhos o que você quer — pelos motivos discutidos no capítulo 3 —, o Twitter é uma maneira de assegurar que é isso que você terá. Pense no Twitter e serviços semelhantes como transmissores de atualizações muito breves sobre as pessoas que importam para você ou de gente que melhor fornece a você novas informações.

Um típico post do Twitter, ou "tweet", como é chamado, pode simplesmente dizer:

Tentando fazer melhor

Alguns outros tweets favoritos que eu vi ou li a respeito são:

Breve cochilo me dá uma segunda chance de acordar no lado errado da cama

---

Nosso Safeway* é como "Rudolph, A Rena do Nariz Vermelho - Na Ilha dos Brinquedos Roubados", só que para gêneros alimentícios

---

Pensando em ir ver *Transformers* sozinho. Dá pra ser mais nerd?

---

quando o twitter começou, a gente tuitava sobre coisas que não fossem o twitter, certo? CERTO? recuperem a minha fé na humanidade!

---

*Rede de supermercados americana. (N. do T.)

E finalmente:

> Você tem uma estratégia de Twitter? Scoble diz que é preciso, e uma do Facebook também. Lutando pra conseguir uma de cada! RSRSRS!

Não tenho certeza se todos vocês estão impressionados, mas é claro que esses tweets não foram pensados para você. Um tweet faz todo sentido dentro de um contexto, de uma amizade e numa conversação contínua, ainda que feita no Twitter. A propósito, quando você se encontra com um leitor de tweets, isso se chama "tweetup". E, se você não sabe, é fácil de ter os tweets dos amigos enviados diretamente para o seu celular, na forma de torpedos.

A página do Twitter é despretensiosa, para dizer o mínimo, e mesmo alguém com pavor de tecnologia pode aprender a fazer uma em segundos. Se você tem um pouco mais de conhecimento, pode customizar sua página para ficar com uma boa aparência, mas talvez o modelo simples tenha mais a ver. A maioria dos usuários hoje em dia posta diretamente, sem nem visitar a página.

Por que alguém iria querer twittar, dado que já temos e-mails, blogs, celulares, MI e a velha e boa fala, para não mencionar o cartão-postal manuscrito? Fazer um microblog é uma coisa única. A pressão no conteúdo é deliberadamente desarmada. A ideia é que *seja* conteúdo que você não ia se dar ao trabalho de compartilhar com a maioria das pessoas. A ideia é que tweets sejam extremamente simples e tudo ligado ao meio empurra você nessa direção. O Twitter permite a você ficar íntimo de um determinado grupo de pessoas, mas não de outro — ou, em outras palavras, você pode avançar e ganhar intimidade com as pessoas que estão interessadas em você, pouco importando o resto. Ou às vezes um leitor — um total estranho — pode querer ver como são realmente os seus pensamentos mais curtos; talvez seja um tipo de teste do quão interessante você realmente é. O blog tradicional, por outro lado, usa posts mais longos. Essa forma de blog interessa mais àquelas pessoas que gostam de escrever em unidades de texto do tamanho de parágrafos. Tudo bem com isso, mas não é a ferramenta mais eficaz para desenvolver uma amizade ou, quem sabe, uma obsessão.

O microblog preenche o vazio. Volta e meia tenho uma periódica conversa com um amigo ou parente e sou reduzido a recitar as últimas "notícias", como se fossem uma série de manchetes. O microblog reconhece que o tecido comum da vida cotidiana — os pedacinhos de existência — é uma grande parte do "o que há de novo?". Em vez de ser impessoal, aproxima as pessoas. Se alguém está lendo os seus tweets e pergunta "o que há de novo?", de repente a conversa pode acontecer num contexto mais rico e sólido. O papo pode ser emotivo e evocativo, em vez de soar como a CNN. É outro exemplo de como o domínio de alguns pedacinhos pode dar a você uma perspectiva mais rica e maior no mundo.

Existe até mesmo um serviço chamado Twist (twist.flaptor.com/?tz=-5) que rastreia tendências no Twitter. Os posts no Twitter sobre estar bêbado, não surpreendentemente, têm pico nas noites de sexta e sábado, e os sobre ressaca, nas manhãs seguintes. Os dias da semana que ganham mais menções são sexta, sábado, domingo e segunda, desse modo ilustrando a importância do fim de semana na nossa vida interior.

Mas não é só sobre festas. Se você microbloga o tempo inteiro, é forçado a ser mais filosófico a respeito do que está fazendo. *Qual pequeno evento de hoje é aquele que eu quero listar? E como eu deveria descrevê-lo? O que no evento foi realmente importante?* Essas perguntas podem soar estúpidas, mas o microblog está fazendo muitos de nós mais contemplativos e pensativos.

Seria fácil para o Twitter permitir mais caracteres dentro de um tweet e, portanto, mais conteúdo. Mas isso iria, como dizem, estragar tudo. O Twitter se rotulou como especializado num estilo muito particular de blog, em outras palavras, pequenas atualizações sobre o que o tuiteiro está sentindo ou fazendo. Você não precisaria de muito tempo para colocar suas ideias mais extensas na forma de tweets sucessivos, mas até mesmo a leve irritação de começar um novo tweet geralmente impede que isso aconteça. Ninguém está tentando escrever um poema épico através de sucessivos tweets e, de fato, o conteúdo no Twitter é quase exclusivamente feito da variedade curta.

O Twitter também se difere do e-mail em outra importante maneira. Um e-mail é empurrado diante da sua cara, queira você lê-lo na hora ou não. Apesar de você poder dizer "posso ler depois", a realidade é que a maioria de nós sente a pressão de uma caixa de entrada ficando cheia. Você visita o Twitter quando quer e fica lá pelo tempo que desejar. É orientado pela demanda e o ritmo está sob seu controle. Você não tem que fingir que está ouvindo. Tampouco ninguém presume que você deve ter lido o que ele ou ela acabou de postar, de forma que tudo bem se você ficar a distância. "Você não recebeu o meu e-mail?" é um papo que não rola nesse meio. J. P. Rangaswami descreveu o Twitter mais como uma conversa lado a lado, do tipo que poderia acontecer num bar com um estranho, em vez de uma conversa cara a cara na mesa de jantar ou numa sala de reunião.

Como já discuti no capítulo 1, o quanto as pessoas desfrutam a realidade e *como* desfrutam a realidade depende de como elas a ordenam em suas mentes. Ao ordenar material, você cria os enquadramentos circundantes. A economia comportamental padrão vê os "efeitos de enquadramento" ("framing effects") como causadores de distorção nas nossas decisões, mas em muitas circunstâncias os efeitos do enquadramento ajudam a tornar nossas vidas reais, intensas e com sentido, do mesmo jeito que twittar pode deixar nossas menores decisões mais salientes.

Nós escolhemos enviar ou receber mensagens de modos particulares, em parte para estabelecer que tipos de efeitos de enquadramento influenciarão nossos pensamentos e emoções. Quanto maior o número de mídias que temos para escolher, maior a probabilidade de esse processo atender aos nossos gostos. O comportamento humano continuará sendo influenciado por "distorções" comportamentais, mas há um jeito melhor de pensar sobre como essas distorções operam. Para detectar e compreender os seus erros comportamentais, não se concentre nas distorções cognitivas ocasionadas por qualquer caso específico de enquadramento, especialmente como se pudesse ser medido num ambiente de laboratório. O enquadramento que você encontra no mundo real geralmente representa a sua escolha e você tem algum motivo para isso. Em outras palavras, a maioria dos estudos comportamentais de efeitos de enquadramento elimina a competição — nesse caso, competição entre mensagens —, uma das características mais fundamentais de uma economia de mercado. Você provavelmente tomou aquela decisão irracional porque ela se encaixa na maneira que você escolheu para enquadrar a sua realidade, e em decorrência a sua própria economia, e assim você tinha alguns motivos para esse enquadramento, ainda que não fosse a melhor decisão de todas as disponíveis.

A melhor maneira de compreender as imperfeições humanas é se concentrar no que eu chamo de "überdistorção", ou seja, que nós, ao selecionarmos algo em um amplo menu de opções, nem sempre fazemos a melhor escolha de efeitos de enquadramento. Em outras palavras, se você quer tomar decisões melhores, deveria ser mais reflexivo sobre como está escolhendo enquadrar as mensagens que envia e recebe. Você deveria pensar mais sobre a quem você dá ouvidos e sobre quem você lê.

Vejamos um exemplo. Frederic Brochet, um psicólogo da Universidade de Bordeaux, fez alguns testes com enólogos experientes. Ele convidou 54 enólogos para darem suas impressões sensórias de um vinho tinto e um branco. Entre outras respostas descritivas mais tradicionais, Brochet ouviu que o tinto tinha sabor de "fruta vermelha esmagada". E que o branco tinha gosto de limão, pêssego e mel, que são sabores tradicionais do vinho branco. Os especialistas então retornaram para mais uma degustação, mas dessa vez o vinho branco foi tingido de vermelho com colorífico (sem sabor). Os mesmos especialistas descreveram o mesmo vinho branco, só que agora com aparência vermelha. De repente, os especialistas encontraram sabores no branco que geralmente atribuíam aos tintos. O que costumava ter gosto de limão, pêssego e mel agora tinha sabor de frutas vermelhas. Esses especialistas não tinham motivos para mentir e, na verdade, as respostas mais tarde lhes causaram constrangimento. As bobagens ditas sobre os vinhos eram sinceras.

Trata-se de um experimento bacana, mas é errado pôr muita ênfase na conclusão de que as pessoas são excessivamente enganadas pelos veredictos de autoridade. O próprio experimento predeterminou que os enólogos ouvissem uma mensagem positiva sobre o vinho. No mundo real, os enólogos escolhem as fontes para sua informação e enquadramento. Algumas dessas fontes (i.e., revistas de vinho) irão enfatizar a qualidade da experiência com o vinho, enquanto outras (Budweiser ou os AA) minimizarão. Para corrigir as distorções, a questão é sobre quais fontes estão privilegiadas ou sub-representadas. Talvez as revistas de vinho recebam mais atenção do que os Alcoólicos Anônimos, mas o efeito das revistas não é apenas um truque grosseiro. As revistas de vinho oferecim um meio preferido de enquadramento que visava nos ajudar a apreciar vinhos caros, seja por aprendizado, placebo, ou ainda, como geralmente é o caso, uma mistura dos dois.

Há momentos em que nós *queremos* ser enganados por nossos mensageiros, apesar de não desejarmos muito descrever o processo para nós mesmos nesses termos. O vinho mais caro realmente pode ter melhor sabor, simplesmente porque custa mais, e nós queremos manter isso como um dos prazeres da vida. É o que ajuda a tornar "ocasiões especiais" tão especiais, especialmente porque nos empenhamos demais para fazer algo. Em parte, nossas expectativas *tornam* a diferença real por meio de uma espécie de efeito placebo. Mas, se nós escolhemos esse efeito placebo, semelhante "truque" pode trazer benefícios humanos verdadeiros. Dan Ariely fez um famoso estudo em que mostrou que analgésico mais caro, mesmo de qualidade similar, se sai melhor na hora de aliviar a dor. Ou talvez eu ame a minha mulher mais porque tive que cortejá-la com grande paixão. Frequentemente, trata-se de oportunidades, e não de problemas.

Esses resultados, a propósito, não são todos novos e revolucionários, e sim refletem uma sabedoria milenar. Adam Smith, no seu livro de 1759 sobre psicologia moral, *Teoria dos sentimentos morais*, afirmou que nós desfrutamos e valorizamos mais uma experiência se ela exigiu mais autocontrole e sacrifício para concretizá-la. O custo de conseguir algo nos ajuda a enquadrar isso como de importância. Também é um tema que aparece nos escritos dos estoicos romanos, que tiveram grande influência sobre Smith.

(Esses resultados põem a gente para pensar. Deveríamos contar aos pacientes que o custo do tratamento hospitalar foi realmente alto? Podemos colher mais dos benefícios dos placebos sem enganar as pessoas? Seria isso um dos motivos pelos quais é difícil conseguir reservas nos grandes restaurantes, ou seja, para que a comida fique com sabor melhor quando as pessoas precisam se esforçar por ela? É por isso que algumas mulheres "se fazem de difícil"?)

Existem estudos de efeitos de enquadramento sobre vinhos tintos e analgésicos, mas não sobre o Facebook ou iPods; para começar, porque esses serviços são novos demais para ter recebido atenção comparável e também porque os resultados desses serviços são mais difíceis de quantificar. Mas gostaria de sugerir que enquadramento e expectativas ainda definem o resultado final, nesse caso, as relações humanas. O Facebook, ao organizar os seus amigos de uma nova e divertida maneira, na verdade influencia as amizades. Não apenas porque fica mais fácil contatar as pessoas, ou por quaisquer outros motivos práticos, mas porque assume uma importância maior na sua mente. Quando você "fica amigo" de alguém no Facebook, espera então que a relação seja mais íntima do que antes e, assim, essa expectativa é afirmada pelas duas partes. Você tem mais chances de pensar nessa pessoa como amiga e, de fato, tem mais chances de pensar em si mesmo como uma pessoa amigável. Ambas as expectativas irão — na média, quando não em todos os casos — se tornar profecias que se cumprem. É como você se convencer a pensar que o vinho mais caro tem um sabor mais profundo simplesmente porque é o que se espera.

Entrei no Facebook em parte porque queria aprender como funciona. Não sentia nenhuma "necessidade" pelo serviço, embora rapidamente tenha visto que gostava e começado a usar espontaneamente. Desde que mencionei o Facebook no meu blog, centenas de pessoas ficaram minhas amigas unilateralmente. Eu retornei, ficando amigo de todas, sem exceção. De vez em quando eu encontro uma delas. E sabe de uma coisa? Quando encontro uma delas, *realmente parecem amigas*. Não bons amigos ou amigos íntimos, então talvez a palavra "conhecido" ficasse melhor. Mas eu me aproximo delas com mais calor, simplesmente porque elas "ficaram amigas". Se um *amigo* de verdade ficou meu amigo no Facebook, tanto melhor. O Facebook me deixou mais amigável. Pode chamar de superficial, se quiser, mas é um sentimento melhor do que indiferença ou negligência contínua. É um efeito de enquadramento que eu escolhi manter, e para meu benefício.

Porém, não é tão claro se o Facebook expande nossa afabilidade em todos os aspectos. O Facebook também torna a amizade um pouco fácil demais e, como já escrevi, uma sensação de sacrifício às vezes faz com que nós apreciemos algo com mais intensidade. O Facebook nos dá um monte de amigos ou conhecidos. A amizade se torna um pouco menos como aquele diamante precioso, difícil de encontrar. Mas fique sossegado, o Facebook não está destruindo todos os ideais de amizade sólida e eterna. Se você tem um amigo verdadeiramente próximo, digamos dos tempos de colégio, o Facebook torna mais fácil manter contato com a vida dessa pessoa. Essa facilidade significa que você pode, de certa maneira, valorizar menos o fenômeno geral da amizade, mas suas melhores amizades ficarão mais fortes, próximas e baseadas em contato mais regular.

A expansão do conceito de amizade não é inevitável num mundo em rede. Se você desejar, pode ter outro serviço de rede social, de natureza mais exclusiva, reservado para aqueles que são seus amigos de verdade, de toda a vida. Você pode acompanhar apenas os seus cinco amigos mais queridos no Twitter ou mandar torpedos somente para os parentes próximos. O Facebook não é o único dispositivo de enquadramento que existe e você pode voltar a atenção para outro lado para compensar quaisquer tendências indesejadas do Facebook. Efeitos de enquadramento não são apenas influências isoladas, ao contrário, nós os escolhemos a partir de um amplo portfólio de opções. Nós misturamos e combinamos efeitos de enquadramento da maneira que melhor achamos e, assim, novamente é um equívoco nos concentrarmos nos vieses cognitivos de experimentos independentes sob condições laboratoriais. Se existe algum viés importante nas relações humanas, é novamente o "überviés" de escolher qual efeito de enquadramento desfrutar. Quando se trata de amizade, não fico tão preocupado que as pessoas escolham os efeitos de enquadramento que fazem todos os amigos próximos se afastarem. Mais uma vez, um mundo em rede é, com frequência, um mundo íntimo.

Uma vez conheci um sujeito que participava de tantos sites de relacionamento (parecia que tinha tantos serviços quanto algumas pessoas têm amigos) que ele construiu uma página na web para organizá-los. Ele compreendeu que cada serviço de rede social realiza uma função levemente diferente em termos de como reúne pessoas e de que tipos de laços produz. A natureza deliberadamente impessoal do LinkedIn, por exemplo, é parte de sua imagem profissional e de negócios; a mesma estratégia poderia não funcionar para o Facebook. Novamente, é um caso em que a concorrência realmente nos ajuda a produzir exatamente o tipo certo de vínculo humano para cada circunstância.

A esta altura, provavelmente as questões filosóficas já vieram à sua mente. Como esses efeitos de enquadramento realmente funcionam? O Facebook de fato torna os seus amigos mais valiosos? Ou apenas faz com que *pareçam* mais valiosos? O tempo gasto com eles é verdadeiramente melhor? Ou apenas lembramos mais afetuosamente porque olhamos as fotos mais tarde, no site do Facebook? Ou talvez o tempo gasto juntos não seja nem um pouco melhor, mas talvez você passe a aguardar de algum modo divertido, tal como trocando ideias de se encontrar no Facebook ou por MI. Quais sentimentos são a realidade e quais são ilusão? O Facebook é apenas um "placebo de amigos" em lugar da coisa real?

Não estou certo se essas perguntas têm respostas absolutas e definitivas. Quando as percepções delineiam a realidade, e vice-versa, nem sempre há uma maneira simples de separar as influências que vão e vêm. Os meios de comunicação produzem o mais forte impacto sobre suas emoções quando recebem validação social, e é exatamente assim que o iPod, o Facebook e muitas outras inovações modernas funcionam. Sim, você organiza os amigos no Facebook, mas isso não é um ato totalmente privado. Os amigos, ao visitar a página, observam a organização, conversam a respeito, analisam, reagem com suas próprias mudanças na organização e confirmam a concretude da organização na sua mente. Você empresta o iPod aos amigos não apenas para ser um cara legal, mas para deixá-los ver o que a música significa na sua vida. À medida que o mundo vê você como um fã do Radiohead, isso fortalece a sua paixão. Religiões, Alcoólicos Anônimos e células terroristas compreendem a importância da validação social para fortalecer e firmar os comprometimentos das pessoas. Adam Smith sabia que poucos homens "são capazes de se satisfazer com a própria consciência íntima", sem precisar do reconhecimento oficial pelo que fizeram. Essa é mais uma forma pela qual o Facebook incentiva a amizade, em vez de miná-la.

A Amazon na realidade deixa os seus livros mais interessantes e também torna as obras que você imagina poder ler (mas não lê) mais divertidas. O YouTube deixa os seus programas de TV favoritos mais memoráveis e mais icônicos. O eBay faz com que os itens de colecionador se transformem em uma maior fonte de orgulho. O comportamento do seu avatar no Second Life definirá aptidões e atitudes na sua primeira vida. Em outras palavras, as técnicas de ordenação estão invadindo o conteúdo e a fruição da nossa cultura e das nossas vidas. Isso me lembra do conto de Borges "Tlön, Uqbar, Orbis Tertius", que se baseia na ideia de uma ordenação obsessiva do mundo por meio de uma rebuscada enciclopédia. Em determinado momento, os objetos míticos do mundo enciclopédico entram na realidade e os princípios de ordenação começam a governar e definir eventos do mundo real.

Os leitores de RSS são cada vez mais comuns. RSS significa "Really Simple Syndication". O leitor "entrega" a você artigos da web e posts de blogs num formato unitário e consolidado; FeedDemon e Google Reader oferecem dois conhecidos serviços de RSS. Em outras palavras, se eu estou lendo cinco (ou cinquenta) blogs, não preciso visitar todos os sites. Posso programar o meu leitor para entregar o post — sem anúncios, eu poderia acrescentar — sempre que algo novo for publicado no site. Soa bem bacana, não? Bem, te digo uma coisa. Uma vez que você decide acrescentar cinco, dez ou talvez duzentas pessoas ao seu alimentador de RSS, elas tornam-se os pensadores e escritores importantes para você. Ganham o destaque de pessoas que você certificou como suficientemente valiosas para serem entregues na sua porta. É diferente de visitar um blog de vez em quando. De um modo muito discreto e distinto, você enquadrou essas pessoas como "dignas de ler regularmente" e suas carreiras e influência se beneficiarão desse enquadramento por muito tempo. Você, como leitor, provavelmente vai confiar nelas mais do que costumava.

A web também torna mais fácil nos concentrarmos nos pontos de similaridade com outros. Por exemplo, existe o bem conhecido fenômeno do "gêmeo Google", ou "googlegänger", batizado em alusão à palavra alemã "Doppelgänger", que se refere ao seu dublê espectral. Um googlegänger é uma pessoa que tem exatamente o mesmo nome que você e aparece nas suas buscas no Google. Naturalmente, sempre que põe o seu nome no serviço de buscas, você fica sabendo também o que anda fazendo o homônimo.

Acontece que muita gente tem uma estranha atração por outras com o mesmo nome. Uma escritora chamada Angela Shelton rastreou e encontrou outras quarenta Angelas Shelton; ela relata a experiência num livro intitulado, como seria de se esperar, *Finding Angela Shelton*. O website HowManyOfMe permite que você descubra quantos outros têm o seu nome, coalizões são organizadas no Facebook ao redor de nomes comuns e existe um grupo tentando estabelecer um recorde mundial ao juntar mais de 1.224 pessoas chamadas Mohammed Hassan. Havia um

Tyler Cowen de nove anos numa liga de futebol em algum lugar e, de vez em quando, eu me pergunto como ele deve estar.

Há evidências, de muitos campos de estudo, de que algumas pessoas são fortemente atraídas a outras que se assemelham a elas no nome ou em outras características, até mesmo características acidentais. Jeremy Bailenson, diretor do Laboratório de Interação Humana Virtual, na Universidade de Stanford, descreve a autossemelhança, como é chamada, como "uma das maiores forças impulsionadas do comportamento de seres sociais". O que é interessante é a força com que novas tecnologias da web trazem a autossemelhança às nossas vidas. Podemos rastrear esses pontos em comum, sejam eles o nome, a escola em que estudamos, hobbies, nossas neurologias ou lugares favoritos de férias.

Uma das mais notáveis características da web é a facilidade com que podemos formar grupos e afiliações. Podemos entrar para grupos do Facebook, encontrar esses "pares" em mundos virtuais, bater papo com eles e mandar e-mails a distância. Está mais fácil do que nunca encontrar gente com interesses comuns e é muito mais simples organizar e ordenar o relacionamento com essas pessoas. Nós as colocamos em um "bookmark" em vez de perdê-las de vista. Podemos encontrá-las ou manter uma relação estruturada a distância. Ao nos aliarmos desse modo com "similares", nós reenquadramos e fortalecemos nossas identidades preexistentes e, assim, ficamos mais parecidos com o nosso eu verdadeiro.

Mesmo pessoas bastante incomuns podem encontrar seus pares por meio de buscas na web, grupos de bate-papo e realidades virtuais. Essas semelhanças recém-encontradas tornam mais divertido ser você mesmo e as afiliações resultantes são reforçadas socialmente.

Cass Sunstein argumenta que a web polariza politicamente as pessoas por razões como as citadas acima. Veremos, mas acho que o efeito final será mais tolerância e cosmopolitismo. (Tenha em mente que já faz algum tempo que contamos com a web e o presidente Barack Obama teve êxito na eleição concorrendo com uma plataforma não ideológica; embora o partidarismo certamente vá retornar, duvido que a web seja o problema.) Para a maioria das pessoas, nossas conexões políticas não são a fonte principal da nossa identidade, mesmo que em discussões públicas nós às vezes finjamos que sim. Ser democrata, republicano, libertário etc. não significa nadinha para o que na verdade somos como seres humanos. Uma coisa que fazemos na web é procurar outros que são como nós em maneiras não políticas e então nós cimentamos essas alianças e amizades. Com o tempo, descobrimos que muitas dessas pessoas verdadeiramente semelhantes na realidade não compartilham nossas opiniões políticas. Então percebemos que a política não é tão importante quanto costumávamos pensar.

A natureza da web irá favorecer algumas similaridades, em detrimento de outras. Especificamente, beneficia similaridades que podem ser definidas em linguagem bastante exata, que podem ser submetidas a buscas de palavras. Por exemplo, se você conhece um grupo de indivíduos pessoalmente, pode ser possível construir uma pequena coalizão de membros que são esquisitos de uma maneira bem específica, mas ao mesmo tempo difícil de descrever. Você identifica essas pessoas quando as vê, e todas podem se juntar e ir passear juntas. Mas construir a mesma coalizão com uma busca no Google seria muito mais difícil. Talvez eu saiba qual noção de "esquisito" tenho em mente, mas não posso pô-la no papel de um jeito que todo mundo entenda exatamente. O que tenho em mente é "o tipo de esquisitice como o daquela garota Alison Murray que eu costumava ver". Botei isso no Google e realmente não consegui nada de útil. Mas digite "blogs sobre ferromodelismo" ou "coleção de itens vitorianos" e você ficará ocupado pelo resto do dia.

A web, portanto, nos encoraja a buscar nossas identidades e alianças com base em interesses bastante específicos e articuláveis. E você sabe qual grupo tem, antes de mais nada, uma forte preferência por interesses específicos e claramente articuláveis? Isso mesmo, os autistas. É mais uma forma pela qual a web está alterando nosso comportamento e delineando nossos interesses naquela que é, de um modo geral, uma direção mais autista. Em relação a muitos não autistas, os autistas acham fácil usar a web para localizar o que lhes interessa. Mas, independentemente de qual seja a sua neurologia, a web está encorajando as afiliações que são "buscáveis" e desincentivando as que não são. A web está fortalecendo os aspectos da sua identidade que se baseiam em fatos e são fáceis de definir em linguagem precisa.

Por fim, os efeitos de enquadramento são mais importantes do que nunca. Algumas experiências, e alguns bens e serviços, estão mais sujeitos a efeitos do enquadramento de que outros. Se alguém lhe der um tiro no coração, provavelmente os efeitos de enquadramento não importarão muito. Você vai morrer, e se você sobreviver o impacto imediato será desagradável, pouco importando qual seja sua atitude. Se você dá comida a um homem faminto, ele vai desfrutá-la independentemente da maneira como esteja enquadrada; Cícero escreveu que "a fome é o melhor tempero". Quanto mais visceral a experiência, menos provável é que os efeitos de enquadramento façam grande diferença para a sua dor ou prazer.

Isso significa que sociedades ricas e seguras oferecem maior escopo para os efeitos de enquadramento. A competição dá a você a oportunidade de construir o turbilhão de influências que mais lhe agradar. Para que esse processo ocorra de modo suave, tente evitar o "überviés" de escolher o efeito de enquadramento errado. Concentre-se na sua sabedoria de escolher o meio certo para a sua mensagem. Se você não gosta como o Facebook delineia as suas atitudes em relação aos amigos, evite-o ou suplemente-o com algo diferente ou melhor. Faça um blog, mande um torpedo, um e-mail ou um tweet. Quando tudo mais fracassar, ainda existe o bom, velho e lento cartão-postal manuscrito.

A forma como você decide se comunicar é uma escolha fundamental na criação da economia mais próspera que a sua vida pode fornecer.

5

BUDA COMO SALVADOR E O PROFESSOR COMO XAMÃ

Já falei sobre o poder de ordenar a informação, mas quando se trata de ser um "infóvoro" precisamos saber que tipos de vieses podem prejudicar a capacidade de criarmos nossa própria economia de real valor interno. Esses vieses podem ser corrigidos, ou mesmo que não, a compreensão de um viés pode nos dar uma vida mental mais rica.

Felizmente, não precisamos começar do zero nessa busca intelectual. Já existe um discurso tradicional sobre essas questões, especialmente no arcabouço do budismo. Naturalmente, o budismo é uma religião, mas também é uma filosofia de vida. Algumas partes do budismo favorecem foco intenso em coisas pequenas, mas a doutrina é mais cética quando se trata de manipular informação e colocá-la em ordens estruturadas. Com frequência, o budismo vê essas práticas como obsessões danosas. O que eu gostaria de fazer neste capítulo é olhar a abordagem budista sobre a ordenação mental (prós e contras), perguntar o que podemos aprender com ela e, então, avançar para a questão conexa: se o budismo pode moderar alguns de nossos mais extremos desejos por ordenação mental, qual seria uma ferramenta útil para corrigir um déficit de ordenação mental? As respostas apontam para algumas direções surpreendentes.

É difícil fazer afirmações genéricas sobre o budismo. Ele é praticado, ou alvo de crença, em graus variados, por mais de um bilhão de pessoas. Existe em múltiplas, e por vezes diferentes, escolas de pensamento, incluindo o budismo theravada do Sudeste Asiático, o budismo vajrayana do Tibete e o zen budismo do Japão, apenas para mencionar umas poucas. Não há um texto ou enunciado canônico único da doutrina budista. A maior parte das versões do budismo enfatiza a primazia da prática e a conquista da sabedoria por meio de métodos budistas, em vez de por leituras; nunca fui um budista praticante, de modo que isso limita minha compreensão. É possível debater se o budismo até mesmo é uma religião; talvez seja uma filosofia de vida, uma filosofia da mente ou apenas um jeito de ser.

Mas, apesar da complexidade, é possível olhar para o budismo e extrair algumas linhas consistentes que se somam numa crítica da ordenação mental. Não pense no que vou dizer como uma descrição definitiva do budismo com B maiúsculo, mas como uma espécie de comparação, relevante para a questão do viés à mão, mas que, teologicamente falando, não para de pé.

O budismo tem grande simpatia pela ordenação mental, e pelas práticas de muitos autistas, quando promove a noção de foco num pequeno objeto. Por exemplo, o dalai lama certa vez escreveu um livro chamado *O universo em um átomo*. Esse título concorda com a visão budista mais geral de que pequenas partes do universo contêm grande sabedoria e beleza; basta treinar nossas mentes para encontrar o tipo certo de acesso.

Com *O universo em um átomo* em mente, examine o relato de Sue Rubin, uma autista de grande inteligência. Ela escreveu: "Embora nada produtivo, gosto de passar parte do dia ouvindo música e brincando na pia. Por mais trivial que essa atividade possa soar, fico na frente da pia e brinco com a água. Não há nada na minha mente, exceto o que está na minha frente. Escola, vida doméstica e família saem da cabeça durante esse breve momento... Uso o tempo na frente da pia como uma válvula de escape em épocas turbulentas. É uma ferramenta de relaxamento da qual eu também posso me distanciar."

Sue também conta que tem uma atração por colheres, por motivos semelhantes, e eu já li ou ouvi relatos parecidos de muitos outros autistas, embora com outros objetos. Não se trata apenas de relaxamento, mas tal foco é também um meio de cognição de longo prazo. É uma maneira de abordar os problemas do dia de um modo diferente e com uma nova perspectiva. Nesse sentido, os autistas são a culminação do pensamento budista e, de fato, da prática budista, apesar de poucos deles seguirem o budismo de forma intencional. Curiosamente, nós consideramos essas tendências como gloriosas quando estão ligadas à religião oriental, mas patológicas, ou simplesmente malucas, quando são realizadas por autistas. Genuinamente me pergunto por que não damos a Sue Rubin o mesmo respeito que conferimos ao dalai lama. Ele teve que dar um duro danado para conseguir aquilo que ela faz de maneira bem natural e habilidosa.

Não se trata apenas de autistas e budistas. Poucas pessoas se dão ao trabalho de pensar nos próprios interesses culturais como sendo parecidos às colheres de Sue Rubin, mas, quando você olha o essencial, não está óbvio que existe uma diferença categórica. Desfrutar o som de uma música, ou a textura de uma pintura, é uma atividade fundamentalmente diferente de apreciar uma colher de plástico? Você pode contar todo tipo de história sobre como a música ou a pintura estão inseridas num contexto cultural e histórico, e são cheias de rico sentido cultural, mas não tenho muita certeza se isso é a favor ou contra os métodos de Sue Rubin. Você pode pensar em muitos autistas como simplesmente circundando os cânones culturais tradicionais — dos quais não precisam — e indo para uma percepção mais direta dos valores estéticos subjacentes.

Apesar de algumas similaridades, a potencial aliança entre budismo e autismo não vai muito além. Para começar, autistas tendem a ter uma forte predileção por objetos para semelhantes atos de contemplação e cognição. Para Sue Rubin, uma colher de plástico tem um destaque especial — por qualquer motivo — que a maioria dos demais objetos não iguala. A filosofia budista em geral desconfia desses apegos específicos. Acredito que um fator por trás da diferença de perspectiva é que os autistas têm um método preferido de ordenar mentalmente as diferentes "experiências com colheres" — e, portanto, outros objetos não servirão —, mas isso é apenas uma especulação minha.

De maneira mais fundamental, a filosofia budista desconfia de formas complexas de ordenação mental e é aí que o budismo se separa do autismo e também de como nossas vidas (não autistas) estão mudando. O budismo tem uma tendência a enxergar a razão, no sentido ocidental do termo, como um processo de separar, classificar, discriminar e ordenar até um grau extremo e, às vezes, opressivo. Esses processos de raciocínio podem nos ajudar a ver ou entender as partes, mas desviam a atenção da percepção da tão importante "totalidade". A ordenação também representa uma espécie de propriedade, ou posse, mental e, nesse sentido, é restritiva, em vez de libertadora, segundo o budismo. O investimento mental no que ordenamos nos mantém longe da harmonia e liberdade máximas.

O budismo também encoraja a prática de meditar sobre o vazio, e é difícil impor uma ordem interessante no vazio. "Om" não oferece as mesmas oportunidades de ordenamento que, por exemplo, uma conta no Twitter ou, até mesmo, um conjunto de colheres de plástico pode oferecer. Na verdade, a dificuldade de ordenar o vazio é parte da ideia da abordagem budista. O uso de um mantra, um som bastante simples que é murmurado ou imaginado repetidamente, limita as possibilidades ordenadoras ao preencher a mente com algo homogêneo e difícil de estruturar. O mantra é uma espécie de rede ou algema para ser colocado na mente.

A ênfase geral budista é no desenvolvimento do que se chama de atenção plena. O conceito de atenção plena refere-se à consciência dos próprios pensamentos e ações de uma maneira serena e abrangente. Devemos estar conscientes do que nos cerca, e de sua profundidade, e não devemos nos distrair pelos padrões e ordens que podemos procurar impor a essa realidade. A atenção plena vem com a prática intensa e o abandono de maus hábitos mentais; razão, ordenação e classificação ocidentais são vistas como potenciais inimigas da atenção plena e isso novamente estabelece o budismo como um contraste aos nossos excessos mentais. É fácil imaginar uma recomendação budista para dar um passeio na floresta. É mais difícil imaginar uma recomendação budista para editar intensamente uma página da Wikipédia.

Vi que algumas dessas ideias estão mais presentes especialmente no zen budismo do Japão, mas elas também se manifestam no pensamento budista de maneira mais geral. Pode soar estranho justapor budismo e neurologia, mas muitos budistas insistem numa conexão entre os dois ramos de pensamento humano. O dalai lama, por exemplo, é amplamente lido em neurologia e frequentemente encontra-se com neurologistas renomados para trocar informações e opiniões. Ele enfatiza que o budismo deveria ser compatível com as mais recentes descobertas científicas da neurologia e, pelo outro lado, os cientistas o procuram para ouvir sobre o que os budistas aprenderam com as práticas meditativas dos monges. O dalai lama está particularmente interessado na ideia de neuroplasticidade, ou seja, a maleabilidade da mente humana relacionada à prática repetida. Em outras palavras, se você praticar suficientemente a calma, pode de fato tornar-se mais calmo. Neurocientistas reúnem-se com monges budistas porque estes têm vasta experiência em tentar moldar suas mentes de maneiras particulares, especialmente na direção de maior harmonia e calma. Aparentemente, muitas das técnicas budistas de meditação, se aplicadas consistentemente ao longo de muitos anos, podem redefinir a mente até certo ponto e também dar-lhe maior controle sobre o corpo.

Para apreciar o budismo como um antídoto ao mundo moderno, e à nossa crescente obsessão com a ordenação de informação, examine as práticas seguintes.

Fischer Black, o brilhante economista já falecido que ajudou a inventar a teoria de precificação de opções financeiras, era obcecado em registrar suas ideias e conversas. Perry Mehrling, o biógrafo de Black, escreveu sobre a vida do economista:

Ele fez quase toda a sua obra num programa de planejamento chamado ThinkTank, que usava como uma espécie de memória associativa externa para suplementar a sua própria. Tudo que lia, todas as conversas que tinha, cada pensamento que ocorria, tudo era sumarizado e acrescentado à base de dados que, por fim, expandiu-se até 20 milhões de bytes, organizados em 2 mil arquivos alfabéticos... Leituras, discussões e pensamentos que Fischer tinha fora do escritório eram registrados em tiras de papel para serem colocados na base mais tarde. Leituras, discussões e pensamentos que aconteciam dentro do escritório eram registrados diretamente. Enquanto falava no telefone, ia digitando. Enquanto conversava com você pessoalmente, ia digitando. Às vezes, até mesmo digitava enquanto entrevistava candidatos a um emprego, olhando para a tela, não para a pessoa.

Ed Boyden, blogueiro da *Technology Review*, faz algo semelhante a Black, mas com tecnologia superior (Black morreu em 1995). Boyden descreve a técnica como "sumários conversacionais". Eis o que ele diz:

> Acho realmente útil escrever e desenhar enquanto falo com alguém, compondo *sumários conversacionais* em pedaços de papel ou blocos de notas. Em geral uso muitas cores para destacar pontos importantes. No fim da conversa, fotografo digitalmente o pedaço de papel, de modo que capturo todo o fluxo da conversa e as ideias que emergiram. A pessoa com quem conversei geralmente fica com o pedaço de papel original, e a fotografia digital é colocada no meu computador para registro de palavras-chaves e armazenamento. Desse jeito posso recuperar todas as imagens, esboços, ideias, referências e itens de ação a partir de uma breve nota que tomei durante um encontro de dez minutos numa cafeteria anos atrás — num só toque, no meu computador. Com câmeras de 10 megapixels custando pouco mais de cem dólares, você pode facilmente capturar uma dúzia de páginas numa única foto, em apenas um segundo.

Existe algo ainda mais radical. Um projeto de pesquisa chamado MyLifeBits tenta registrar tudo da sua vida, naturalmente colocando em forma de arquivo passível de buscas. Copia toda página da web que é visitada e todo e-mail ou mensagem instantânea enviado, registra todas as chamadas telefônicas e cada música tocada ou programa de TV assistido. Um feed de GPS envia continuamente informação sobre o seu paradeiro e, naturalmente, essa informação é correlacionada com os demais dados capturados. Toda a informação é armazenada num arquivo digital ordenado, ou "e-memory". Gordon Bell, que utilizou o MyLifeBits por seis anos, também usava uma SenseCam, uma câmera programada para tirar fotos em resposta a determinados gatilhos, tais como quando os sensores infravermelhos detectam um corpo quente nas proximidades. Se o nível de luz muda significativamente, a câmera tira outra foto, na suposição de que a pessoa deslocou-se para um novo lugar.

Essa obsessão com ordenação está preenchendo mais e mais os nossos espaços intelectuais e emocionais. A construção da Wikipédia tem mais ordenação por trás do que a maioria dos usuários imagina. Não é só apenas uma longa série de verbetes; os artigos precisam ser organizados e repartidos e isso leva a debates sobre o método adequado de ordenação. Por exemplo, alguns wikipedistas são defensores da "fusão", acreditando que, de modo geral, os artigos mais curtos devem se fundir com outros maiores. Na verdade, a própria discussão sobre Fusionismo agora fundiu-se com o verbete da Wikipédia chamado "Delecionismo e inclusionismo", muito provavelmente para grande deleite nerd da pessoa que fez a fusão.

Os "inclusionistas" acreditam que as informações deveriam ser acrescentadas livremente à Wikipédia. Os "delecionistas" se preocupam com artigos por demais triviais para merecer espaço. Os inclusionistas dizem que "a Wikipédia não é papel"; os delecionistas dizem que "a Wikipédia não é o Google" ou então observam que a Wikipédia não é um lixão de fatos. Se você quiser vislumbrar um pouco as ocasionais ofensas pessoais trocadas, apenas leia os debates online da Wikipédia sobre se o verbete de uma pessoa secundária deveria ser deletado. Entre os objetivos dos defensores da fusão está o de "vencer o inclusionismo e o delecionismo desenfreados".

O debate não para aí. Há uma diferença entre Delecionismo e a aparentemente similar (mas não) filosofia do Exclusionismo. Também há Eventualismo, Incrementalismo, Imediatismo e pelo menos dois diferentes espectros para debate, especificamente Fusionismo-Separatismo e Exopedianismo-Metapedianismo. E se isso não for o bastante de estrutura ordenada para você, há a Associação de Membros da Wikipédia que Não Gostam de Fazer Julgamentos Genéricos sobre a Validade de Uma Categoria Geral de Artigo e que São a Favor de Deletar Alguns Artigos Particularmente Ruins, mas Isso Não Significa que Sejam Delecionistas. Digamos apenas que a Wikipédia tem algumas pessoas pensando a respeito de alguns métodos viáveis para ordená-la.

O problema não é que todos nós precisamos nos tornar budistas, já que essa é uma decisão teológica pessoal. Mas o budismo identifica alguns custos e vieses bem reais da ordenação mental. Se nos envolvemos demais com a ordenação mental — por mais divertida que seja —, podemos perder de vista "o todo" e perder de vista a trilha rumo à maior harmonia interior. E, sim, a ordenação mental pode nos levar à frustração, em parte porque a ordem nunca é completada. Ou, se a ordem fosse completada, nós poderíamos nos sentir vazios ou decepcionados, como quando finalmente conseguimos todas as figurinhas dos jogadores de basquete de uma determinada temporada.

A crítica budista, todavia, não fornece uma refutação em grande escala da ordenação mental. A ordenação mental é importante de maneiras que não são adequadamente enfatizadas na filosofia budista, especificamente:

- A ordenação mental frequentemente é uma diversão.
- Há uma multiplicidade de caminhos rumo à liberdade, e a ordenação mental pode ser um deles; é uma forma de conquistar autonomia individual.

- Nós usamos a ordenação mental para estabelecer conexões intensas, emocionais, com outras pessoas, como quando vamos no Facebook e ordenamos nossos amigos, fotos e experiências.
- O cérebro não é infinitamente maleável, de modo que muita gente experimentará níveis acima da média de ordenação mental especializada como parte de seu destino; devemos aceitar essa tendência e aperfeiçoar seus pontos fortes, em vez de sempre trabalhar para superá-la ou eliminá-la.
- Até mesmo a meditação budista pode ser ordenada. Há websites em que você pode registrar, rastrear e até mesmo fazer um upload das suas experiências meditativas.

Em outras palavras, a ordenação mental pode ser divertida e produtiva, e não vai desaparecer.

O budismo não pode regular totalmente a ordenação mental mais do que pode reestruturar o lado sensual da vida humana. Consideremos a analogia do budismo tântrico. A filosofia tântrica também tenta redefinir a mente humana. Quando você ouve as palavras "tântrico" ou "tantra", pode pensar em livros de sexo, mas isso geralmente é uma degeneração moderna de um conjunto de ideias religiosas bem mais antigo e mais sério — algumas, mas não todas, relacionadas com sexo. De qualquer forma, o budismo tântrico trata dos prazeres sensuais dos seres humanos. Assim como a ordenação mental pode obstruir a harmonia e a atenção plena, o mesmo acontece com o prazer sensual. O ideal tântrico é permitir às pessoas reconceber seus prazeres viscerais e sensuais de um modo refinado e, assim, usar o prazer sensual como outro caminho para a harmonia e o nirvana budistas.

Se a filosofia tântrica nos ajuda a ampliar nossa noção do erótico e do sensual, é um maravilhoso complemento à compreensão mais convencional do significado do sexo. Mas se a filosofia tântrica reprime a natureza humana básica e tenta impor uniformidade à nossa apreciação do sensual, irá fracassar. Essa classificação do tantrismo faz bastante sentido intuitivo à maioria das pessoas; estou dizendo que, se o budismo tentar suprimir a ordenação mental, não terá mais sucesso e não será mais libertador. Ao contrário do budismo, as religiões new age não têm muita respeitabilidade intelectual, mas frequentemente remetem a algumas ideias budistas centrais (e ideias de outras religiões orientais). Se você olhar para best sellers recentes, como *O segredo*, as inúmeras obras de Deepak Chopra, ou *A profecia celestina*, entre outros, verá que em grande parte estão ecoando temas de religiões orientais. Acima de tudo, esses livros enfatizam a busca por pensamento positivo e a simplificação de nossas vidas.

É fácil condenar as supersimplificações desses livros, mas vejo a influência deles como um reconhecimento implícito do quão poderosa a ordenação mental se tornou. Você não precisa de livros como *A profecia celestina* para obter uma perspectiva equilibrada ou sofisticada da condição humana. Você usa o livro para reagir contra o que está experimentando na vida, ou seja, as pressões diárias, o caos e a intensa ordenação mental. Você transforma o livro, ou os pedaços que leu, num tanto de protesto por serenidade e calma. ("Serenidade já!" era o mantra gritado pelos personagens em *Seinfeld*.) É um substituto para não largar tudo e se tornar um monge budista, coisa que você não quer mesmo fazer.

Uma das formas mais atraentes de excesso é *colecionar*, em especial colecionar num grau em que o término da coleção se torna uma obsessão. Você pode pensar no ato de colecionar como uma forma de ordenação mental, em geral auxiliada pela intermediação de mercadorias. Às vezes, a coleção concentra-se em objetos físicos, mas outras vezes é uma forma de coleção mental por meio da montagem de listas e memórias ordenadas; a coleção mental de palavras incomuns é um outro hábito. No final das contas, toda coleção é coleção de informação. É claro que não são somente autistas que colecionam com entusiasmo, de modo que as seguintes observações têm aplicação bastante geral.

Colecionar é uma faca de dois gumes. Em parte tem a ver com quem você é e com o que valoriza; as pessoas colecionam não apenas para "conseguir as coisas", mas também para preencher as peças de suas narrativas pessoais. Colecionar pode ser um meio de encontrar o mundo, de alargar os horizontes e de desenvolver buscas divertidas e significativas. Dá ressonância emocional àquilo que você fez e vivenciou. Acima de tudo, as coisas colecionadas são divertidas ou intensas de uma maneira interessante e, naturalmente, criam efeitos de enquadramento que fortalecem sua vida mais ampla. Uma coleção de arte pode tornar a sua casa maravilhosa, uma coleção musical pode trazer sons cativantes à sua vida. Porém às vezes uma coleção pode ser sufocante. Com grande frequência, colecionar concentra-se no término de um conjunto ordenado específico e isso pode fazer do ato de colecionar uma potencial fonte de frustração. Economistas se referem ao "problema dos complementos". Se você precisa de apenas um item para acabar o seu conjunto, e faz questão de ter um conjunto completo, você pode pagar uma boa soma para conseguir esse último item, e isso pode tornar o colecionar uma atividade bastante cara e problemática.

Infelizmente, quando se trata de colecionar, as linhas não são fáceis de definir. Nós podemos nos gabar pensando que somos colecionadores felizes, no entanto o estudo psicológico do colecionar sugere que a atividade nem sempre traz felicidade. Todos colecionamos algo, mas colecionar é um processo limitado, repetitivo. Freud identificava no colecionar uma meticulosidade anal-compulsiva. Não creio que a sua terminologia reflita exatamente a realidade, mas ele intuitivamente observou o elemento de frustração por trás de todo colecionador. Colecionar quase sempre se transforma em obsessão:

> Frank Keillor, um colecionador de 54 anos de relógios e canetas-tinteiro que vive em Moss Beach, não tem inclinação para definir suas ocupações em termos filosóficos. Debruçado sobre uma bancada no andar térreo de sua casa na frente do mar e cercado pelas diminutas peças e ferramentas de relojoeiro, diz alegremente: "Sou um nerd. Adoro desmontar as coisas e ver como funcionam."

Keillor tem cerca de duzentos relógios e várias dezenas de canetas-tinteiro valiosas. Ele pode discorrer sobre as origens e sutilezas mecânicas dos seus relógios "proletários" dos anos 1970 e exaltar as virtudes das penas flexíveis de irídio, dos êmbolos de recarga e cilindros de celulose. "Eu sei, eu sei", ele diz. "Vejo os olhos das pessoas se arregalando quando começo."

Por que eles fazem isso?

Como muitos colecionadores, Keillor não tem uma resposta pronta quando indagado por que começou e por que relógios e canetas.

É possível que Keillor tenha caído no que chamo de armadilha de colecionador. É também possível que ele tenha uma profunda compreensão das virtudes estéticas de relógios e canetas. Ou ambos.

Não está clara qual é a "quantidade normal de objetos colecionados". M. Fauron, ex-presidente de uma associação de colecionadores de selos de charutos, disse que quem não coleciona nada "não passa de um bobalhão, uma patética ruína humana". É fácil rir dessa afirmação como uma espécie de piada ou exagero, mas é mesmo? Uma pessoa que de alguma forma não ordene sua existência mental e emocional talvez não tenha muito de uma existência.

Ainda assim, é bastante fácil localizar os excessos. Existe um clube de pessoas que já visitaram cem ou mais países (o Traveler's Century Club) e muita gente nutre a aspiração de se filiar. Sou cético e penso nessas pessoas como "colecionadoras de países" que provavelmente não entendem nada de "viagem de verdade". Talvez o irracional seja eu, mas entendo que uma viagem de verdade exige uns poucos lugares favoritos e "colecionar" lembranças emocionais e suvenires desses locais num grau intenso. Pode-se visitar vários países do mundo e alternar os lugares favoritos com novos destinos, mas você não pode chegar a cem países desse jeito a menos que seja marinheiro ou piloto de avião, e talvez nem assim. Além disso, deveria haver importância onde se traça a linha entre um país e outro? Se eu visitei as antigas Alemanhas Oriental

BUDA COMO SALVADOR E O PROFESSOR COMO XAMÃ   107

e Ocidental, como fiz em 1985, isso conta como um só país ou dois? E se você pôs os pés em Kiev antes de a Ucrânia se tornar independente? Você esteve na "Ucrânia" ou não? Por que motivo você deveria contar o número de países?

Charles Veley foi rotulado pelo *New York Times* como o homem mais viajado do mundo. Ele tem somente 43 anos, mas após ganhar um bom dinheiro com uma empresa de software partiu para conhecer o mundo. Aos 37 anos, tornou-se o mais jovem homem a ter visitado todos os 317 países (talvez de maneira pouco surpreendente, nem todo mundo aceita esse como o número correto de países). Veley ficou frustrado quando o Guinness World Records declarou que sua alegação não era verificável. Então, ele criou um website — mosttraveledpeople.com — para registrar seus feitos e documentar que é, de fato, o homem mais viajado do planeta. No centro do website há uma lista das dez pessoas mais viajadas do mundo (pelo menos de acordo com os padrões de Veley) e, naturalmente, ele ocupa um nítido número um. Os padrões são explícitos: "No caso de ilhas em que desembarques são proibidos por lei em nome da preservação da vida selvagem ou outros motivos, aceita-se o toque de uma parte da ilha acima da linha-d'água (seja nadando ou de barco) como substituto do desembarque." Veley, a propósito, tem mulher e três filhos pequenos em San Francisco, de modo que não fica muito tempo em nenhum local que visita. "Viajo demais porque posso", afirma Veley.

Um conhecido (autodefinido como *aspie*) uma vez me disse: "De vez em quando noto que estou começando a colecionar alguma coisa. Eu me toco e paro." Mas por que parar? Colecionar não é divertido? Talvez, mas ainda tememos um envolvimento excessivo com a ordenação mental. Uma fixação excessiva em completar uma coleção pode nos jogar em becos sem saída. A mensagem a guardar aqui é que precisamos da liberdade de nos rebelarmos contra isso e seguirmos em novas direções.

OK, então podemos pensar no budismo como um potencial contrapeso a alguns problemas da ordenação mental. Qual seria o correspondente contrapeso para os distintos problemas daqueles que não se envolvem com uma *suficiente* ordenação mental? Tenho pelo menos uma resposta, a *educação*. Mas, como o budismo, à luz de uma natureza humana às vezes recalcitrante, ela nem sempre funciona.

Para entrarmos nesse tópico, vejamos os motivos pelos quais as pessoas se educam.

Os economistas citam três motivos básicos por trás da educação. Primeiro, vamos à escola para aprender algo. Segundo, vamos à escola para exibir nossa inteligência e perseverança, ou, em outras palavras, para mostrar que estamos preparados para fazer grandes sacrifícios. Os economistas chamam isso de "modelo de sinalização da educação". Terceiro, vamos à escola porque (às vezes) é divertido. É claro que o peso relativo dessas três motivações dependerá do nível de educação, da escola em questão e também da personalidade do indivíduo em questão.

Tenho uma outra explicação, não muito contrária à lista tradicional, mas com uma ênfase ligeiramente diferente. Vejo a educação como um meio de aculturação de uma atitude mental particular.

Há várias evidências sobre a aculturação e você pode ver mais claramente examinando a vida dos imigrantes. Se você se muda do Vietnã para os Estados Unidos com sete anos, muito provavelmente crescerá, culturalmente falando, como um americano. Pensará como um americano, terá um sotaque americano e uma visão de mundo em grande parte americana. Você provavelmente ainda terá um senso de obrigações com a família parcialmente vietnamita, mas em termos culturais possivelmente não terá problemas de adaptação. Se você se muda do Vietnã com 13 anos, ainda adota muitos costumes culturais americanos, embora não se compare a chegar com sete anos. Se você troca de cultura com 18 anos, é mais difícil. Se você vai do Vietnã para Portland com 25 anos, provavelmente permanecerá razoavelmente vietnamita, embora vá pegar muitos hábitos americanos. É claro que, quanto mais tempo passar com americanos, mais americano se tornará. Se você muda do México com quatro anos e cresce numa comunidade de outros imigrantes mexicanos, pode adotar as atitudes desse grupo.

Em resumo, para a maioria das pessoas uma grande parte de nossa identidade cultural e visão de mundo é formada por aquilo que fazemos e pela identidade dos nossos pares, entre as idades críticas de algo entre oito e vinte anos.

Essas comparações nos ajudam a entender nosso sistema educacional. A educação é em parte um compromisso que assumimos conosco de ser um tipo de pessoa mais produtiva. A educação é uma *auto*aculturação. A educação nos dá um grupo de pares, uma autoimagem e também algumas aptidões. Ter uma educação é como se tornar fuzileiro naval. Homens (e mulheres) precisam ser *transformados* em fuzileiros navais porque em geral não nasceram assim. Ao escolher vários anos de educação, você está dizendo a si mesmo que se posiciona em um lado da divisão social, em vez do outro. A própria educação incute essa verdade em nós e a internalização dessa atitude está acima e além de qualquer coisa específica que aprendemos na escola.

De modo similar, se você se torna um mórmon ou um protestante evangélico na América Central, as perspectivas de sucesso financeiro ao longo da vida sobem, pelo menos na média. Não é que mórmons necessariamente aprenderam muito mais, mas sim que eles adquiriram uma diferente noção de si mesmos. Têm uma autoimagem mais positiva de seu destino na vida, de suas ambições comerciais e escolhem pares diferentes. Também escolhem não beber.

Ninguém conta a você exatamente como a educação funciona, mas tenho uma hipótese. Muito pouca gente, talvez ninguém, colocaria dessa maneira, mas vejo a escola ensinando as pessoas a serem um pouco mais autistas em suas habilidades cognitivas. Na verdade, uma boa parte das escolas encoraja a concentração, a especialização cognitiva e a ordenação mental. Os alunos aprendem como se concentrar, como terminar a tarefa à mão, como evitar a distração e por que a educação não tem a ver só com socialização. Pelo menos é o que nós, como educadores, tentamos ensinar aos alunos.

Há muitas evidências de que os americanos contemporâneos, por mais fortes que sejam algumas de suas capacidades e ambições, nem sempre são muito bons em questão de concentração. Veja esta pergunta:

Amanda quer pintar cada face de um cubo com uma cor diferente. De quantas cores ela precisará?

(A) Três **(B)** Quatro **(C)** Seis **(D)** Oito

Infelizmente, 20% de uma amostra de alunos da oitava série não sabiam que a resposta correta é (C), ou seja, que um cubo tem seis lados.

Bem, por que tantos alunos erraram isso? Meu palpite é que eles sabem contar até seis, sabem o que é um cubo de gelo e, portanto, sabem o que é um cubo. Talvez apenas não tenham se concentrado na questão da maneira certa para converter esses pedaços de conhecimento numa resposta correta.

Quanto mais difícil o problema, mais concentração é necessária. Outra questão apresentava uma empresa com noventa funcionários e, então, observava que o número de funcionários subiu 10%. Com quantos funcionários a empresa passou a contar? Somente 38% da amostra de alunos de oitava série deram a resposta certa de 99 e é claro que alguns deles chutaram, de modo que a porcentagem de quem realmente entendeu a questão foi ainda menor. Você pode atribuir parte dos erros à aritmética ruim, mas, novamente, penso que o foco foi um problema crucial.

Não é uma imagem educacional clássica aquela em que a professora chega para um aluno e manda que ele ou ela parem de sonhar de olhos abertos. Antigamente, a cena seria completada por uma sonora bronca. Bom, não faz muito tempo houve um estudo da Universidade de San Diego baseado em tomografias cerebrais. Uma das conclusões foi que os autistas se envolvem em "pensamentos relaxantes introspectivos" em grau menor do que os não autistas. Embora outras associações sejam especulativas, a noção de sonhar acordado plausivelmente pertence a essa categoria, ou, em outras palavras, talvez os autistas devaneiem menos que os não autistas. Os pesquisadores acreditam que os autistas preferem concentrar-se num número menor de itens preferidos de atenção. No contexto da literatura científica, isso é classificado como uma incapacidade cognitiva do autismo, mas naturalmente é o que todo professor tenta (e geralmente fracassa) conseguir na sala de aula.

Segundo o Departamento de Educação, no ano letivo de 2001-2002, os americanos gastaram mais de US$ 731 bilhões em educação formal em todos os níveis. É uma montanha de dinheiro. Jamais vi uma boa discriminação de quanto dessa verba foi para o aprendizado real, quanto foi para o prazer (dormitórios universitários bacanas, aparagem do gramado do campus, recreio no jardim de infância etc.) e quanto foi para a função sinalizadora da educação, por exemplo, para assegurar que os padrões sejam seguidos e que os alunos admitidos tenham altas pontuações nos exames. Mas, apenas como um palpite, vamos dizer que um décimo desse dinheiro foi para ensinar aos alunos a se concentrar e se envolver em uma ordenação mental estruturada. Seriam mais de US$ 70 bilhões que gastamos todo ano para tornar, em termos comportamentais, nossas crianças — ousaria dizer — mais como autistas. Ou pelo menos é o que esperamos, apesar de muita gente se arrepiar com essa terminologia.

Sem pelo menos uma educação decente, os não autistas não se dão muito bem na vida e só têm uma chance pequena de obter sucesso. Se você for a partes do mundo em que as pessoas não recebem educação formal, verá que ler, escrever e até mesmo aptidões aritméticas básicas são extremamente limitadas. A maioria dessas pessoas teria sérias dificuldades de adaptação ao estilo de vida da classe média americana e às demandas associadas. Analogamente, a maioria dos autistas não recebe boa educação adaptada às suas necessidades especiais e essa é uma razão (mas de modo algum a única) para muitas das suas dificuldades na vida. Os autistas não competem em pé de igualdade, já que virtualmente todas as instituições educacionais são planejadas para os não autistas. A experiência de muitos autistas na escola é algo que se encaixa no espectro entre "inútil" e "tortura".

Você pode notar que muitos nerds não gostam da escola, apesar de adorarem aprender. Além disso, muitos "nerds economistas" adotam o modelo de sinalização da educação, conforme já mencionamos, e sustentam tal modelo como sua descrição dominante do que seja a educação. Um pressuposto essencial do modelo de sinalização é que, na medida em que a educação sinaliza, você não aprende muita coisa de valor. Mesmo assim, você ainda precisa ir à escola, ainda que apenas para provar que está fazendo a coisa certa. Ao conseguir um diploma universitário, e talvez um doutorado ou MBA, você prova a potenciais empregadores (e colegas) que é uma pessoa inteligente e diligente. Afinal de contas, a sua educação exigiu muito esforço e formar-se realmente mostra algo acerca das suas capacidades e perseverança, mesmo que nem sempre você tenha estado envolvido com aprendizado de valor.

Acredito que o modelo de sinalização explica muita coisa do setor educacional, mas vários nerds economistas superestimam a importância da sinalização. Também subestimam a importância da educação na aculturação das pessoas e, portanto, no processo de torná-las mais produtivas. Creio que os nerds economistas — e, acredite em mim, eu conheço essa turma — cometem esse erro devido à sua introspecção e às suas próprias vidas. Se você é um nerd economista, sua noção de si mesmo e seu comprometimento com a importância da concentração e do intelecto geralmente se formam bem cedo. Como resultado, ir à escola parece quase uma perda de tempo. Mas ainda assim a educação instila bons valores na maioria das pessoas, especialmente o valor da concentração e algumas das capacidades exigidas para a ordenação mental.

Está claro que muita gente no espectro do autismo terá menos necessidade dos tipos de condicionamento educacional predominantes hoje. Essas pessoas podem desejar aprender, mas não precisam do mesmo tipo de aculturação para sua noção de foco. Se um autista deseja estudar algo, já estará estudando, e estudando num nível, e com a dedicação, de estudante de primeira linha.

Mas existe uma coisa engraçada acerca de como nossas escolas tentam ensinar as crianças a serem mais "autistas", no sentido de obter essa especialização focalizada. Elas não têm um bom desempenho nisso. Em essência, as escolas estão usando meios sociais para ensinar as crianças a serem autistas. Não causa surpresa que uma empreitada tão paradoxal nem sempre funcione.

Isso pode soar um pouco estranho — "as escolas estão usando meios sociais para ensinar as crianças a serem autistas" —, então deixe-me explicar.

Quando penso no meu papel na educação, como professor, às vezes me pergunto: Por que os alunos precisam de *mim*? Por que não podem dar ouvidos a outra pessoa? Eles não precisam viajar para Harvard ou o MIT, só precisam de um DVD player e conectar-se à internet. Talvez um iPhone bastasse.

Vamos dizer, por exemplo, que Greg Mankiw e o recém-laureado com o Nobel Paul Krugman são duas das mentes econômicas mais brilhantes das últimas décadas. Não é difícil gravar suas palestras em DVD e vendê-las. Eu simplesmente não sou o economista mais eloquente da praça. Como muitos professores estão dando essas palestras, não vai custar muito dinheiro gravá-las e talvez reproduzir suas anotações. Veja que tanto Mankiw como Krugman escreveram livros didáticos sobre princípios econômicos de bastante sucesso, de modo que claramente estão dispostos a aplicar tempo na educação pública se houver remuneração, ou talvez até de graça (ambos têm orientandos de doutorados, o que essencialmente é uma forma não remunerada de trabalho voluntário).

A Teaching Company produz fitas de alta qualidade com palestras de professores notáveis. É uma ótima empresa e oferece alguns produtos excelentes, mas não são uma ameaça competitiva ao ensino superior neste país. No mínimo, suspeito que a empresa incentiva o domínio do ensino superior ao fazer mais gente nutrir a aspiração por maior conhecimento, portanto aumentando a demanda de longo prazo pelo ensino tradicional, cara a cara. É interessante que a demanda por universidades de qualidade, e o preço das mensalidades, tenha decolado exatamente ao mesmo tempo que a revolução da internet. Não estou sugerindo que a disseminação da internet causou esse boom no ensino superior de qualidade, mas ele indica que a internet não substituirá semelhante ensino.

E se parece muito difícil gravar palestras, ou talvez seja difícil negociar os direitos, que tal apenas ficar sentado em casa lendo livros didáticos? (Deus me livre!) A maioria dos universitários é capaz de ler mais rápido do que consegue ouvir alguém falar.

Você pode imaginar que uma conspiração das universidades está impedindo a disseminação da educação baseada em DVDs ou na web, mas acho difícil acreditar nisso. Não há muitas restrições no que pode ser colocado no YouTube ou no que pode ser comercializado em disco. O principal problema é que, se você recebeu uma educação dessas, o chamado mundo real — a maioria dos empregadores — não a respeitaria muito. Apenas tente colocar no seu currículo "Assisti a palestras no YouTube por quatro anos" e veja quão longe você vai. Listar os vídeos não ajudaria muito, por melhor que o rol pareça no papel. O mundo real é a limitação, não uma facção monopolista nos altos escalões do ensino superior.

A realidade é que a maior parte da educação exige a presença física de outros seres humanos. O professor de carne e osso motiva melhor os alunos e a presença de outros alunos na sala torna a experiência mais vívida e memorável. A proximidade com o líder (o professor) e os pares (os colegas) significa que acabamos mais interessados, mais focados e mais capazes de ter êxito mais tarde na vida. Como seres humanos, a maioria de nós (não todos) é biologicamente programada a reagir positivamente na convivência com outros.

BUDA COMO SALVADOR E O PROFESSOR COMO XAMÃ 115

Chamo isso de *a educação como teatro*. E não se trata de um monólogo. A educação como teatro pode ser extremamente ineficiente se comparada a algum ideal de como nós poderíamos absorver conhecimento, mas para a maioria das pessoas parece ser o melhor que podemos fazer. Já tentei dar uma palestra em um auditório vazio com o propósito de gravar um vídeo. É muito difícil sentir o mesmo entusiasmo e falar de histórias memoráveis ou engraçadas sem uma plateia responsiva. Não que seja impossível conseguir boas gravações (ponha uma plateia de verdade e grave a palestra), mas sim que a conexão interpessoal frequentemente é o que motiva. Se é assim que o professor já formado reage ao auditório vazio, as reações indiferentes de um aluno a uma sala deserta serão um problema ainda maior.

Nós adoramos a internet, mas quando ficamos online buscamos as nossas agendas e interesses pessoais e gastamos a maior parte do tempo nos conectando com outras pessoas. É a própria diversão desse processo que torna tão difícil dominar a derivação da elasticidade-renda no texto *Principles of Economics*, de Greg Mankiw. Sempre há algo melhor para fazer. Mesmo quando todos os amigos estão longe ou trabalhando, a distração da internet não está sempre presente? Não são muitas as pessoas que vão navegar na web unicamente para estudar áridos planos de aulas. Assim, as escolas utilizam a educação face a face para conectar a ideia de elasticidade-renda com uma personalidade humana e uma apresentação humana.

Em grande parte, a televisão e o cinema substituíram o teatro nos Estados Unidos e em outros países ricos. Nesse contexto, parece que não precisamos das apresentações ao vivo, personalizadas. Então, como isso difere do ensino superior? Bem, a TV pode substituir o teatro porque quando o programa de TV acaba não se espera que alguém vá levantar e fazer algum trabalho árduo como resultado do que os atores disseram. Nós continuamos como espectadores passivos e, com grande frequência, assistimos a mais um programa ainda. Mas quando precisamos ser motivados e inspirados, é o contato pessoa a pessoa que, para a maioria de nós, produz efeitos. Pastores, missionários e arrecadadores de doações dirão a você a mesma coisa. Da mesma forma, nem todas as reuniões de negócios podem ser substituídas por videoconferência, novamente porque o contato pessoal é quase sempre necessário.

A indústria musical sabe muito bem disso. Se você vê uma banda de rock ao vivo, as chances são bem maiores de você virar um fã dedicado. Essa é uma das principais razões pelas quais músicos fazem turnês, ou seja, para desenvolver uma relação com o público, reunir grupos de pessoas semelhantes e estimular os fãs. Todo esse contato estimula a compra de gravações musicais. Essa importância de contato pessoal talvez seja a única circunstância em que ser professor assemelha-se a ser um rock star.

Assim que você começa a pensar no problema nesses termos, passa a fazer novas perguntas sobre a real eficácia da educação. Há incontáveis estudos que medem a "taxa de retorno" econômico da educação e esses trabalhos apresentam números razoavelmente altos. Em outras palavras, se você se diploma na universidade, ou obtém uma pós-graduação, vai ganhar mais. Mas com o que esses estudos estão comparando a educação? Agora já é amplamente sabido na literatura médica que um remédio precisa ser comparado com um placebo, em vez de com o procedimento de simplesmente não fazer nada. Efeitos placebo podem ser bastante poderosos e muitos remédios supostamente eficazes na realidade não têm desempenhos melhores que o placebo. A triste verdade é que ninguém comparou a educação moderna a um placebo. E se a gente apenas desse um monte de contato direto às pessoas e *dissesse* que elas estavam sendo educadas?

Não sei bem se quero saber a resposta a essa pergunta. Talvez seja isso que os atuais métodos de ensino *já estejam fazendo*.

Então, de novo, a maioria de nós precisa da influência do líder, do grupo e do tempo de convivência pessoal para garantir o foco no material acadêmico. Ou, para voltar à minha afirmação original, a educação está usando influências sociais para encorajar habilidades cognitivas autistas.

É claro que não autistas podem fracassar em aprender, em parte porque muitos só conseguem aumentar limitadamente o seu foco. Trata-se de mais um preconceito e é um preconceito que aflige muitos de nós. A lição é esta: não importa qual seja a sua neurologia, tenha cuidado ao criticar alguém. Pode ser alguém que você deveria estar tentando imitar.

6

A NOVA ECONOMIA DAS HISTÓRIAS

Houve uma mudança fundamental no equilíbrio de poder entre consumidores e vendedores ao longo da última geração e ela aponta na direção dos primeiros. A quantidade e a qualidade de prazeres "interiores" estão maiores do que nunca, logo um número cada vez maior de pessoas se vira para o lado dessas formas de entretenimento muito baratas.

Devido a esse aumento de interioridade, estamos economizando dinheiro em aprendizado e entretenimento e também contando mais histórias a nós mesmos. Histórias são grande parte de como pensamos, de modo que uma explicação da educação, ou autoeducação, não deveria fugir das perguntas difíceis. Se você está procurando criar a sua própria economia, que papel as histórias devem desempenhar nesse processo? Você deveria seguir a sua tendência de usar o modo narrativo ou deveria desconfiar dela?

Uma boa abordagem para compreender os custos e benefícios do raciocínio baseado em histórias é começar com... uma história.

Em 1984, Thomas C. Schelling publicou um fascinante, mas ignorado, artigo intitulado "A Mente como um Órgão Consumidor". Schelling é um ex-professor de Harvard e vencedor do Nobel de economia. Ganhou o prêmio Nobel por sua análise do comportamento estratégico e teoria do jogo, especialmente por aplicar essas ideias ao conflito militar e à dissuasão nuclear, e é nessas áreas que se encontra a maioria de seus leitores. "A Mente como um Órgão Consumidor" jamais foi reproduzido em uma publicação acadêmica e atraiu atenção predominantemente entre cientistas políticos. Ainda assim, é Schelling em sua melhor forma.

Schelling é uma figura curiosa, como afirmará qualquer um que o conheça. (Tenho a honra de dizer que ele foi meu orientador de doutorado.) Em um primeiro encontro, ele não aparenta possuir um intelecto dos mais notáveis. Tem a atitude despretensiosa de um homem que nos últimos trinta anos trabalhou como vendedor de sapatos no shopping local. Tem cabelos curtos, compleição pequena e sorriso afável. Quando se depara com uma ideia, geralmente reage de maneira oblíqua. Você talvez ouça uma história sobre como ele tentou largar o cigarro, o que a avó costumava lhe dizer ou por que terroristas não vão querer usar as armas nucleares que porventura adquirirem. Então você começa a achar que Schelling não ouviu o que você disse porque as histórias dele parecem não ter nada a ver; um minuto depois, você se dá conta de que o argumento dele tem sentido, embora equivocado; cinco minutos mais tarde, você compreende que ele estava muito à sua frente o tempo inteiro.

O interessante é que Schelling habitualmente apresenta suas ideias como uma história. Isso é incomum numa profissão obcecada com matemática e modelos formais. Independentemente do que você lhe disser, Tom começará a pensar sobre que tipo de história poderia ser relevante para a formulação de uma resposta inteligente. E, assim que começa a narrá-la, exibe um olhar absorto e ninguém quer interrompê-lo. As interjeições e ressalvas à história quase sempre são tão boas quanto a própria narrativa central.

O ensaio "A Mente como um Órgão Consumidor", como de hábito, recorre às reflexões pessoais de Schelling. Quantos outros economistas iniciam seus artigos com uma frase como "Lassie morreu uma noite"? Eis o começo:

A NOVA ECONOMIA DAS HISTÓRIAS

Lassie morreu uma noite. Milhões de espectadores, nem todos crianças, sofreram. Não contiveram as lágrimas, pelo menos. Com exceção dos mais jovens, esses adultos tristes sabiam que Lassie não existia na verdade. O que quer que isso signifique. Talvez com seu hemisfério esquerdo eles pudessem racionalizar que o que viam era um cão treinado e que *este* cão ainda estava vivo, saudável e rico; enquanto isso, no seu hemisfério direito, ou em algum lugar desses (se é que esses fenômenos têm um lugar), a verdadeira Lassie havia morrido.

Eles gostaram do episódio?

Schelling enfatiza que nós "consumimos" as histórias por meio de lembranças, expectativas, fantasias e devaneios. Bens e serviços concretos, como o seriado de Lassie, ajudam a impor ordem e disciplina em nossas fantasias e nos dão uma vida mental mais coerente.

É claro que consumir histórias não tem a ver somente com assistir à televisão, embora o americano médio faça isso por várias horas num dia comum. Se nos enchemos da telinha, vamos jogar no computador, ler um livro, repensar eventos importantes de nossas vidas, dar vida a fantasias ou escutar narrativas dos amigos. Não raras vezes, um blog de sucesso tem como tema o *Bildungsroman*, ou desenvolvimento da vida, do seu autor. Até mesmo assistir ao noticiário, ou acompanhar uma campanha presidencial, é em grande parte movido por nossa quase insaciável demanda por histórias, mesmo que sejam sobre políticos. Consumir histórias não é somente uma atração a mais em relação ao problema econômico mais amplo, mas se constitui numa das paixões humanas centrais e numa das fontes principais de nosso bem-estar, incluindo a satisfação como consumidores.

Você não está apenas comprando um tênis, você está comprando uma imagem esportiva e uma história associada sobre você mesmo. Não é apenas uma música pop independente, é o seu senso de identidade como ouvinte e dono da música. Se você faz doações à Oxfam, sim, você quer ajudar pessoas, mas também está construindo uma narrativa acerca do seu lugar no mundo e das responsabilidades que escolheu assumir.

O poeta português Fernando Pessoa escreveu: "Os compradores de coisas inúteis sempre são mais sábios do que se julgam — compram pequenos sonhos." Grande parte dos mercados é isso. Independentemente de você estar comprando cosméticos, um bilhete de loteria ou um quadro a óleo, você está construindo, definindo e consolidando seus sonhos em formas vívidas e fisicamente reais. Gabriel García Márquez, em *Viver para contar*, compreendeu o poder das histórias. Ele escreveu: "A vida não é o que a gente viveu, e sim o que a gente recorda e como recorda para contá-la."

Não é apenas García Márquez; há uma longa tradição "underground" das línguas espanhola e portuguesa enfatizando a natureza de nossas vidas delimitada por histórias, derivada acima de tudo pelo *Dom Quixote*, de Cervantes. O romance começa com Quixote vivendo num sonho que ele próprio criou. À medida que a narrativa progride no livro dois, Quixote pega as inúmeras histórias escritas a seu respeito e de Sancho Pança como o principal parâmetro para a realidade e vive em referência a essas histórias. É o contraste entre as obras publicadas sobre as aventuras de Quixote e como ele interpreta essas obras na mente que cria a estrutura de sentido para as suas buscas. Acredito que *Dom Quixote* fornece um dos primeiros vislumbres de como viver uma vida pela montagem de pedacinhos culturais e, no processo, dar origem a uma história sobre si mesmo (e seus amados) a partir desses fragmentos. Nesse sentido, *Dom Quixote* é o primeiro romance verdadeiramente moderno, ou talvez até mesmo contemporâneo. Quixote monta pedaços sobre si mesmo recorrendo à cultura comercial do seu tempo, ou seja, a enorme literatura secundária de tratados, panfletos e livros baseados em suas aventuras (ficcionais) com Sancho Pança.

Pode parecer que estou falando apenas sobre literatura, mas também me refiro à economia. Penso nas pessoas criando suas próprias economias dentro de suas cabeças.

Quando se trata de compreender o mundo social, a mente humana individual realmente tem importância. A economia tradicional é razoavelmente boa para prever como as pessoas se comportam numa variedade de ambientes bem definidos, especialmente quando compreendem a natureza das restrições que têm diante de si. Se o preço do café sobe, a frequência ao Starbucks diminui. Se a renda aumenta, as pessoas procuram empregos mais seguros, e não mais os arriscados; você encontrará imigrantes hondurenhos miseráveis, e não herdeiras milionárias, trabalhando em barcos pesqueiros perigosos. Para entender essas questões, podemos recorrer à economia tradicional, sem precisar de conhecimento contextual mais amplo sobre a psicologia humana.

Mas essas não são as questões mais fundamentais a respeito do nosso mundo. A economia tradicional enfrenta mais dificuldades no "Em que as pessoas acreditam?", "Como as pessoas ordenam sua realidade interior?" e "Como essa ordem forma nossas emoções?" Contudo, sem dominar essas questões, a economia fracassará repetidamente, principalmente quando estamos tentando entender fenômenos sociais de larga escala. Por exemplo, a economia não conseguiu prever, ou mesmo compreender, as quebras do mercado de ações, as modas sociais passageiras e nem responder a questões diretas como por que nem sempre se pode simplesmente pagar para as pessoas seguirem suas ordens gerenciais. (Resposta parcial: se as pessoas *acreditam* que você está tentando controlá-las com o dinheiro, em vez de recompensá-las, elas irão se rebelar, e não cooperar, como reação ao pagamento oferecido.)

Em outras palavras, as percepções humanas são extremamente importantes para o entendimento de como incentivos se traduzem em resultados. A menos que você saiba como as pessoas *pensam* que o mundo funciona, não pode prever seu comportamento muito bem. E às vezes as percepções humanas se chocam com a realidade. Lembra do período anterior à segunda Guerra do Iraque, quando Saddam Hussein ficou tergiversando e se recusou a ceder ao presidente Bush? O que se descobriu, de acordo com evidências posteriores, é que Saddam jamais imaginou que Bush realmente iria mandar soldados americanos a Bagdá. O que Bush pensava ser dissuasão era visto como um blefe vazio. Saddam, ao mesmo tempo, achava muito importante que os iranianos *acreditassem* que ele tinha armas de destruição em massa. Assim, ele fingiu ter e, é claro, enganou muito mais gente. Um economista tradicional pode considerar o comportamento de Saddam intrigante, ou pode descrevê-lo como "irracional". Afinal de contas, ele terminou perdendo o país, a liberdade, o senso de honra e, por fim, a vida. Mas um foco sobre a importância da crença sugere que a saga vil e trágica de Saddam Hussein é, na realidade, uma história bastante humana baseada em algumas imperfeições comuns.

Uma das verdades mais fundamentais a respeito do mundo social é que a realidade objetiva não determina o que as pessoas pensam. Ou, na linguagem dos economistas, as expectativas geralmente não são racionais. As pessoas apreendem equivocadamente a realidade ou enganam a si mesmas para construir uma realidade mais agradável em suas mentes. Ou às vezes preferimos o trágico, como quando ligamos a TV para ver Lassie morrer. Talvez algumas pessoas simplesmente sejam incapazes de decifrar como as coisas funcionam. Mais importante, interpretamos as evidências do mundo real por meio de nossas histórias e pela ordenação interna imposta por nossas mentes.

Eis um esquema simples de como a economia se encaixa dentro dessa visão mais ampla da ciência social:

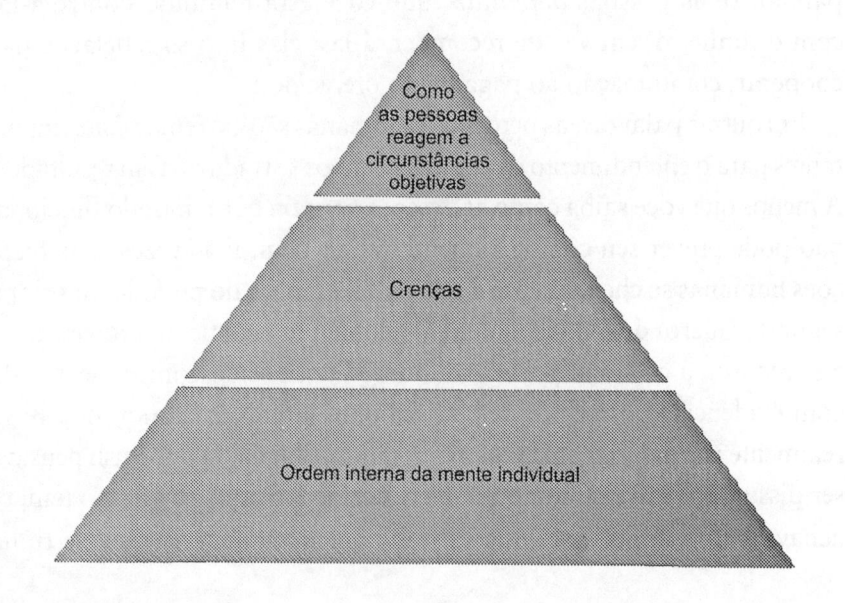

Pirâmide com três níveis, de cima para baixo:
- Como as pessoas reagem a circunstâncias objetivas
- Crenças
- Ordem interna da mente individual

A economia tradicional concentra-se no topo da pirâmide, ou seja, como as pessoas reagem a mudanças objetivas, tais como as mudanças de incentivo. (Talvez as demais ciências sociais não abordem *suficientemente* os incentivos, mas isso é outra história.) Mas não basta pensar em termos de incentivos, porque todos os incentivos são postos e interpretados num contexto particular, e isso traz a psicologia para o jogo. As questões fundamentais mais profundas — especificamente, a natureza da mente individual — estão na base da pirâmide e, de fato, na base de todas as ciências sociais. Assim, você pode pensar neste livro como uma rebelião contra a economia tradicional ou como uma microfundação para uma economia melhor ou como neuroeconomia; por outro lado, eu o vejo como um regresso às fundações originais da economia.

Pode causar surpresa que a origem do estudo da economia fosse substancialmente psicologia, percepção e ordenação mental. Como já discuti, Adam Smith, o pai da economia moderna, escreveu não apenas *A riqueza das nações*, mas também um livro sobre psicologia humana, *Teoria dos sentimentos morais*. A obra da vida de Smith foi mesclar raciocínio econômico com a filosofia moral estoica (Sêneca, Epiteto e Marco Aurélio, mais o sucessor Montaigne, da Renascença francesa) e psicologia aplicada, cuja maior parte ele gerou a partir de suas próprias ideias. Os estoicos eram obcecados com a adequada ordem interna da mente e, particularmente, em como administrar a dor, como lidar com o que você jamais pode ter e como baixar suas expectativas, para que a vida pareça um prazer, e não um fardo. Enquanto os estoicos procuraram compreender a psicologia do Império Romano, do exílio e do flagelo escravocrata, e Smith estudou a fábrica de alfinetes, eu estou examinando o Facebook, o Google e o iPod.

O posterior e mais geral movimento da "economia comportamental" trouxe a psicologia de maneira direta para a economia. Além de toda a pesquisa formal, a economia comportamental é representada por livros populares como *Previsivelmente irracional*, de Dan Ariely, *Nudge — O empurrão para a escolha certa*, de Richard Thaler e Cass Sunstein, e *A força do absurdo*, de Ori e Rom Brafman. Em termos gerais, a economia comportamental sugere que o processo decisório humano frequentemente está longe de ser racional. Por exemplo, talvez superestimemos nossas perspectivas de sucesso quando iniciamos um novo negócio ou talvez sejamos péssimos para avaliar riscos de probabilidade diminuta. Na visão comportamental, somos governados por emoções e amiúde usamos regras e procedimentos disfuncionais para tomar uma decisão. Por mais judiciosos que nos afirmemos, com grande frequência a razão simplesmente não cola. A economia comportamental tornou a economia mais realista e pode-se afirmar que é a tendência de maior influência hoje na profissão da economia.

Sou totalmente pró-economia comportamental e, se você quiser, pode pensar neste livro como um estudo de economia comportamental. Não obstante, vou além das abordagens comportamentais padrão de pelo menos quatro modos. Primeiro, enfatizo a neurodiversidade — neste caso, o espectro autista — como uma importante característica da diversidade humana. Essa investigação é uma espécie de neuroeconomia, mas não da maneira como essa palavra geralmente é empregada. A maior parte da atual neuroeconomia pressupõe que as pessoas são idênticas e examina seus cérebros enquanto elas tomam decisões no laboratório; o objetivo é descobrir que setor do cérebro tomou a decisão e, assim, compreender se a decisão foi tomada por medo, pela perspectiva de recompensa etc. Em contraposição, eu começo com as diferenças neurológicas naturais entre seres humanos e vejo como essas diferenças definem resultados no mundo real.

Segundo, eu me concentro na cultura contemporânea e na web, dois tópicos negligenciados por economistas comportamentais e neurocientistas. Terceiro, a análise é dinâmica. A maioria dos estudos comportamentais olha para a psicologia humana num momento único de tempo, por exemplo, como a psicologia pode afetar os preços dos fundos mútuos ou a localização do leite num supermercado (fica quase sempre no fundo, para incentivar compras de impulso de doces e refrigerantes enquanto você caminha para pegar os laticínios). Em contraste, eu estou indagando como a evolução da cultura e da tecnologia vai fazer *diferença* na vida moderna e como irá alterar a importância relativa de nossas forças e fraquezas cognitivas.

Por fim, ressalto a noção de histórias. Embora a análise de histórias seja proeminente no que se chama de "psicologia narrativa", a noção de histórias ainda não causou muito impacto na economia comportamental, ainda que a maioria das pessoas adore pensar em termos de histórias. A maior parte das pessoas é condicionada a pensar em termos de histórias e elas têm uma memória especialmente boa para isso. "A economia das histórias" é uma das próximas fronteiras da ciência social, mas a maioria dos economistas estão marcando passo, com a exceção, é claro, de Thomas Schelling.

Tão logo você examina o poder das histórias, a noção de escassez da economia tradicional inverte-se. A economia tradicional geralmente diz respeito a adquirir coisas e, assim, superar a escassez, mas boa parte do comportamento humano tem a ver com *criar* escassez artificial e, então, escolher uma busca. Buscas, que eu defino como histórias de superação de escassez, exigem pelo menos dois tipos de escassez. Primeiro, se você quer embarcar numa busca significativa, deve estar com falta de alguma coisa. Segundo, o protagonista não pode se concentrar em tudo e, desse modo, precisa escolher e descartar prioridades para definir uma busca preferida.

Histórias e buscas são métodos de ordenação mental muito antigos e tradicionais. Mas a ordenação não diz respeito apenas a arrumar um conjunto de determinadas unidades ou preocupações, como você poderia fazer com uma coleção de cards de beisebol. Descartar e cortar são características fundamentais desse processo de ordenação, que tem algo em comum com a limpeza de um velho armário. Histórias não têm a ver somente com criar contexto e acumular. Histórias também exigem que nós tiremos ou eliminemos material para que as peças resultantes sejam coerentes, sejam retidas por nossas mentes e constituam uma trama baseada numa luta para conquistar algo. Em essência, a nova economia cultural diz respeito a como o marketing empresarial e a montagem individual se combinam para criar histórias de valor baseadas em buscas, escassez e incerteza.

O senhor dos anéis funciona tão bem como uma história popular precisamente porque os principais personagens não têm poderes mágicos; dito isso, a ideia de mágica norteia sua busca e a excitação da mágica continuamente estimula a imaginação dos leitores de Tolkien. Frodo e seu bando passam a maior parte da história em busca de um anel muito poderoso. Assim que o destino do anel fica determinado, a história basicamente acaba e é hora de amarrar o destino de cada personagem e fechar o livro.

A maior parte das boas histórias de fantasia oferece elaboradas explanações sobre quais tipos de transformações angelicais são possíveis, o que você deve fazer para capturar um unicórnio e quais limites são colocados nos poderes mágicos. Os leitores perdoarão praticamente qualquer tipo de irrealismo, desde que as regras sejam aplicadas de maneira coerente.

"Por que o príncipe e a princesa separados há tanto tempo simplesmente não podem ficar juntos e casar?", poderia perguntar uma criança ingênua, mas, tendo visto o filme *A princesa prometida*, você sabe mais das coisas. Sequestros, homens mascarados, bebês trocados ao nascer, dragões vigiando fronteiras e reinos em guerra são recursos comuns em tramas, todos com o objetivo de assegurar que nada aconteça facilmente. Livros da Harlequin oferecem suas próprias barreiras, especialmente preconceitos sociais e pais ameaçadores, temas também comuns em Bollywood. Se as histórias cansam rapidamente, é porque há um número limitado de maneiras de evocar admiração a distância e então manter a tensão. E se a fantasia romântica tem cibercomunicação entre os dois protagonistas, como no filme *Mensagem para você*, com Tom Hanks e Meg Ryan, os dois personagens não podem conhecer as verdadeiras identidades, um do outro, até os momentos derradeiros da fita. É claro que histórias de barreiras estão ficando mais difíceis de escrever nesta era de comunicação moderna e rica em informação, e isso vem a ser um dos motivos pelos quais os roteiristas ambientam muitos de seus contos no passado.

Samantha, a protagonista do antigo seriado de TV *A Feiticeira*, enfrenta o mesmo problema que Harry Potter. O drama só funciona se existem limites para a mágica. Em parte, o seriado resolve o problema fazendo Samantha prometer viver entre os mortais e se abster de usar mágica (note bem: ela nem sempre cumpre o acordo, então o espectador se vê diante de alguma probabilidade de excitação). E o seriado funciona em parte porque Samantha dá duro num dos mais difíceis problemas de todos: criar e sustentar um casamento feliz, nesse caso com o mortal Darrin, seu marido.

Muitos leitores gostam mais do *Inferno* de Dante do que do *Paraíso*. Não é que todos nós sejamos satanistas ou secretamente desejemos ser enviados para as torturas do inferno. A coisa é mais simples, ou seja, o paraíso geralmente não rende boa ficção. Se você examinar detalhadamente a estrutura do poema de Dante, verá que ele mantém a história do paraíso interessante somente graças a uma série de truques literários, tais como adiar a entrada no paraíso e recapitular a jornada e as tensões psicológicas íntimas do narrador. Em outras palavras, não é realmente uma história de paraíso porque o paraíso não tem necessidade de poesia épica. Você sabe que o fim do poema está próximo quando Dante escreve: "E então minha pena para e eu não escrevo, porque nossa imaginação é muito crua, assim como nossa fala, para pintar as cores mais sutis dos campos de glória."

Estou sugerindo que essas dificuldades na construção de narrativas ficcionais refletem dificuldades mais amplas em como trazemos sentido à nossa vida e como fazemos nossas histórias pessoais ficarem coerentes. Em um universo mental sem princípios hierárquicos baseados em histórias, você se torna um ser faminto e insaciável tentando possuir ou consumir o máximo possível de mercadorias ou unidades de informação. Em uma visão baseada em histórias, ao contrário, com grande frequência você acumula unidades em uma quantidade tal que não sabe o que fazer com todas. Nós aparamos a massa de informação e organizamos alguns pedaços na forma de narrativas, mesmo que isso signifique que no geral terminemos com menos fragmentos.

Nessa visão de como criamos valor mental, o problema econômico mais uma vez é o que jogar fora — e como ordenar o que restou —, e não apenas o que adquirir. Uma "economia de histórias" dá à noção de ordenação mental uma importância central.

Naturalmente, quanto mais ricos ficamos, maior é a dificuldade de encontrar a ordenação apropriada, em vez de apenas adquirir mais. Temos acesso a muito mais "coisas" do que jamais tivemos, ainda que apenas por meio da internet, mas nosso tempo disponível não aumenta proporcionalmente. Então, mais uma vez, organizamos bens, serviços e acontecimentos em histórias preferidas e descartamos o que não se encaixa.

Formas de ordenação mental baseadas em histórias são um pouco diferentes de tendências observadas em muitos autistas. Há algumas evidências de que os autistas são menos propensos que os não autistas a pensar em termos de histórias e também menos inclinados a ter sonhos baseados em histórias extremamente vívidas. Isso está longe de ser uma questão resolvida na ciência, mas os autistas parecem impor diferentes tipos de ordem mental à informação e essas ordens parecem contar com um foco mais especializado, mais intenso e menos narrativo. É comum que autistas tenham uma forte preferência por ler não ficção, em vez de ficção. Também há evidências de que autistas têm um senso de memória episódica mais fraco, mesmo quando sua capacidade de memória é forte no geral. As lembranças dos autistas têm, portanto, menos probabilidade de acabarem armazenadas como histórias emocionalmente preconceituosas ou enganadoras, e mais chance de serem guardadas como uma série de fatos. Pode-se argumentar que os autistas têm menor propensão de serem dominados por sentimentos de vingança pessoal, embora eu não tenha visto estudos formais sobre essa alegação específica.

De qualquer forma, para a maioria das pessoas, uma história de sucesso, assim como uma celebridade de sucesso, deve ser socialmente relevante. Uma história relevante, colocando de maneira simples, é memorável, emocionalmente evocativa e pode ser explicada facilmente para a maior parte dos demais.

Esta questão da relevância nos leva de volta a Thomas Schelling e uma das suas outras grandes contribuições à ciência social. Foi Schelling quem desenvolveu a ideia de "pontos focais". Um ponto focal refere-se a algo que todos nós podemos coordenar sem precisar falar ou planejar com antecedência. Por exemplo, se o seu chefe o convida para estar presente numa reunião do conselho de diretores da firma, é focal que você use gravata, mesmo que ninguém mande. Na sede do Google, habitualmente o que se espera são roupas informais e, portanto, eles têm um ponto focal diferente. De maneira geral, um ponto focal é uma expectativa social regularmente compreendida.

O conceito de ponto focal traz à lembrança as palavras de Jim Sinclair, um autista que escreve na web. Ele nos informa: "NÃO PENSE QUE TUDO É PREVISÍVEL. Não presuma que você pode interpretar o comportamento da pessoa [autista] comparando com o seu ou o de outra pessoa... Não presuma que a pessoa pode interpretar o seu comportamento." Em outras palavras, muitos pontos focais comuns são mais difíceis para os autistas usarem e, inversamente, pontos focais autistas podem ser difíceis de serem utilizados por não autistas.

O exemplo original de Schelling de ponto focal falava de um encontro em Nova York. Digamos que você concordou em ver alguém, mas não especificou hora nem lugar. Schelling acreditava que a escolha "focal" seria encontrar-se ao meio-dia embaixo do relógio principal da Grand Central Station; em outras palavras, o ponto focal deveria ser o mais simples e óbvio possível. Crio que essa estação famosa era a escolha correta nos anos 1950 e 1960, época em que Schelling desenvolveu a sua ideia; hoje, quando pergunto aos meus alunos, escuto como alternativas mais comuns o Marco Zero e a Times Square.

Esses exemplos são interessantes, mas pontos focais têm importância menor hoje do que no passado. Não é que o número de pontos focais esteja diminuindo, e sim que precisamos menos deles. Se você deve encontrar alguém em Nova York, bem, apenas mande um torpedo especificando onde. O novo ponto focal não se trata de um lugar, mas a expectativa de que você sabe ler e enviar torpedos. Você agora pode acessar o Google Earth no iPhone ou, se tiver o software certo, perguntar ao iPhone "Onde fica o Starbucks mais próximo daqui?". O software com reconhecimento de voz fará o resto e o conhecimento explícito é substituído pelo conhecimento implícito. Ou você pode acessar um novo website que pega duas localizações iniciais — fornecidas por você — e escolhe um ponto conveniente no meio. É o www.meetways.com, e, se não é famoso, isso mostra que nestes dias que correm pontos focais antes de mais nada simplesmente não são um grande problema.

Quando se trata de escolher pontos focais de compreensão geral, o desempenho dos autistas fica abaixo da média em muitos contextos, já que eles acham mais difícil selecionar entre muitas convenções sociais não declaradas. Essa é uma das queixas mais comuns que você vai ouvir, ou ler, de pessoas autistas, e ela decorre do fato de que os autistas apreendem o mundo de maneiras diferentes. Mas seria errado concluir que os autistas são incapazes de ter pontos focais. Na verdade, estamos vendo entre os autistas a evolução de convenções sociais ou pontos focais, acima de tudo com o auxílio da comunicação na web. Por exemplo, há hoje uma razoavelmente comum compreensão, ou ponto focal, de que um encontro, ou despedida, entre autistas não será precedido por aperto de mãos. Muitos autistas não gostam dessa forma de contato, e alguns a odeiam, então por que fazê-la? Existe outra convenção que está recebendo adoção mínima entre autistas, mas que talvez se desenvolva em uma prática mais comum. Como alguns autistas (embora uma minoria) têm dificuldade para reconhecer rostos, você deveria repetir seu nome quando diz oi ("Oi, sou o John"), mesmo que esteja cumprimentando alguém que já conheça.

Uma conversa no telefone entre dois autistas, ou mesmo face a face, em geral parece ligeiramente estranha porque não é tão forte o entendimento comum de quando uma pessoa acabou de falar e a outra deveria responder. A conversa pode ter um número acima da média de cortes, inícios e paradas. Por outro lado, não deveríamos concluir que em geral os autistas são piores em coordenação. Autistas frequentemente têm um estilo direto, e até mesmo brusco, de fala e isso, na minha opinião, é positivo. Uma estratégia preferida para comunicar ou coordenar é simplesmente dizer o que você quer, e isso pode ajudar bastante em termos de coordenação e comunicação. Você também poderia dizer que é um ponto focal, entre muitos autistas assumidos, não ficar ofendido pela percepção de qualquer franqueza por parte da outra pessoa. Assim, é errado pensar que todos os problemas de comunicação e coordenação estejam no lado autista da equação.

A questão óbvia é sobre até que ponto o raciocínio baseado em histórias é uma capacidade cognitiva e até que ponto também é um pouco uma incapacidade cognitiva. Nenhum de nós acha que é preciso se deter para pensar no valor de uma boa história. Adoramos contar histórias para os amigos e a escritora J.K. Rowling tornou-se bilionária com suas histórias de Harry Potter. No nível da pesquisa, os economistas insistem em dizer que contam boas histórias na construção de suas teorias e na apresentação de explicações; nós habitualmente empregamos o termo "narrativas analíticas". Eu também adoro uma boa história, seja como consumidor de cultura ou profissionalmente, quando ajo como um consumidor de pesquisa econômica. Mas, ainda assim, gostaria de fazer um protesto. As histórias deveriam ter um papel tão preponderante na nossa cognição? Às vezes não pensamos *demais* em termos de histórias?

Vejamos como o pensamento baseado em histórias pode dar errado e nos induzir ao erro, especialmente quando as histórias relevantes têm um alto componente social. O pensamento baseado em histórias, embora divertido, tem o seu lado problemático. Vejo os seguintes problemas nas histórias socialmente relevantes:

PROBLEMA N° 1: AS HISTÓRIAS SÃO SIMPLES DEMAIS

Já vimos que as histórias memoráveis tendem a ser socialmente relevantes e, portanto, tendem a ser focais. Mas, retornando a Thomas Schelling, o que sabemos sobre pontos focais e o problema de como e onde ter um encontro em Nova York? Sabemos que pontos focais escolhidos tendem a ser simples e óbvios. Isso significa que algumas de suas histórias também serão simples e óbvias. Alguns podem dizer simples e óbvias demais.

Sempre que um grupo tem que coordenar uma ideia ou plano comum, há o potencial do que se chama de efeito menor denominador comum. Você já tentou fazer um grupo de seis ou oito pessoas concordar na escolha de um filme para ver, seja em casa ou no cinema? É duro. Muitos dos melhores filmes já foram vistos por alguém do grupo. Ou então muitos filmes excelentes são, de algum modo, bizarros, ofensivos ou com apelo a gostos bastante específicos. Nem todo mundo adora a série *O poderoso chefão* (lembra daquele cavalo na cama?) e há muitos motivos, justificados ou não, para objeções. Talvez uma pessoa do grupo não goste de filme legendado. E assim por diante. Você provavelmente não terminará com uma excelente escolha, e sim com uma fita que ninguém achou apropriado vetar. Você acabará com alguma coisa não ofensiva demais, mas provavelmente não excelente pelos padrões de ninguém. Os blockbusters hollywoodianos têm esse mesmo problema quando procuram atrair plateias muito amplas. Terminam desprovidos de vitalidade, sem assumir riscos, num esforço para ter apelo sobre o menor denominador comum num grande grupo de pessoas, nesse caso, espalhadas por uma audiência cinematográfica verdadeiramente global.

Já as chances de percebermos que a mesma lógica se aplica não apenas aos estúdios de Hollywood, mas também a nós mesmos são menores. Nesse sentido, eu sou bastante típico. Alguns dos elementos por trás das minhas narrativas pessoais mais profundas sofrem do efeito menor denominador comum. A lógica se aplica aos meus sonhos. Às minhas fantasias. Às minhas visões mais profundas do que eu posso ser. Eu valorizo demais esses pensamentos e sentimentos, mas na realidade tiro muitos deles de um contexto social e de pontos que sejam socialmente relevantes. Isso significa que eu os tiro de celebridades, de anúncios, da cultura popular e, de maneira geral, de ideias que são fáceis de comunicar e disseminar a um grande número de pessoas. Até certo ponto, todos nós sonhamos em linguagem da cultura pop.

A cobertura da mídia traz problemas similares de simplificação excessiva. A tendência é encaixar todos os fatos no formato de uma história, geralmente com um protagonista memorável, mesmo quando a realidade é mais complexa. Você não notou quantos filmes e programas de TV oferecem um azarão lutando contra o sistema e conseguindo a vingança final? Rende uma boa narrativa. Contudo, isso nem sempre é a maneira mais adequada ou exata de organizar informação. A mídia é boa em retratar heróis, vilões e conspirações, ao mesmo tempo que é ruim para dar às pessoas uma compreensão de forças sociais e econômicas abstratas ou ocultas.

Já que estamos no tema, a cobertura dos autistas pela mídia oferece muitos exemplos de como reportagens — até mesmo aquelas com intenção de serem positivas — caem na armadilha de apresentar estereótipos fáceis de lembrar, baseados em histórias, em vez de na verdade mais complexa. Um típico exemplo é a matéria apresentada em 2008 pela CNN. com sobre uma criança autista que ficou bastante perturbada porque a casa da família foi destruída durante um grande incêndio na Califórnia. A principal ideia da matéria era como os autistas são totalmente dependentes das suas rotinas diárias. Para que não ficasse soando arbitrário, havia a frase solitária de um cientista para justificar a afirmação. Bem, rotinas no autismo são um tópico complexo, mas acho que até mesmo o leitor desinformado se questiona se sentimentos tão agoniados (a criança perdeu tudo que tinha, brinquedos e quarto) podem ser "normais", em vez de "autistas". Mas fazer essa pergunta destruiria a premissa da história, ou seja, a noção de que crianças autistas não são capazes de se ajustar. A bomba vem no final da matéria, quando o repórter revela de passagem, sem se dar conta de qualquer contradição: "'Ele [o menino autista] está bem melhor do que a mãe ou o pai, acredite ou não', disse a mãe de Jonathan. 'O tempo dirá. Ele nunca viu nada como isso.'" A realidade é que o garoto autista lidou com o problema melhor que os pais não autistas, mas uma ênfase nessa parte da história não produziria a matéria estereótipo que perduraria na memória do público, e assim foi descartada.

A CNN, naturalmente, é um veículo popular e, assim, as histórias são apresentadas de um modo que muita gente pode se identificar ou lembrar, e isso significa algumas grandes simplificações. Em outras palavras, a superficialidade de muitas histórias habitualmente contadas e sustentadas é parte do preço da nossa sociabilidade e da necessidade de compartilharmos tanta coisa com várias outras pessoas. Às vezes a supersimplificação é um preço que vale a pena pagar. Mas vamos reconhecê-la pelo que é, ou seja, um viés cognitivo que atrapalha a forma como muita gente pensa a respeito do mundo.

PROBLEMA Nº 2: HISTÓRIAS ACABAM SERVINDO A FUNÇÕES DUPLAS E CONFLITANTES

Parte do que significa um ponto focal é que você não pode colocar muitas histórias, ideias e dados na sua cabeça de uma vez só. Apenas alguns irão se destacar e se tornarão óbvios ou memoráveis. Assim, se você pensa em "locais de encontro em Nova York", uns poucos lugares bem conhecidos vêm à mente. Se a sua cabeça fosse inundada com todos os detalhes desordenados de uma vez só, seria mais difícil, e talvez impossível, definir um lugar focal para o encontro.

Assim como só pode haver um número limitado de pontos focais, a sua mente também só recebe ou lida com uma quantidade de histórias restrita. Suas autonarrativas para o que você está fazendo não podem ser tão numerosas a ponto de preencher uma enciclopédia de 37 volumes. Em vez disso, você enche a mente com um número relativamente pequeno de histórias, tais como "mãe devotada", "amigo atencioso", "peregrino aventureiro" etc. Na hora em que chegamos à trigésima, ou mesmo vigésima, autonarrativa, em geral ela é bem secundária e não uma grande força motriz do nosso comportamento.

Tudo bem, mas o pequeno número de histórias focais leva a alguns problemas, ou seja, você não tem histórias suficientes, ou histórias flexíveis suficientes, para tudo que quer alcançar na vida.

Consideremos um exemplo simples. Todos nós usamos histórias para nos motivarmos, mas isso significa que essas mesmas histórias nos farão cometer alguns erros. Em algumas situações, ficaremos supermotivados, quando deveríamos desistir. Lembra do cavaleiro no filme *Monty Python em busca do cálice sagrado* que está gravemente ferido, mas tentando negar a todo custo o seu estado? Depois de perder todos os membros, ele grita "É só uma ferida superficial!" e continua a lutar, ou melhor, continua tentando lutar. Essa fala da ferida superficial é uma autonarrativa muito boa para a bravura e motivação do cavaleiro. Mas não é uma história tão boa para mantê-lo fora de perigo ou fazê-lo visitar o médico quando necessário.

Você poderia pensar: "Ah, o cavaleiro só precisa de duas histórias. Ele pode começar com a história da bravura e trocar para a história do 'Eu sou vulnerável' quando precisar ou quando começar a perder a batalha." Mas é exatamente isso que não é tão fácil. As histórias precisam ser focais e precisam estar fortemente gravadas em nossas mentes. Isso significa que não podemos simplesmente saltar de uma história para outra à vontade. A bravura é uma questão de temperamento que não pode ser ligada ou desligada como um interruptor. Nossas histórias pessoais, portanto, envolvem alguma "rigidez", para usar um termo da macroeconomia. O mundo, ou nosso ambiente imediato, muda mais rapidamente do que nossas histórias conseguem se ajustar. Nesse meio-tempo, podemos ficar realmente vulneráveis.

Isso soa como um problema simples, mas a indivisibilidade e rigidez dos estados emocionais — e, portanto, das nossas histórias — é uma causa fundamental de tantos problemas de nossas vidas e de tantos fracassos institucionais. Por exemplo, veja o colapso da bolha do mercado imobiliário, iniciado em 2007. Alguns daqueles credores hipotecários eram desonestos, mas muitos deles simplesmente não viram que a história de aumentar perpetuamente os preços dos imóveis tinha que chegar a um fim e que terminaria com a rapidez que ocorreu.

A rigidez das nossas histórias também é o motivo, no nível macroeconômico, pelo qual as economias passam por ciclos terríveis de negócios. Boa parte da macroeconomia moderna está erigida em torno da ideia de que alguns salários e preços não se ajustam para baixo facilmente. Se você é demitido porque os negócios estão parados, poderia se perguntar: "Por que eles não me propuseram uma redução salarial de 20% ou talvez 30%?" Às vezes isso acontece, mas a verdade é que a maioria dos trabalhadores perdem o ânimo, ou fomentam uma rebelião, quando os salários são reduzidos. Você começa a vida com a história do "Vou combater a injustiça contra mim e os esforços para tirarem as coisas de mim". Essa história funciona bem em vários cenários (inclusive no chiqueirinho de bebê), mas no mundo dos negócios às vezes significa que você acaba demitido. Você tinha que trocar para a história "Preciso cair para me levantar e seguir em frente", mas a realidade é que a maioria das pessoas não faz esse ajuste facilmente. Mesmo que você possa fazer o ajuste, o empregador não sabe disso e assim você é demitido, em vez de ter o corte de salário. É um grande motivo de por que a curva para baixo do ciclo de negócios geralmente envolve tanto desemprego.

Thomas Schelling, no seu "A Mente como um Órgão Consumidor", compreendeu as limitações bastante humanas por trás das nossas histórias e as nossas capacidades mentais e emocionais restritas: "O maravilhoso é que a mente faz todas essas coisas. O ruim é que parece ser a mesma mente da qual esperamos tanto as mais ricas sensações quanto as análises mais austeras."

PROBLEMA Nº 3: OS MERCADOS NEM SEMPRE NOS ENVIAM AS HISTÓRIAS CERTAS OU REFORÇAM AS HISTÓRIAS CERTAS

Na medida em que você se abre, e a suas histórias, para a influência social, você corre o risco de sofrer manipulação externa. Nossa escolha de histórias nunca é autônoma e nunca é exclusivamente nossa. Já vimos como tiramos nossas histórias de outros e como escolhemos nossas histórias de forma que elas tenham ressonância também junto aos outros. Isso é uma coisa, mas a realidade mais sinistra é que outras pessoas estão tentando manipular você com histórias o tempo inteiro. Esses vilões podem ser o seu patrão, políticos, publicitários e, quem sabe, talvez até alguns escritores. A ficção não é uma espécie de manipulação deliberada, explorando nossas imperfeições e feita de maneira a nos importarmos e simpatizarmos com personagens que nem mesmo são reais?

Por um lado, você está tentando esvaziar a cabeça e os sentimentos de um monte de entulho irrelevante. Você faz isso, em parte, para manter as histórias pessoais focais e memoráveis. Infelizmente, todos esses persuasores externos estão tentando encher a sua cabeça ao mesmo tempo que você procura esvaziá-la. É uma espécie de corrida armamentista social — um lado contra o outro — e, lamentavelmente, nós, como construtores individuais de histórias, nem sempre somos os vencedores.

Considere a propaganda capitalista, em que a manipulação persuasória é mais facilmente detectável. Com o objetivo do lucro em mente, os publicitários tentam promover os seguintes tipos de bens e serviços:

- bens nos quais ficaremos viciados;
- bens que são difíceis para os concorrentes copiarem ou reproduzirem; e
- bens que o fornecedor pode produzir mais a um custo baixo ou declinante.

Esses são os bens mais lucrativos para se promover e vender. O corolário direto é que seremos bombardeados com histórias sobre a importância desses bens. Coca-Cola: abra a felicidade. Bom de lamber os dedos (Kentucky Fried Chicken). Por favor, não aperte o Charmin. E por aí vai. Em outras palavras, você leva histórias embaladas com esses bens. São as histórias que ajudam você a ficar viciado nesses bens e nas imagens associadas.

Como já observei, o vício nem sempre é uma coisa ruim, especialmente se estamos nos divertindo e o hábito não for destrutivo. Se você se acostumou a comer as saudáveis cerejas Rainier (como aconteceu comigo, e, caso não saiba, são as amarelas), tudo bem, embora sejam um pouco caras. Mas ainda assim, os bens viciantes promovidos pelos publicitários não são exatamente as melhores escolhas para você. O mundo nos envia histórias com uma perspectiva distorcida. Devido à influência da propaganda e da cultura popular, há um risco de que nossas narrativas pessoais possam ficar por demais presas a aspirações e se tornarem excessivamente comerciais e ligadas a marcas específicas. Nós também somos muito suscetíveis à propaganda governamental.

Os autistas têm algumas forças cognitivas para ajudá-los a lidar com esses problemas. A paixão pela informação observada nos autistas bate apenas com o primeiro critério da lista acima, ou seja, pode causar dependência. Muitas das maneiras pelas quais os autistas se envolvem com a informação simplesmente não rendem tanto lucro aos fornecedores, precisamente porque os processos relevantes de ordenação mental são prazeres muito baratos. A maioria dos casos de ordenação mental autista não precisa estar ligada a bens escassos e possivelmente de status social elevado. A ordenação geralmente é uma forma extrema daquilo que os economistas chamam de "produção doméstica" e, assim, esses prazeres não podem ser facilmente controlados, manipulados ou possuídos por fontes externas. Isso dá a muitos autistas uma espécie de liberdade em relação às pressões da sociedade comercial.

Os autistas podem parecer não formar um grupo tão poderoso, mas suas técnicas de envolvimento com a informação incorporam uma ameaça ao marketing capitalista como o conhecemos, e digo isso no melhor sentido. Por que comprar repetidamente uma marca cara, quando você pode fazer a sua própria economia na cabeça? Como ilustra a evolução da web, as pessoas estão se dando conta disso, produzindo mais valor com sua própria ordenação mental e desfrutando esse valor em suas mentes, sem a intermediação de muitas mercadorias caras. Quando se trata de se proteger contra a manipulação externa de publicitários, a preocupação com a ordenação mental quase sempre é uma vantagem subvalorizada.

O poeta português Fernando Pessoa falou com precisão de uma realidade fundamental: "Sábio é quem monotoniza a existência, pois dessa forma cada pequeno incidente tem um privilégio de maravilha. O caçador de leões não vê aventura depois do terceiro leão. Para o meu cozinheiro monótono, uma briga de socos na rua tem sempre qualquer coisa de apocalipse modesto... O viajante que percorreu toda a terra não consegue encontrar novidades em cinco mil milhas, pois só encontra coisas novas — outra vez a novidade, a velha rotina do eterno novo — quando seu conceito abstrato de novidade perdeu-se no mar com a segunda delas." Pessoa chama isso de "monotonizar a existência, para que ela não seja monótona. Tornar anódino o cotidiano, para que a menor coisa seja um prazer". Pessoa pode estar exagerando um pouco, mas é uma estratégia que fica fora da maior parte do marketing capitalista.

As pressões competitivas por diversão gratuita na web afetam as perspectivas mercadológicas de virtualmente todos os bens e serviços precisamente porque há competição. Se você está tentando fazer com que eu me vicie em caros vinhos tintos, tal hábito agora tem concorrência especialmente barata, já que pode ser encontrada na web. E, não, não é só a web que está mudando os termos da competição a favor dos prazeres baratos. O TiVo facilita a obsessão pelo basquete e a TV a cabo significa que o seu programa favorito pode se adequar aos seus interesses específicos de uma maneira bastante intensa.

Mas as histórias não são na realidade apenas fantasia e "viver só na mente" não é simplesmente ruim? Há uma crítica fundamental que precisa ser examinada.

O ataque vem de Robert Nozick, ex-filósofo de Harvard que escreveu aquela que é considerada a mais forte crítica às histórias e à fantasia. Nozick foi um homem especialmente criativo e, como tantos outros filósofos, quis nos convencer de que existe algo de especial na autenticidade. (Lembre-se de Heidegger, ou ainda de A *náusea*, de Sartre: "Mas é preciso escolher: viver ou contar.") Para tanto, ele apresenta o que hoje é um famoso desafio filosófico, especificamente o da máquina da experiência, que delineou no seu livro de 1974, *Anarquia, Estado e utopia*.

A "máquina de experiências", como Nozick a chamava, oferece a promessa de experimentarmos qualquer coisa que desejarmos. Nós poderíamos viver uma vida de herói, ter uma centena de deslumbrantes namorados ou namoradas, curar todas as doenças do mundo ou ser a pessoa mais rica ou atlética do planeta. É um pouco como o filme *O vingador do futuro*, exceto que não acontece nenhuma falha de equipamento e nem existe uma corporação maligna à espreita. Você tem apenas que se plugar na máquina, mas obviamente a pegadinha é que nenhuma dessas experiências é real. Assim que é conectado, você pensa que são reais (mas só se você quiser); na verdade, você está numa sala fedorenta, deitado num catre sujo e ligado a uma máquina horrenda. Talvez haja um inseto rastejando pela sua perna ou talvez você esteja numa cama limpa e branca de hospital. Você jamais saberá.

Nozick afirma que a maioria de nós rejeitará semelhante destino, apesar de nos fornecer algumas extraordinárias experiências mentais. Para Nozick, a rejeição da máquina de experiências estabelece alguns pontos filosóficos. Primeiro, nós queremos ser um certo tipo de pessoa, não apenas receptáculos de felicidade. Segundo, valorizamos a verdade ou autenticidade de uma experiência. Terceiro, o hedonismo não pode ser o valor único, ou principal, porque, se fosse, todos nos plugaríamos na máquina. Quarto, o sentido da humanidade não pode se limitar apenas a "viver só na mente".

Mas não fui totalmente convencido pela crítica de Nozick, apesar de concordar em grande parte com os quatro pontos listados acima. Talvez o ceticismo venha da minha formação como economista e da ênfase da minha profissão na "escolha na margem", para citar novamente esse tema. A escolha não é "fantasia: sim ou não?", mas "quanto de fantasia queremos em nossas vidas?".

Eu decidi me plugar em uma máquina de experiências, ou pelo menos não desplugar, e essa máquina é a mente humana. Já está bastante claro que a nossa mente dá forma e enquadramento à verdade tanto quanto a monitora, e poucas pessoas, após uma reflexão, iriam querer viver uma vida sem os adornos fornecidos pelo poder dos efeitos de enquadramento. Usamos os efeitos de enquadramento o tempo inteiro para tornar nossas experiências mais vívidas e intensas. Tampouco a maioria, após refletir, iria querer uma vida sem ilusão. Se estivéssemos realmente conscientes, o tempo inteiro, de todo o sofrimento do mundo e, mais importante ainda, totalmente conscientes da nossa própria mediocridade (para não mencionar a morte inevitável), muitos de nós não seriam tão felizes. E, como já argumentei no meu livro anterior, *Descubra o seu economista interior*, a ilusão benéfica é comum na vida humana, especialmente no casamento e na ambição profissional. Boa parte das conquistas humanas acontece somente porque dizemos a nós mesmos — quase sempre contrariando a razão — que somos, na verdade, mais espertos, sábios ou melhores do que os outros.

Em outras palavras, estamos todos — agora — permitindo que filminhos deliberadamente falsos passem em nossas cabeças e, em parte, deixamos que isso aconteça para que sejamos mais felizes e bem-sucedidos. Então, para mim, a questão não é plugar-se ou não numa máquina, e sim plugar-se até onde e em que tipo de máquina. Ninguém está escolhendo a autenticidade pura — o que quer que isso seja na sua cabeça —, então não vamos colocar fantasia pura no outro lado da equação. Tudo tem a ver com escolher a margem certa (novamente, o termo econômico) de realidade e fantasia ou, para colocar de outra maneira, não acredito nem um pouco que o chamado mundo real seja de fato "autêntico". Ninguém que se recusa a se plugar na máquina está, na verdade, escolhendo ou defendendo a autenticidade pura.

Caso se comprovasse que os autistas têm uma percepção sensorial mais pura ou menos intermediada, como sugerem algumas hipóteses, então todo mundo iria preferir ser autista? Provavelmente não. Abordando a questão pelo outro lado, muitos autistas não desejam nem procuram uma cura; em geral as pessoas gostam de manter aquilo que nasceu com elas e também aquilo em que elas se transformaram.

Dito isso, posso pensar em diversos cenários nos quais optaria pela máquina de experiências, ainda que a minha escolha hoje não fosse pela máquina. Nozick criou o exemplo da máquina de experiências quando estava com quatro décadas de vida, brilhante, arrebatadoramente belo, no auge da sua existência e dando aulas em Harvard com um altíssimo salário. Não causa surpresa que ele não quisesse se plugar. Mas, se eu tivesse apenas mais um ano de vida — não, digamos dois anos —, eu correria para a máquina rapidinho, pelo menos se a minha família já tivesse morrido. Ou se eu vivesse no Congo, onde milhões morreram em decorrência da guerra civil... bem... não sei realmente como é esse tipo de vida, mas pensaria seriamente na máquina.

Ou digamos que você no fundo não queira a máquina, mas a sua aceitação iria salvar a vida de cinco pessoas. Você seguiria em frente sem culpa ou relutância? E quantas vidas seriam necessárias para fazê-lo mudar de opinião? Eu penso que uma vida a ser salva já seria mais do que suficiente para aceitar ser plugado na máquina. Não acho que teria muitos remorsos por escolher a máquina, depois que a sociedade me transformasse em herói e removesse o estigma pessoal e social de eu ter "votado contra a autenticidade". Eu poderia esperar ansiosamente pelo que viria em seguida e, caso tivesse alguma preocupação, simplesmente seria se a máquina havia sido verdadeira e adequadamente projetada para mim.

A NOVA ECONOMIA DAS HISTÓRIAS

Então, o exemplo da máquina de experiências é convincente como uma refutação de histórias e fantasias? A máquina é verdadeiramente uma reafirmação do "real"? Não acredito, e, novamente, é porque "viver só na mente" diz respeito à margem de escolha. (Caso você esteja se perguntando, Nozick e Schelling estiveram em Harvard na mesma época e um admirava a obra do outro; é possível que tenha havido influência mútua.)

Eu vou dar uma reviravolta nas intenções originais de Nozick. A questão da máquina de experiências, apropriadamente especificada e compreendida, coloca uma economia mental autoconstruída inequivocamente no mapa como um valor que tem importância, e um valor que é *subvalorizado* em muitas circunstâncias. Para ser franco, vários amigos meus não leram *Moby Dick*, mas acho que muitos deles deveriam se entregar a essa fantasia da busca pela baleia branca. Quer dizer, a menos que tenham três crianças pequenas correndo pela casa.

Muitos de nós relutam demais em entrar (por um tempo) em uma máquina de fantasia literária. A tendência geral de nos agarrarmos à noção de realidade não seria apenas mais um exemplo da ilusão de que estamos sempre no controle? Eu digo: acabemos logo com essa polêmica de viver de fantasia, acabemos com nossos preconceitos contra a interioridade. Vamos dar às nossas histórias o que lhes é de direito, mas também reconhecendo os seus limites. A qualidade e vitalidade da nossa economia interna — e, portanto, a qualidade e vitalidade da nossa sociedade — dependem disso.

7

HERÓIS

Quando se trata de histórias, a maioria de nós adora ler ficção, mas nem sempre sabemos por que a achamos tão atraente. Não vou abordar essa questão em termos mais amplos, e sim focalizar um dos motivos que tornam as obras de ficção tão fascinantes. A ficção pode ser um meio excelente para representar o dinamismo e também as sutilezas da cognição humana. As potenciais beleza, força e nobreza da ordenação mental não são novidade recente, porém um tema subjacente na história das ideias ocidentais que eu gostaria de mostrar aqui. Também gostaria de mostrar que romances e histórias podem servir como narrativas ilustrativas ou interessantes acerca do espectro do autismo. Isso se contrapõe à visão geral de que o autismo tem pouco a ver com interação humana e emoção humana. A noção de que "uma mente autista" pode ser uma "mente divertida" ou uma "mente cativante" talvez choque muita gente, mas eu acredito que é verdadeira.

Para mergulhar no tema, começarei com o autismo na ficção, mas tenha em mente que essas narrativas também oferecem lições mais amplas a respeito de toda a cognição humana. Os autores que examinarei não sabiam do autismo como um fenômeno formal, de modo que, naturalmente, viam a caracterização de seus personagens em termos universais ou como excentricidades humanas, em vez de patologias clínicas; frequentemente isso os torna mais, e não menos, penetrantes.

Vejo Sherlock Holmes como o personagem autista da tradição literária ocidental mais perfeitamente desenvolvido. É claro que sir Arthur Conan Doyle — que morreu em 1930 — não tinha nenhum conhecimento científico do espectro autista como um fenômeno específico. Mas sua caracterização de Sherlock Holmes se encaixa razoavelmente bem na nossa atual compreensão, embora com alguns exageros e dramatizações exigidos pela história. Doyle também retrata Holmes como possuindo traços cognitivos, comportamentais e de personalidade do que nós agora chamamos de espectro autista, e oferece uma sofisticada compreensão de sua possível conexão com a vida de um ser humano particular, embora ficcional.

Para o caso de você ter passado a vida dentro de uma caverna, Sherlock Holmes é um detetive londrino fictício que resolve crimes seguindo pistas minúsculas e elaborando complexas cadeias de raciocínio, desse modo identificando o criminoso ou resolvendo algum mistério. Somente isso talvez não soe decisivo, mas desde o início parece que Sherlock tem uma relação com o espectro autista, embora este jamais seja assim descrito. Já na primeira história de Sherlock — "Um Estudo em Vermelho" —, Doyle destaca a capacidade de Sherlock de perceber pequenos detalhes e mudanças, seus meticulosos métodos de raciocínio, seu aparente (e "aparente" é a palavra correta) distanciamento emocional e a maneira como adora impor a ordem da sua mente às áreas favoritas de especialização. Mas não se trata somente de um estereótipo. Embora Sherlock possa parecer ao leitor apressado um frio autômato, ele é um personagem profundamente cativante e carismático.

Um interesse particularmente forte nas partes e detalhes ínfimos é um traço clássico encontrado em pessoas pertencentes ao espectro do autismo; Sherlock, é claro, concentra-se em pequenos sinais reveladores de relações causais por trás de crimes e outros quebra-cabeças da investigação. O dr. Watson descreve Sherlock como dono de "um extraordinário gênio para a minúcia" ("em O Signo dos Quatro"). Sherlock descreve seu próprio cérebro como comparável a um sótão que precisa ser "mobiliado" ("Um Estudo em Vermelho") e arrumado de maneira adequada. Como muitos autistas, Sherlock tem um domínio fenomenal de alguns fatos — nas suas áreas preferidas ou escolhidas —, mas em geral revela-se bem ignorante ou ingênuo em relação a quase todo o resto; Watson o lembra dessa discrepância no decorrer das histórias. No seu tempo livre, Sherlock escreve e publica a monografia definitiva sobre os motetos polifônicos de Lassus, o compositor renascentista, e, todavia, não tem o menor conhecimento sobre muitas outras coisas, tais como filosofia ou ciência política. Sherlock também é um solteirão antissocial que jamais sai ou expressa interesse romântico por mulheres (ou homens).

Eis algumas das passagens mais diretas descrevendo Sherlock:

"Minha mente", ele [Sherlock] disse, "rebela-se contra a estagnação. Dê-me problemas, dê-me trabalho, dê-me os mais obscuros criptogramas, ou a mais intricada análise, e eu fico no meu próprio ambiente." [Em "O Signo dos Quatro"]

Ele é um homem reservado, embora possa ser suficientemente comunicativo quando quer. ["Um Estudo em Vermelho"]

Ele tinha modos discretos e seus hábitos eram regulares. ["Um Estudo em Vermelho", pág. 5]

Ele tem o cérebro mais arrumado e ordenado, com a maior capacidade para armazenar fatos, que qualquer outro homem. ["Os Planos do Submarino Bruce-Partington", vol. 2]

Holmes podia falar com grande propriedade quando queria, e nessa noite quis. Parecia estar num estado de exaltação nervosa. Nunca o vi mais brilhante. Falou sobre vários temas em rápida sucessão — dramas sacros, cerâmica medieval, violinos Stradivarius, budismo do Ceilão e navios de guerra do futuro —, discorrendo sobre cada um como se tivesse feito um estudo especial. ["O Signo dos Quatro"]

"Jamais fui um sujeito muito sociável, Watson, sempre com uma preferência maior por vagar pelos meus aposentos e exercitar meus pequenos métodos de raciocínio, de forma que nunca me misturei muito com os outros." ["A Tragédia do 'Gloria Scott'"]

Sherlock Holmes tinha, em um grau notável, o poder de libertar sua mente à vontade. Durante duas horas o estranho negócio em que estivera envolvido pareceu ter sido esquecido, e ele ficou totalmente absorvido pelas telas dos mestres belgas modernos. Não falava de nada além de arte... ["Três Fios Partidos"]

Também descobrimos que ele lê cifras com facilidade ("O Aviso"), que não gosta de atenção pública ("A Aventura da Pata do Diabo") e que tem "um conjunto de sentidos extraordinariamente agudos", incluindo um olfato profundamente sensível ("A Aventura do Soldado Lívido"), novamente, todas as tendências associadas, em graus variados, com as do espectro do autismo.

Pessoalmente, me entusiasmei com a descrição de como Sherlock organiza seu espaço físico:

> Embora em seus métodos de raciocínio fosse o mais organizado e metódico de toda a humanidade, e embora também adotasse uma certa meticulosidade discreta no vestuário, não obstante em seus hábitos pessoais era um homem tão desleixado que era capaz de exasperar o colega de quarto... mês após mês os papéis se acumulavam até todos os cantos do recinto estarem empilhados com maços de manuscritos que em hipótese alguma deveriam ser queimados e que só podiam ser jogados fora pelo seu dono. ["O Ritual Musgrave"]

Talvez essas passagens, examinadas individualmente, não sejam de todo convincentes. Talvez Doyle apenas tivesse alguns traços incomuns de personalidade e comportamento em mente e os rebuscou para construir uma boa história. O argumento realmente conclusivo, na minha opinião, aparece na história "O Intérprete Grego", em que Watson finalmente conhece o irmão de Sherlock, Mycroft.

Na parte inicial da história, Sherlock relata a Watson saber que seus talentos raros são hereditários e que tem conhecimento disso porque esses mesmos talentos podem ser encontrados no irmão, só que muito mais pronunciados. Sherlock descreve o irmão Mycroft como "superior em observação e dedução". Mycroft também tem "um dom extraordinário para números". Mycroft, contudo, é retratado como incapaz de trabalhar como detetive, embora às vezes ajude na auditoria dos livros contábeis de órgãos públicos.

Mycroft também pertence a algo chamado Clube de Diógenes, que tem "os homens mais antissociais da cidade" ("O Intérprete Grego"); o clube é tão exclusivo que até mesmo Sherlock parece não ter lugar nele. Pela descrição de Doyle, os sócios são ou misantropos ou tímidos. Além disso, os membros do clube não têm permissão para se dirigir uns aos outros, exceto em uma sala onde as conversas são autorizadas. Violações repetidas das regras levam à expulsão do clube. Quando li isso, pensei na Autreat, a conferência anual sobre autismo, onde os participantes podem usar crachás indicando que não desejam conversar ou ser abordados; os crachás devem ser levados a sério.

O leitor tem a oportunidade de conhecer Mycroft, que revela expressar-se em termos bastante desprovidos de emoção, bem mais do que Sherlock, e é claro que todas as conjecturas dedutivas de Mycroft revelam-se corretas. Mycroft supera facilmente Sherlock em raciocínio, mas, no fim do dia, Mycroft retorna ao seu mundo particular e Sherlock parte para resolver o próximo caso.

Mycroft ressurge em "Os Planos do Submarino Bruce-Partington". Nessa história, ficamos sabendo que Mycroft trabalha como uma central de informações pessoal, individual, do governo da Inglaterra. Quando ministros precisam de informações, vão a Mycroft, que responde com todos os dados relevantes, servindo como uma espécie de Google humano e buscando todas as interconexões possíveis entre áreas de políticas públicas e o corpo do conhecimento humano. Mycroft a princípio parece bastante incapaz de conseguir com que as coisas sejam feitas, mas na realidade alguns de seus talentos especializados são extremamente práticos e úteis. Mycroft também é descrito como um homem de hábitos rígidos. Além disso, percebe que não tem condições de fazer o trabalho de Sherlock, já que afirma que ficar correndo para lá e para cá para "interrogar guardas ferroviários" não é seu ponto forte ("Os Planos do Submarino Bruce-Partington"). Fica bem claro que Doyle via os personagens de Sherlock e Mycroft como resultantes da programação de suas mentes.

O outro personagem potencialmente autista nas histórias é o arqui-inimigo, o professor Moriarty. Moriarty é "dotado por natureza de um fenomenal talento para a matemática" ("O Problema Final") e escreveu um livro sobre a dinâmica matemática dos asteroides ("O Aviso"). Quando se trata de dedução, está exatamente no mesmo nível de Sherlock. Doyle nos conta que "ele senta-se imóvel, como uma aranha no centro da teia, mas essa teia tem mil irradiações e ele sabe muito bem quando cada uma treme". Para transmitir a noção de similaridade, quando Moriarty finalmente encontra Sherlock, o homem maligno murmura a clássica frase "Tudo o que tenho a dizer já passou pela sua mente".

Obviamente, a ideia de julgar um personagem ficcional como algo não pretendido pelo autor é problemática. Não há como comprovar se Moriarty "é autista" porque, entre outros motivos, ele nem mesmo é uma pessoa real. Além do mais, personagens famosos da literatura tendem a ser percebidos por nós, assim que se tornam célebres, como um conjunto de clichês muito próprio. Assim, a questão não é produzir qualquer identificação rígida do espectro autista entre os mundos da ficção e da não ficção, mas simplesmente destacar o quanto as histórias lidam com o que eu chamei de forças cognitivas do espectro autista.

Sherlock é um herói, mas também há uma crítica à vida de Sherlock nessas histórias. Doyle descreve Sherlock como "frio" ("Um Escândalo na Boêmia") e lemos que usa drogas, especificamente morfina e cocaína. Na época, essa descrição não tinha a intenção de provocar o choque que causaria hoje; os malefícios dessas drogas não eram inteiramente conhecidos e não havia as sanções sociais e legais que mais tarde seriam impostas. Mas, ainda assim, a impressão é de que Sherlock, embora sem ser um usuário contumaz, recorre às drogas para preencher o vazio da vida. Se pensarmos em Sherlock como fazendo a sua "própria montagem cultural", veremos que ele pega a análise pura (dedução) e o prazer puro (as drogas), mas em formas separadas. Nunca há uma integração verdadeira entre prazer ou experiência de vida. Doyle sugere que o modo de vida de Sherlock é insatisfatório e incapaz de assegurar muitos dos melhores e mais gratificantes lados da existência humana; se você quiser uma interpretação mais amena, Watson mais tarde relata (em "O Jogador de Rúgbi Desaparecido") que Sherlock abandonou as drogas por sua insistência.

Essa descrição de Sherlock nos faz lembrar um pouco do personagem Gregory House, o brilhante médico interpretado por Hugh Laurie no seriado *House*. Como Sherlock, House tem extraordinários poderes de dedução, os quais apresenta ao mundo na forma de monólogos. House elucida casos que mais ninguém consegue, e também é viciado em analgésicos. Ele fala de modo rude, é um inconformista e, em dado momento do seriado, se especula se não é portador da síndrome de Asperger. Acredito que Gregory House, como personagem, é bastante baseado em Sherlock Holmes.

De todo modo, o que é impressionante e inteligente nas histórias de Doyle (e em *House* também) é que Sherlock não é meramente descrito como um desajustado social ou excêntrico. Doyle, sem saber nada sobre autismo, apresenta e vai além de muitos dos clichês típicos a respeito do autismo.

Sherlock era um personagem bastante admirado pelo grande público; Doyle sabia disso e, na verdade, ressentia-se da popularidade de Sherlock. Doyle matou Sherlock numa história, mas teve que trazê-lo de volta por insistência dos leitores; o autor precisava das vendas e do dinheiro. Doyle relata ter recebido muitas cartas de mulheres, que revelavam o desejo de cuidar da casa de Sherlock ou casar-se com o detetive; para essas leitoras, Sherlock era uma figura bastante real e, de fato, atraente. A figura de Sherlock Holmes inspira leitores e fãs até hoje e há mais de quatrocentas sociedades Sherlock Holmes espalhadas pelo mundo, apesar de os detalhes dos mistérios de Doyle poderem parecer bolorentos para muitos leitores contemporâneos. Ainda existe um fluxo regular de correspondência chegando para Sherlock na Baker Street 221B — seu endereço nas histórias — e a empresa que ocupa o local teve que contratar uma secretária permanente para lidar com o volume de cartas.

Na realidade, são os personagens — acima de todos, Sherlock — que fizeram as histórias resistir ao tempo. Possivelmente, Sherlock Holmes pode ser considerado o personagem literário mais famoso da tradição ocidental moderna, ou pelo menos figura entre os principais. Ele também inspirou um grande número de filmes e adaptações teatrais. É um feito impressionante para um tipo que muita gente classifica como não atraente ou menos que humano. Ninguém ri quando Watson, ao tomar conhecimento da aparente morte de Sherlock, o descreve como "o melhor e mais sábio homem que já conheci" ("O Problema Final"). Doyle tinha consciência de que não era suficiente chamar Sherlock de admirável ou inteligente, embora é claro que essas qualidades também o descrevessem. Sherlock é dono de uma profunda perspectiva sobre a sociedade humana que as demais pessoas nas histórias simplesmente não têm. É interessante que, quando Sherlock Holmes tem dois anos de aposentadoria forçada (precisa se esconder de homens que tentam matá-lo), vai visitar o dalai lama no Tibete para revigorar sua mente.

Então, o que no personagem de Sherlock o torna tão estimado e também tão humano? Primeiro, a lealdade de Sherlock a Watson e o seu prazer pelo tempo que passam juntos. Ele mostra-se contido quando Watson o visita, mas o prazer com a experiência e com a camaradagem é palpável. Segundo, o envolvimento total de Sherlock naquilo que faz, o que o torna um homem de carisma. Terceiro, a poderosa intuição de Sherlock. Apesar de toda a conversa de Doyle sobre dedução, Sherlock não é nem um pouco dedutivo, ou mesmo científico. Se analisarmos suas "deduções" com um mínimo de atenção, veremos que muitas vezes não passam de conjecturas puramente formais ou, às vezes, até mesmo completos disparates. Essa imprecisão pode ser vista como uma característica das histórias, em vez de um defeito. Acima de tudo, Sherlock é um homem de notável intuição em relação aos seres humanos. Está longe de ser uma máquina calculista, mas é capaz de observar muitas coisas que outros não conseguem e pode ver suas implicações de maneiras surpreendentes.

Em outras palavras, ele em geral é capaz de enxergar o todo, e não apenas os pequenos detalhes. De forma análoga a essa descrição, a capacidade dos autistas de pensarem o todo — embora às vezes de modo específico ou diferente — é um tema presente em recentes pesquisas cognitivas.

Alguns logicistas, e também o escritor e especialista em semiótica Umberto Eco, descreveram o raciocínio de Sherlock como uma forma de "abdução" — dando tiros no escuro para especular sobre o crime —, em vez de dedução no sentido formal. Uma grande parte do apelo de Sherlock simplesmente é o quanto ele se opõe aos padrões convencionais de raciocínio e às pressuposições comuns da sociedade. Michael Atkinson escreveu sobre a "atenção renovada e escrupulosa" de Sherlock para "o aparentemente insignificante".

Também impressiona o fato de a maior parte da ação nas histórias ocorrer entre as personalidades. Na verdade, frequentemente Sherlock não consegue pegar o criminoso, embora em geral decifre algum aspecto do quebra-cabeça. Se você está em busca de suspense, a maior parte da ação se encontra na dimensão interior, e não em cenas de perseguição ou confronto.

Watson, é claro, ama Sherlock e qualquer um que tenha lido as histórias provavelmente sabe que não digo isso num sentido romântico ou sexual; de fato, é impressionante a facilidade com que as histórias evitam interpretações gays ou homoeróticas. Watson tem uma forte atração pela paixão e compromisso de Sherlock, além de ficar intrigado pelas capacidades cognitivas. Durante algum tempo, Watson casa e se afasta de Sherlock, passando menos tempo com ele. Mas é repetidamente atraído de volta a Sherlock e, por fim, este mostra-se uma companhia regular mais apropriada do que a mulher de Watson. Exatamente o que acontece com a esposa de Watson não fica claro, mas ele termina voltando para Sherlock ("O Construtor de Norwood"), apesar da sua prática médica. Não fica evidente que Watson precisa dividir o aluguel, mas é claro que os leitores queriam ver a dupla reunida. Dado o magnetismo de Sherlock, o leitor sente que é natural que os dois homens passassem tanto tempo juntos.

A leitura padrão das histórias coloca Watson como um oposto de Sherlock ou como um complemento para demonstrar os extremos dele. Mas uma leitura mais profunda mostra que a coisa não é tão simples assim e que a complexidade do personagem de Watson ajuda a tornar a descrição de Sherlock mais realista e simpática.

Para começar, Watson aprende a imitar Sherlock. Por muito tempo, o próprio Watson já era um astuto observador, mas não de crimes. Os poderes de observação e memória de Watson são exibidos sempre que uma mulher entra em cena nas histórias. Ele não deixa passar praticamente nada a respeito dela, notando, acima de tudo, seus modos, charme e jeito de se vestir. Se o alvo de observação não fosse uma mulher, um leitor quase que poderia se enganar e pensar que era Sherlock quem oferecia a análise. Eis uma passagem típica (de "O Diadema de Berilos"):

> Uma jovem dama entrou. Tinha estatura um pouco acima da média, era magra, com olhos e cabelos escuros, que se ressaltavam ainda mais diante da absoluta palidez da pele. Creio jamais ter visto semelhante lividez mortal no rosto de uma mulher. Seus lábios, igualmente, eram desprovidos de sangue, mas os olhos estavam vermelhos pelo choro. Ao entrar silenciosamente na sala, ela me impressionou com um senso de luto maior do que o exibido pelo banqueiro de manhã, o que era ainda mais notável por se tratar evidentemente de uma mulher de personalidade forte, com uma enorme capacidade para o autocontrole.

Em geral, Watson é obcecado em compreender rostos e, particularmente, olhos. Outra passagem típica é esta:

> Douglas era um homem extraordinário, tanto em caráter como pessoalmente. Devia ter cerca de cinquenta anos de idade, com uma face dura e maxilar proeminente, bigode grisalho, olhos cinzentos peculiarmente agudos e um porte atlético e vigoroso, que não perdera nada da força e atividade da juventude. Era alegre e simpático com todos, mas um tanto rude em seus modos, dando a impressão de que havia visto a vida em estratos sociais de níveis bem mais baixos do que o da sociedade rural de Sussex. ["A Tragédia Birlstone"]

Sherlock, ao contrário, tira suas conclusões de praticamente qualquer lugar, menos da face. Ele examina a sujeira no colarinho, a condição dos dedos, a lama nas botas, o estado das roupas, as iniciais na lapela e muitas outras características físicas, mas chega a muito poucas conclusões a partir das expressões faciais.

É fácil pensar em Sherlock como o analítico dos dois, mas à medida que as histórias progridem Watson revela uma crescente, embora hesitante, tendência rumo a alguns dos traços comportamentais do colega. Embora Sherlock reúna informações de uma maneira bastante óbvia, por fim nos damos conta de que Watson é quem se preocupa em registrar tudo o que acontece. Essa ordenação de experiências se revela uma obsessão de Watson. Seu passatempo favorito é ou visitar Sherlock (na época em que não moravam juntos) ou reler as anotações sobre as aventuras com o detetive. Sherlock fica bastante satisfeito por Watson organizar suas anotações e relatos das aventuras de forma lógica e ordenada, em vez de estruturá-los com base em fatores emocionais ou sensacionalistas ("As Faias Cor de Cobre"). O propósito de Doyle não era estabelecer alguma equivalência final entre as personalidades de Watson e Sherlock, e sim mostrar ao leitor que Sherlock não era tão afastado assim da experiência do homem comum.

Tendo lido essas histórias, não consigo evitar de pensar nas origens da personalidade de Sherlock. É difícil encontrar muitas pistas úteis nas principais biografias de Doyle e também não é fácil ter uma ideia de como o homem realmente era. É bem sabido que alguns aspectos da personalidade de Sherlock vieram de Dupin, o detetive ficcional de Poe, e também do professor médico de Doyle em Edimburgo, dr. Joseph Bell. Mas tendo a pensar que os elementos centrais de Sherlock vieram do próprio Doyle.

Em sua autobiografia, Doyle, quando referindo-se a Sherlock, nota que um autor não pode criar um personagem a partir do nada, a menos que tenha algumas possibilidades desse personagem dentro de si. Em 1918, Doyle disse a um jornalista americano durante uma entrevista: "Se alguém é Sherlock, então devo confessar que sou eu." Adrian Conan Doyle, na biografia que escreveu do pai, descreve-o como um extraordinário leitor, a ponto de atingir a anormalidade; por exemplo, podia guardar o conteúdo de um livro na cabeça por vinte anos. O filho frequentemente o testava, e o pai nunca deixava de exibir o conhecimento indagado. Adrian também escreveu que, ao "encontrar-se com qualquer ex-soldado, ele podia falar, e falava, ao boquiaberto interlocutor não apenas o nome da antiga brigada e divisão, mas também as principais ações em que tomou parte". Adrian coloca de maneira mais sucinta: "Sua mente era um imenso depósito de conhecimentos assimilados e armazenados numa série de compartimentos à prova do tempo."

Doyle e Sherlock eram ambos desalinhados, altos e fisicamente fortes, amavam boxe, tinham horror a destruir documentos, liam tudo que caía nas mãos e apoiavam a união política de Inglaterra e Estados Unidos. Os dois tinham grande interesse em hereditariedade, manuscritos antigos e na língua da Cornualha. Pierre Nordon descreve Sherlock como um dos últimos defensores do cavalheirismo na literatura de língua inglesa e, acima de tudo, como um paladino de inocentes e vítimas; é assim que Doyle se via, dadas as muitas campanhas públicas em que lutou, tais como contra a opressão colonial belga no Congo. Não que Doyle e Sherlock fossem totalmente semelhantes, mas o autor tinha bastante consciência da proximidade com o seu personagem mais querido. Também vale a pena notar que nenhuma das demais obras de Doyle teve sucesso em produzir quaisquer personagens memoráveis, talvez porque o escritor já houvesse usado a principal fonte de material, ou seja, ele próprio.

Tudo isso é Sherlock, mas naturalmente ele não se trata do único personagem no cânone literário com uma conexão com o espectro autista. O outro grande exemplo que tenho em mente também é um herói.

O segundo personagem literário vem do sul da Alemanha, especificamente de O jogo das contas de vidro (Das Glasperlenspiel, no original alemão), de Hermann Hesse, publicado inicialmente em 1943. A história se passa numa sociedade imaginária que combina elementos do passado e do futuro, mas imaginada por Hesse como o século XXV. Joseph Knecht, o protagonista, torna-se o Magister (mestre) do jogo das contas de vidro, o qual logo explicarei mais detalhadamente. Ao longo do tempo, Joseph desenvolve uma profunda apreciação pelas recompensas e desvantagens de uma vida devotada ao jogo das contas de vidro. No final do livro, ele subitamente renuncia à sua posição privilegiada como Magister e, numa cena baseada na filosofia budista, parte em uma viagem solitária de autodescoberta.

O próprio jogo das contas de vidro é intencionalmente retratado envolto em um certo mistério, mas o considero como um substituto para um esquema ou método de ordenação mental. As regras são baseadas numa "linguagem secreta altamente desenvolvida, que tira elementos de várias ciências e artes, mas especialmente matemática e música (e/ou musicologia), e que é capaz de expressar e estabelecer inter-relações entre conteúdo e conclusões de praticamente todas as disciplinas acadêmicas". Jogar o jogo das contas de vidro é como tocar um órgão, mas usando todas as ideias de valores da humanidade no lugar das notas musicais. Todas essas ideias são reduzidas no jogo a conceitos intelectuais e, em teoria, o jogo pode reproduzir todo o conteúdo intelectual do universo. O jogo usa contas, em vez de letras ou notas musicais, mas não é preciso um grande salto para ver as contas como substitutas de informação. Fundamentalmente, é um jogo de símbolos e, a determinada altura, observa-se que ele leva matemática e música a um denominador comum simbólico. As origens do jogo são encontradas em Pitágoras e também em círculos gnósticos, os escolásticos medievais, e Leibniz, entre outras fontes (veja a discussão de filosofia no próximo capítulo para mais detalhes a respeito dessas fontes). Também aprendemos que o jogo surgiu porque as pessoas em grande parte pararam de produzir obras de arte e se afastaram do agito do mundo. A crescente profundidade da ciência musical, iniciada após 1900, foi outra importante inspiração. Outras partes do jogo se desenvolveram como auxílio para a memória.

Se você chegou até aqui no livro, pode compreender por que eu vejo o jogo como um empreendimento autista competitivo em grande escala e dotado de um alto status social. O texto de Hesse às vezes é relegado como um artefato do romantismo alemão tardio, ou talvez da cultura jovem dos anos 1960, mas na realidade nunca foi mais relevante do que é hoje.

O jogo das contas de vidro termina como o clímax da cultura no mundo de Joseph Knecht e os jogadores têm um status um pouco parecido com o de uma casta sacerdotal. De entretenimento especializado, o jogo evoluiu a ponto de enfeitiçar a maioria dos intelectuais da sociedade. Tornou-se um sublime culto de "teatro mágico", assumindo em grande parte os papéis de arte, aprendizado e religião. Também é o caso de que "todo jogador ativo do jogo das contas de vidro naturalmente sonha com uma expansão constante dos campos do jogo até eles incluírem o universo inteiro. Ou, mais precisamente, ele realiza incessantemente tais expansões na sua imaginação e nos seus jogos particulares, e nutre o desejo secreto de que aqueles que parecem provar sua viabilidade sejam coroados com a aceitação oficial".

Apesar de todo esse intelectualismo, ao longo do tempo torna-se necessário modificar o jogo. Versões anteriores dependiam demais de "ordenação" e "agrupamento" e o jogo era dominado por pessoas com "memórias anormais e nenhuma outra virtude". Esses jogadores eram capazes de cegar os demais "com a rápida evocação de incontáveis ideias". Mas com o tempo essas exibições de virtuosismo tornaram-se alvo de uma rígida proibição, a fim de restaurar a integridade do jogo. O vital elemento da contemplação foi introduzido no jogo para torná-lo mais rico, menos mecânico e, acima de tudo, mais espiritual. A meditação tornou-se parte dos procedimentos do jogo e todas essas novas influências foram absorvidas da filosofia oriental. Esse desenvolvimento impediu que os hieróglifos do jogo "se degenerassem em meros signos vazios". Na linguagem deste livro, a versão revisada do jogo integra métodos da ordenação mental e do budismo.

Contudo, ao longo do tempo mais rachaduras se desenvolvem na fachada do jogo; parece que a integração com a filosofia oriental mostrou-se insuficiente. Críticos começam a denunciar que o jogo é um substituto destrutivo das artes e que seus jogadores são diletantes. Por fim, o próprio Joseph passa a questionar o jogo, mesmo após tornar-se Magister. Ele começa a se perguntar se realmente é a mais alta forma de intelecto e se não poderia ser uma mera forma de jogo. Joseph também se indaga se o jogo merece a dedicação de toda a sua vida. Inicialmente, Knecht teme que o declínio do jogo traga anarquia e licenciosidade à sociedade, de modo que no começo se agarra ao jogo como uma fonte de ordem. Todavia, com o decorrer do tempo, as dúvidas de Knecht retornam e crescem. Ele se questiona se a especialização no jogo oferece excessivamente uma visão geral das possibilidades da vida e entende o jogo como uma intelectualização que evoluiu por evoluir e que não tem mais um objetivo. Knecht também teme que o jogo termine sendo visto como inútil e perca o apoio financeiro da sociedade como um todo.

Knecht tenta debater essas questões com os membros da sua ordem, mas a visão deles está excessivamente calcificada e as discussões mostram-se irrelevantes. Embora seja o Magister, e portanto o líder, Joseph decide abandonar a ordem e põe-se numa caminhada para vivenciar o mundo. A parte formal da história conclui quando ele se afoga num rio e o corpo é descoberto por um abalado membro da ordem, que se dá conta de que a sua vida jamais será a mesma novamente.

Após o fim da história formal, o romance oferece ao leitor os "Escritos Póstumos de Joseph Knecht". Os poemas de seus anos estudantis mostram que Knecht tinha dúvidas a respeito do jogo desde o princípio. O volume termina com "Três Vidas", que oferece três diferentes histórias de pessoas em buscas espirituais que aprendem com os mestres; nessas histórias, o jogo não aparece em nenhum momento.

Apesar de todas as críticas contidas no romance de Hesse, assim como Doyle, ele apresenta um quadro mais equilibrado do seu tema do que fica aparente numa leitura apressada. Joseph, o personagem mais interessante e simpático do romance, teve a sua vida e, na verdade, toda a sua perspectiva formadas pelo jogo. Joseph incorpora o jogo de muitas maneiras e não é por acaso que, com seu calor e profundidade, tenha se tornado Magister de toda a estrutura do jogo. Ele também é o personagem mais intensamente humano da obra. Parece que Joseph não pode sobreviver sem o jogo — assim que sai, morre. O jogo não é apenas uma trivialidade ou uma corrupção, mas sim uma fonte independente de sentido e beleza. O problema surge quando o jogo torna-se um princípio governante de toda a sociedade, e realmente trata-se de um insustentável estado das coisas devido à diversidade humana. Ao longo da história, somos introduzidos a um elenco inteiro de personagens (onde se destaca o desordeiro Tegularius) que, no fim das contas, não se encaixam no jogo e não podem seguir as regras.

Muita gente que lê a história acha que as descrições do jogo, e dos jogadores, são a parte mais intrigante e persuasiva da narrativa. Há uma razão para tanto, assim como há um motivo para a persistente popularidade de Sherlock Holmes. Hesse é um daqueles escritores que têm uma visão profunda e equilibrada — ainda que em termos ficcionais, e ainda que implicitamente — de alguns aspectos importantes do espectro autista.

Ousaríamos examinar informações biográficas sobre Hesse? Eu suspeitava do que viria pela frente antes mesmo de abrir a primeira biografia na estante.

Antes de Hesse completar seis anos de idade, a família o despachou por ele ser praticamente incontrolável em casa. Na época, o pai escreveu uma explanação: "Somos nervosos demais, fracos demais para ele, toda a rotina da família não é suficientemente regular e disciplinada." Parece que Hesse teve frequentes colapsos, da mesma maneira que muitas crianças no espectro do autismo exibem essa inclinação. Ele foi enviado para uma instituição para crianças "retardadas e epilépticas", sendo aceito ali somente após muitos apelos da mãe. Felizmente, Hesse não foi confinado, tendo permissão para estudar latim e outras matérias. Mais tarde, após voltar para casa, geralmente continuava recusando-se a conversar com a família, tomar os remédios ou parar com as explosões de raiva. Sua vida posteriormente acalmou-se e, é claro, houve uma reviravolta no seu destino e ele tornou-se um dos maiores escritores alemães. Ainda assim, pelo resto da vida Hesse regularmente buscou — para depois fugir — períodos de isolamento.

Não há como conhecermos a natureza particular da neurologia de Hesse, e também não podemos diagnosticá-lo com precisão desta distância em tempo e espaço. Mesmo assim, as ideias em *O jogo das contas de vidro* parecem de algum modo derivar da sua experiência pessoal e é possível que essa experiência se relacione com uma experiência direta do espectro do autismo.

A questão da vida de Hesse apresenta um tópico mais geral, acerca da leitura de textos, isto é, o problema de como ler a história pessoal de um escritor ou artista. Com que rapidez deveríamos concluir que várias figuras históricas eram, de algum modo, autistas, *aspies* ou neurodiversos? (Ou, em outras palavras, o quanto deveríamos desejar dar uma de Sherlock Holmes?) Como você deve saber, existe uma pequena indústria de livros devotados a essas questões. Caso esteja se perguntando, uma típica lista de figuras históricas associadas com o espectro autista inclui Hans Christian Andersen, Lewis Carroll, Herman Melville, George Orwell, Jonathan Swift, William Butler Yeats, James Joyce, Bela Bartók, Bob Dylan, Glenn Gould, Vincent van Gogh, Andy Warhol, Mozart, Gregor Mendel, Charles Darwin, Ludwig Wittgenstein, Henry Cavendish, Samuel Johnson, Albert Einstein, Alan Turing, Paul Dirac, Emily Dickinson, Michelangelo, Bertrand Russell, Thomas Jefferson, Thomas Edison, Nikola Tesla, Isaac Newton e Willard van Orman Quine, entre outros.

Quando se trata de vidas individuais, receio fazer quaisquer julgamentos definitivos. Primeiro, em algumas dessas vidas que eu conheço um pouco, como a de Mozart, simplesmente não vejo evidências de autismo. Mozart, por exemplo, pode muito bem ter sido neurodiverso no sentido amplo da palavra (pode-se argumentar que uma mente ordinária não poderia ter composto sua música extraordinária), mas não é o mesmo que colocá-lo no espectro autista.

Mas minha preocupação é mais profunda que o ceticismo em relação a qualquer caso específico. Boa parte dos diagnósticos históricos tende a concentrar-se na personalidade e no comportamento manifesto, em vez de nas capacidades e incapacidades cognitivas. Essa ênfase pode ser enganadora, como já argumentei. Talvez um bom número dos nomes da lista provavelmente se qualificaria como vinculado ao espectro autista; não obstante, estou promovendo a ideia das forças cognitivas autistas, e não diagnosticando *gente*. Já dedicamos tempo demais para diagnósticos e tempo de menos para simplesmente considerar o que percepção aguda, especializada, e a ordenação mental trazem à sociedade como um todo.

Bem possivelmente, Alan Turing e Glenn Gould pertenciam ao espectro autista e você encontrará alguns indícios nas biografias. Peter Ostwald, um psiquiatra e antigo amigo de Gould, escreveu um livro retratando as evidências, inclusive as rotinas incomuns e difíceis. Em outras palavras, Gould teve algumas das características mais visíveis associadas ao espectro autista. Mesmo assim, o ponto mais profundo e importante diz respeito a quantas pessoas bem-sucedidas que se encontram no espectro autista talvez não tenham deixado um registro histórico ou continuam a trabalhar hoje sem serem identificadas. O que podemos aprender com essa gente e sua força cultural oculta? Recentemente, reli *A teoria dos sentimentos morais* (ou *TSM*, de 1759), um livro de Adam Smith que eu não folheava havia cerca de dez anos, certamente não desde que comecei a pensar seriamente sobre o autismo. A *TSM* fala sobre como percebemos os sentimentos dos outros e como ordenamos nossas mentes para atingir a felicidade. (A maioria das pessoas não faz essas duas coisas particularmente bem.) Smith começa com a ideia de solidariedade — a capacidade de nos colocarmos no lugar do outro — e apresenta um relato altamente ordenado dos preconceitos da natureza humana e da tragédia da condição humana, especialmente nossa dependência do acaso, nossa escravidão em relação à opinião dos outros e nossa incapacidade em parar de ansiar por aquilo que não temos. Diz-se que Smith julgava *A teoria dos sentimentos morais* muito superior à *Riqueza das nações*, que pode ser considerada a obra fundadora da ciência econômica.

Dessa vez, a leitura da *TSM* foi uma revelação, ou pelo menos foi o que me pareceu. Acima de tudo, fiquei impressionado pela quantidade de elementos no discurso de Smith que pareciam relevantes para o espectro autista. Certo ou errado, foi o que passou por minha mente todo o tempo em que li o livro.

A vida de Smith se encaixa em alguns dos padrões que vemos em discussões sobre figuras históricas, autismo e síndrome de Asperger. Ele nunca se casou, trabalhava diligente e concentradamente em problemas intelectuais específicos e seus contemporâneos o descreveram como excêntrico e avoado. Segundo relatos, ele costumava ficar balançando a cabeça de um lado para o outro e habitualmente falava sem rodeios o que se passava em sua mente, sem muita consideração pelos ouvintes ou seus sentimentos. Dugald Stewart afirmou que Smith tinha uma incrível capacidade de concentração e memorização. Nada disso prova nada, e não foi o bastante para acabar com as minhas especulações. Também li que Smith costumava falar sozinho; isso levou alguns analistas a indagar se ele não tinha uma forma moderada de síndrome de Tourette ou algum tipo de ecolalia (a prática de repetir palavras e frases ouvidas de outros; é comum no autismo, mas de modo algum se restringe a autistas).

Henry Mackenzie, um contemporâneo de Smith, escreveu: "Com uma memória bastante retentiva, seu discurso era mais sólido do que o de qualquer outro homem. Com frequência eu exclamava, após meia hora de conversa: 'O senhor já disse o suficiente para escrever um livro'." Dugald Stewart observou que Smith raramente puxava um tema de conversa, mas tinha uma memória notavelmente precisa para "particularidades triviais". James Boswell descreveu a fala de Smith como vinda de "uma mente abarrotada por todos os tipos de temas". John Rae, autor da clássica biografia de Smith, escreveu: "Sua voz parecia estridente, seu discurso, frequentemente gaguejante, e sua atitude, especialmente entre estranhos, habitualmente envergonhada, mas muitos autores mencionam a notável animação de suas feições quando gostava do tema e da peculiar luminosidade do seu sorriso."

Ou veja essa descrição de Dugald Stewart: "Ele [Smith] não se encaixava facilmente nos diálogos comuns de uma conversa e... era relativamente capaz de transmitir suas ideias na forma de uma palestra."

Se você tem familiaridade com a literatura sobre as perseverações de Asperger, como agora são chamadas, reconhecerá cada característica dessas descrições de Smith como correspondente a relatos contemporâneos do comportamento perseverativo. É como se biógrafos e analistas estivessem tentando caricaturar Smith, mas, naturalmente, eles não tinham conhecimento das discussões futuras desses tópicos.

O que é muito interessante é o quanto de compreensão sobre a personalidade humana Smith oferece. Ele dificilmente tem "cegueira mental" e a *TMS* oferece muitas amostras de *insight* psicológico: "É mais feliz quem avança gradualmente para a grandeza." Ou: "Quase sempre é mais constrangedor aparecer em público durante pequenos desastres do que em grandes desgraças." Ou: "É a perda desse império fácil sobre os afetos da humanidade que torna tão insuportável a perda da grandeza." As seções sobre empatia me parecem escritas por um homem brilhante que só podia compreender o conceito, do modo como era praticado na sociedade da época, pela observação e classificação de todas as maneiras possíveis. Frequentemente senti, durante a leitura, que Smith não tinha nenhuma compreensão típica da empatia e que dominou o conceito por meio da cuidadosa observação de outros. É uma visão de quem está de fora e é por isso que tem tanta percepção. É como se Smith sentisse que tinha que entender a empatia para sobreviver no mundo e, assim, analisou-a mais intensamente do que qualquer outra pessoa antes. Note também que Smith escreveu muitas observações sobre a empatia, mas não parece demonstrar um entendimento intuitivo de quais pontos são *insights* brilhantes e quais são comentários comuns compartilhados por qualquer homem do povo.

Ao pensar em Smith, fico impressionado com a discussão de Jared Blackburn na web sobre a teoria autista da mente. Jared é um autista assumido que acredita que muitos autistas obtêm uma excepcional percepção dos outros ao recorrerem às aptidões cognitivas deles e abordar o tópico de outras pessoas a partir de ângulos diferentes. Mesmo que os autistas tenham velocidades de resposta mais lentas na compreensão de não autistas, essa compreensão não é necessariamente inferior e, sob alguns aspectos, pode ser superior.

Smith não está interessado só na empatia e também destaca como as interações com estranhos resultam em formas mais objetivas de comportamento e movem a sociedade na direção de maior ênfase nas regras. Por exemplo, os pais são muito indulgentes com seus filhos e a maioria das pessoas se comportam de maneira por demais licenciosa com os amigos. Somente com uma certa dose de distância desenvolvemos a objetividade e, acima de tudo, são os estranhos que nos ajudam a desenvolver o autocomando e uma noção objetiva do virtuoso. A moderna sociedade empresarial, na visão de Smith, é adequada para ajudar a criar esse necessário sentido de distância entre as pessoas.

Então Smith era autista, no sentido discutido neste livro, ou poderia se encaixar em outras descrições da síndrome de Asperger ou de neurodiversos? A resposta correta é "eu não sei e nem você". A maior lição específica é que você não precisa ver pessoas no espectro autista como "os outros". A lição mais geral é ler, seja as aventuras de Sherlock Holmes ou textos teóricos, com sensibilidade para a singularidade do indivíduo e para os princípios fundamentais que norteiam as ações dessa pessoa ou personagem. Por exemplo, se Smith tem ou não relação com o espectro autista, essa ambiguidade, e a consequente necessidade por aceitação e tolerância, é mais importante do que qualquer julgamento que possamos acabar fazendo de sua neurologia.

Se você está procurando criar a sua própria economia, a literatura é um bom lugar para encontrar inspiração e heróis. Você descobrirá alguns personagens que adoram a informação de maneiras profundas e interessantes. É comum se pensar que a "era do Google" está eclipsando os clássicos da literatura, mas um exame mais detalhado mostra que ainda podemos aprender com os bons e velhos livros. A tecnologia e a web podem tornar a nossa vida mais rica, mas dificilmente são os únicos lugares onde buscar ideias culturais importantes e, de fato, revolucionárias.

8

O BELO NÃO É O QUE VOCÊ IMAGINA

Na sua opinião, o que é belo? Se beleza não é tudo o que importa, certamente é algo valioso que você quer na sua própria economia. Nós quase sempre adquirimos uma nova percepção da beleza ao experimentarmos as perspectivas estéticas de outras pessoas. Assim, vamos começar com uma dessas pessoas e, em seguida, considerar as lições para nossas vidas.

Kiriana Cowansage, uma neurocientista de vinte e poucos anos, é considerada uma jovem muito atraente e cheia de entusiasmo. Seu maior entusiasmo, pelo menos profissionalmente, é a ciência. Ela tem um profundo interesse por ciência e temas relacionados à ciência desde os quatro anos e agora está fazendo um doutorado em neurociência, estudando a base bioquímica para diferenças individuais na expressão do medo.

Meu interesse não está na ciência de Kiriana, e sim na sua abordagem em relação à estética — questões sobre o que achamos belo, cativante ou estimulante de um modo profundo e fundamental. As pessoas com grande frequência têm divergências quanto à estética, mas as ideias de Kiriana me ajudaram a compreender por que esses choques de opinião são tão persistentes e tão difíceis de analisar por meio de discussão racional. Também me ajudaram a ver o quanto de beleza oculta podemos encontrar no mundo de hoje. Quando se trata de apreciar a beleza, diferenças em cognição podem ser cruciais e, se buscarmos esse *insight* de maneira consistente, seremos conduzidos por algumas trilhas surpreendentes.

Em um e-mail, Kiriana me escreveu: "Tenho uma grande orientação visual e, tanto na literatura como nas artes plásticas, prefiro obras que retratem (ou evoquem) imagens realistas, concretas, de alto contraste." Na ficção, Kiriana observou que: "Eu quase sempre escolho livros centrados na trama, que evocam imagens mentais sólidas, distintas e críveis, em detrimento daqueles que são obscuros, fantásticos ou centrados nos personagens." Para Kiriana, esse gosto se explica, em parte, por uma necessidade de estímulos fortes.

Um perfil de Kiriana na *Psychology Today* discutiu alguns de seus gostos literários, ao mesmo tempo que a descreveu em termos da síndrome de Asperger. Foi esse artigo que despertou minha atenção para ela. O texto a citava, de uma maneira um tanto enganadora, assim:

> "Eu me vi parcialmente atraída por [histórias de] assassinos seriais devido ao meu interesse em padrões, indução lógica e resolução de enigmas", ela lembra. "Esses indivíduos distorcidos levaram os enigmas a um novo nível de interesse." Cativada pelo processo de montar as peças de um acontecimento com base em suas pistas físicas, ela caía no sono toda noite tentando criar o "crime perfeito", um crime que não pudesse ser reconstruído.

O artigo caracterizou Kiriana e suas emoções estéticas por uma ótica excessivamente sensacionalista. Ela foi citada da seguinte forma: "Todas as minhas obsessões relacionam-se a algo profundamente catastrófico... É bastante difícil me sentir emocionalmente estimulada. Coisas brutais, violentas e assustadoras tinham interesse para mim porque era o melhor jeito de sentir alguma coisa." O texto prosseguia: "Suas repetidas leituras de *O psicopata americano*, de Bret Easton Ellis, logo superaram as de *The Wonderful World of Prehistoric Animals*."

Em vez de enxergar Kiriana como alguém que é diferente e, portanto, esquisita, eu fico mais inclinado a compreendê-la como um indivíduo cuja cognição lhe dá um *insight* especial da estética. Depois de ler o artigo em *Psychology Today*, encaminhei perguntas e Kiriana ofereceu explicações, revelando um quadro mais sutil dos seus gostos: "Também gosto da arte centrada em detalhes, como [Edward] Gorey, que usa ingredientes sutis para colocar um véu sinistro e desalentador sobre instantâneos lúgubres ou banais. Acho interessante extrair mentalmente os elementos que tornam a obra dele vigorosa. Também sou fascinada por Escher."

Quando perguntei a respeito de violência na arte, a resposta de Kiriana indicou que o artigo estava equivocado: "Não precisa haver violência. É que a violência frequentemente é retratada com uma franqueza ou aspereza gráficas que eu acho atraente." Ela diz apreciar o realismo e os enigmas dos livros de terror, não necessariamente a sanguinolência. Eu acrescentaria que uma preferência por violência e catástrofe é comum na arte, como evidencia qualquer filme de James Bond ou o *Rei Lear*, de Shakespeare. A descrição de Kiriana de seus gostos artísticos, e a necessidade de ser emocionalmente estimulada, não foi feita com a intenção de ser uma afirmação mais ampla sobre a qualidade de sua vida.

Desse pequeno episódio, podemos tirar duas lições acerca de cognição e gosto. Primeira, se vemos uma diferença de gosto, deveríamos nos perguntar de onde ela vem e tentar compreendê-la, em vez de enquadrá-la como esquisita. A neurologia tem importância para nossas preferências nas artes plásticas, na música e literatura. A conexão entre neurologia e gosto é frequentemente mais fácil de detectar em indivíduos com perfis cognitivos extremos e especializados; isso torna esses indivíduos valiosos faróis para localizar novas percepções de beleza.

Nós deveríamos descartar muitas das nossas pressuposições a respeito de gostos artísticos "depravados" ou de "baixa qualidade". Quando as pessoas têm gostos que diferem dos nossos, talvez estejam aprendendo e experimentando algo que nos escapa. Ou talvez não sejam cegas por alguma coisa que enche nossos olhos e ouvidos ou por nossos "editores" cognitivos automáticos.

A propósito, não é verdade que todas ou a maioria das pessoas no espectro autista "gostam das mesmas coisas". Todos os seres humanos, incluindo os do espectro autista, têm áreas de sensibilidade menor ou maior a tipos específicos de estímulos. Por exemplo, Kiriana nem sempre quer uma sensação mais forte ou brutal. Ela conta que em outras vezes seus gostos mostram uma sensibilidade extrema, ou aversão, a alguns tipos de estímulo. Ela não consegue suportar sabores amargos em alimentos e bebidas, e por isso tem uma forte ojeriza por café. Quando caminha pela rua, acha os sons e ruídos perturbadores, de modo que em geral usa fone de ouvido para afastar ou regular esses ruídos. O retrato mais perspicaz de seu sentido estético é o de uma pessoa com sensibilidade incomum para (alguns) estímulos estéticos e, portanto, com percepções estéticas incomuns.

Variações incomuns na capacidade de percepção, como encontradas em autistas, levam a padrões incomuns de consumo e, em relação a não autistas, maior especialização em consumo, incluindo o consumo cultural. É mais fácil para um autista receber retornos constantes, ou mesmo crescentes, a partir de uma única busca estética, ainda que apenas porque o autista pode notar tantos detalhes pequenos e ordenar a informação observada de modo poderoso. De maneira mais geral, se uma pessoa é especialmente boa para desfrutar música, mas abaixo da média para apreciar histórias, ela não irá consumir o típico conjunto (não autista) de música e histórias. Irá preferir mais música e menos histórias e, desse modo, seus padrões de consumo cultural parecerão atípicos.

A tendência geral na economia da cultura, e também na sociologia da cultura, é olhar para educação e status social em busca de pistas sobre quais livros, filmes, músicas etc. as pessoas gostarão ou não. Sócios de *country clubs* exclusivos podem relutar em assistir ou mesmo desenvolver um gosto por luta livre, um gênero relativamente desprezado por esse círculo. Ou então as pessoas compram livros caros para deixar nas mesinhas de centro, mesmo que jamais os leiam. A afirmação clássica dessa abordagem está no livro *A distinção: crítica social do julgamento*, de Pierre Bourdieu, publicado em 1984, que analisa a ligação entre cultura e estratificação social na França pós-guerra. A obra de Bourdieu é útil, mas há limites para o quanto a sociologia pode explicar o consumo cultural. As neurologias variadas dos seres humanos individuais conduzem boa parte da diversidade por trás do rico menu cultural disponível hoje.

O filósofo escocês do século XVIII David Hume compreendeu a importância da individualidade de percepção em nossa compreensão do belo. No seu famoso ensaio de 1757, "Do Padrão de Gosto", Hume (recorrendo a John Locke e outros) argumenta que muitas discordâncias estéticas vêm das nossas diferentes capacidades de perceber distinções sutis. Por exemplo, algumas pessoas são capazes de sentir uma pequena alteração de sabor e outras, não. De maneira presciente, Hume afirma que possuir uma aguda capacidade de percepção (mais uma vez, ele dá o exemplo de saborear comida) pode ser tanto um fardo como uma bênção. Essa noção de delicadeza, ou falta, de gosto era um tema comum nos escritos do século XVIII sobre estética, embora não estivesse muito ligada a uma compreensão da neurologia humana.

Já notei que muitos amantes da arte relutam em "reduzir" preferências estéticas a neurologia, porque sentem que algo singularmente misterioso ou humano se perde quando pensamos demais a respeito da ciência subjacente. A invocação da neurologia de algum modo transmite uma sensação de frio determinismo e uma beleza que, na melhor das hipóteses, é distante. Mas não vale a pena se preocupar, com ou sem neurologia os mistérios da arte ainda existem. Na realidade, um exame da arte pelas lentes da neurologia pode abrir nossos olhos para mistérios artísticos ainda maiores e novas fontes de criatividade. Abordagens neurológicas para a compreensão da arte, comparadas às sociológicas, são mais inclinadas a sugerir que arte é diversão e que o prazer artístico é profunda e fundamentalmente humano.

Nossa neurologia particular não nos amarra a um conjunto específico de gostos artísticos. Os indivíduos podem aprender a apreciar as aptidões cognitivas e também as perspectivas estéticas de outras pessoas, mas primeiro precisam saber que existe algo ali para ser apreciado. Precisam saber que tipos estranhos e diferentes de música não são só picaretagem. Abordagens sociológicas do gosto cultural frequentemente sugerem que diferenças de gosto são fabricadas, artificiais ou refletem uma extravagante busca de status. O resultado é que apreciamos diferenças de gosto menos do que poderíamos e nos tornamos menos curiosos. Abordagens neurológicas sugerem que indivíduos diferentes apreendem diferentes mistérios e belezas culturais. Nem sempre podemos fazer a travessia para entender o ponto de vista da outra pessoa, mas no mínimo sabemos que ali tem algo que vale a pena buscar.

Como um admirador de Hume em muitos tópicos, inclusive as bases neurológicas do gosto, eu gostaria de desafiar você com algumas questões difíceis sobre beleza e entusiasmo, primeiro envolvendo a música.

O prazer que temos com a música, inclusive a clássica, depende fundamentalmente de como percebemos os sons e isso depende de nossas neurologias e também de nossas experiências auditivas prévias. Veja os casos de gente que, devido a derrames ou lesões cerebrais, perde a capacidade de falar, mas não a de cantar. Oliver Sacks, no seu livro *Alucinações musicais*, descreve um homem que após ser atingido por um raio ficou subitamente inspirado para se tornar pianista (aos 42 anos de idade); crianças com a "síndrome de Williams", que frequentemente são hipermusicais por natureza; assim como pessoas que acham que o som de uma orquestra sinfônica se parece com o barulho de potes e panelas batendo e um homem que tem uma memória de longo prazo principalmente para a música. São casos excepcionais, mas ilustram o ponto mais geral — verdadeiro para todos os seres humanos — de que a apreciação da música depende das neurologias individuais.

Nós dependemos das nossas faculdades para converter uma música de Nina Simone numa experiência agradável ou estimulante, ou não.

Existe até mesmo um grupo de pessoas com um problema conhecido como amusia. Esses indivíduos não têm nenhum déficit auditivo nem danos cerebrais, mas simplesmente não conseguem ter prazer com a música. Em testes de laboratórios, os amúsicos, como são chamados, não conseguem processar muito bem o diapasão num contexto musical e, nesse sentido, têm uma incapacidade cognitiva. Os amúsicos mais conhecidos da história são Che Guevara, Sigmund Freud e Milton Friedman, o economista ganhador do prêmio Nobel. Esses indivíduos, apesar de sua formidável capacidade intelectual, jamais captaram a estrutura por trás de uma escala musical. Tipicamente, os amúsicos têm menos matéria branca no córtex frontal inferior direito e uma explicação possível é que a amusia decorre da "comunicação deficiente numa rede neural têmporo-frontal direita, ou talvez bilateral".

Temple Grandin, que é autista, também relata que não se emociona com música, mas a maioria dos amúsicos não é autista. Aliás, a maioria dos autistas tem uma boa capacidade para perceber emoção na música. No mínimo, os autistas parecem ter uma preocupação especialmente intensa com a música. Esses interesses musicais podem vir de vantagens cognitivas. Em testes laboratoriais, autistas mostram capacidades de percepção de diapasão superiores à média; existe um subgrupo desproporcionalmente alto de autistas com ouvido absoluto; e autistas têm capacidades acima da média para desagregar os tons específicos de um acorde musical. É provável que essas diferenças não sejam acidentais, e sim indicativas de outras vantagens de difícil mensuração na apreciação da música. Assim, não deveríamos nos surpreender se os autistas são em geral obsessivos em relação à música ou se exibem gostos musicais incomuns ou altamente especializados.

Se estivermos dispostos a usar a linguagem e os padrões dominantes da literatura científica, poderíamos dizer que não autistas têm deficits cognitivos sistemáticos quando se trata de música. "Ser normal", da maneira como o conceito às vezes é desfraldado por aí, na verdade pode prejudicar a capacidade de alguém amar ou apreciar a música. Fiquei intrigado por um estudo dessa questão; ele descobriu que 46% das pessoas classificadas como donas de "ouvido absoluto" se enquadrariam numa descrição como "socialmente excêntricas", em comparação com 15% do grupo de controle.

Tim Page, um crítico musical ganhador do prêmio Pulitzer, foi diagnosticado como portador da síndrome de Asperger. Ele é outro exemplo da capacidade na apreciação musical e explica da seguinte forma a sua relação com a música: "A música não foi algo que tive que aprender a partir do dó central", disse Page. "Eu a conheci intrinsecamente desde o momento em que ouvi e precisei aprender a lidar com isso, como ordená-la. Não há dúvida que existia uma ligação [com a síndrome de Asperger], porque eu tinha uma extraordinária sensibilidade para a música desde os dois, três anos. Depois disso, eu apenas a respirava."

Hikari Oe, um dos principais compositores contemporâneos do Japão (e filho do escritor laureado com o Nobel Kenzaburo Oe), é considerado autista. Oe não enxerga bem, tem coordenação deficiente, não consegue viver sozinho e não fala muito, mas é excelente em composição. Tem ouvido absoluto, bem como uma memória musical inacreditável; pode reconhecer qualquer uma das mais de seiscentas peças de Mozart ouvindo apenas umas poucas notas. Sua música, originalmente inspirada pelo canto dos pássaros e por Mozart, tornou-o uma celebridade no Japão e colocou-o diversas vezes no topo da parada musical clássica do país. A propósito, quando Hikari Oe nasceu, apresentava evidentes problemas médicos no cérebro e em outras partes; os médicos japoneses tentaram convencer o pai a deixá-lo morrer, mas ele se recusou e, mais tarde, Hikari terminou sendo uma inspiração para boa parte da ficção do pai.

A música de Hikari Oe não é muito "sofisticada" segundo os padrões contemporâneos, mas tem uma sinceridade, doçura e naturalidade que agradam milhões de ouvintes. A música é acessível e a linguagem central vem de Mozart. Poucos compositores contemporâneos poderiam expandir o estilo de Mozart sem afetação ou excessiva inibição. Talvez seja porque eu saiba de onde vem, mas quando ouço a música de Oe

— a qual aprecio — penso na maneira bastante direta com que muitos autistas conduzem suas conversas.

Oe é simplesmente um compositor maravilhoso? Ou é mais visto como um "compositor autista"?

Um crítico musical, Jamie James, abomina toda a estética por trás da música. Com pleno conhecimento do autismo de Oe, escreveu:

> Odeio esta música... Acho completamente suspeita. Parece-me não ter nenhum conteúdo emocional. É como música escrita por um esquizofrênico tentando imitar o estado emocional de uma pessoa sã, música que pretende ser feliz, em vez de expressar um real estado emocional... Não há surpresas. E também odeio a execução, é extremamente metronômica, mas não sei de que outra forma se poderia tocar isso, e não creio que nenhum outro tipo de execução poderia mudar minha opinião sobre a música.

Talvez James esteja sendo excessivamente intolerante, mas reconhece que Oe possui uma linguagem musical bastante distinta e que ela não é para qualquer um. James está certo quando diz que a música de Oe soa muito diferente, e é mais um exemplo de como a perspectiva estética depende da neurologia da mente de cada um.

Consideremos agora uma perspectiva sobre a música a partir de uma outra posição. Lembra-se da música atonal, aquela brilhante inovação que culminou no século XX? Por onde anda? Bem, está viva e forte na cabeça de muitos neurodiversos, e quero dizer "neurodiversos" no sentido amplo do termo, não apenas para me referir ao espectro autista. É isso mesmo, há algumas pessoas que adoram essa música; acredito que muitas delas têm uma programação neurológica diferente e é por isso que são tão receptivas a esses sons incomuns.

Quando as obras atonais de Schoenberg e Webern apareceram, muitos críticos acreditaram que, após algum tempo, seriam populares. Não popular no sentido as-dez-mais, mas popular no sentido de que

Mahler, Elgar e Debussy inspiram paixão musical em muitos ouvintes não profissionais. Mozart e Chopin de modo algum eram universalmente aceitos em suas épocas; a música dos dois soava estranha e dissonante para muita gente. Assim, esses críticos supuseram que talvez apenas precisássemos do mesmo processo de ajustamento para a música atonal e suas derivações.

As obras originais da música atonal, da música serial e de outras inovações agora já têm muitas décadas de vida e está claro que esse nível de popularidade jamais se concretizou. O *Pierrot Lunaire*, de Schoenberg, estreou em 1912 — quase cem anos atrás — e não conheço ninguém que tenha esperança de ver sua dominância cultural.

Muitos elementos da música contemporânea tornaram-se menos audíveis ao longo do tempo para a maioria dos ouvintes. Conheço pessoas que gostam de Schoenberg e Berg, ou talvez Messiaen, mas elas estabelecem uma fronteira em Carter, Boulez, Babbitt e Stockhausen, para não falar de Helmut Lachenmann, James Tenney ou David Tudor (alguns dos meus favoritos). Às vezes, esses compositores não produzem muito mais do que algo que — para outros — soa como um tom estrepitoso e alto.

Não é que os céticos sejam indiferentes a essa música. Muita gente a odeia, ou odiaria se tivesse que ouvir com maior frequência. Essas pessoas não a detestam por motivos culturais — do modo como parte da elite do nordeste americano não gosta dos estilos country-and-western por suas conotações mais amplas de conservadorismo político —, mas a detestam em função da maneira como soa. Elas odeiam o modo como dói nos ouvidos e viola suas sensibilidades estéticas. A música lhes soa estridente, desconexa e como uma sequência de ruídos horrendos. Contudo, é exatamente a mesma música que eu às vezes uso para relaxar se acabei de passar por momentos exaustivos jogando conversa fora em coquetéis.

Isso não vai ser resolvido com argumentos sociológicos ou estéticos, mas talvez neurológicos. Penso que boa parte da música atonal é música para os neurodiversos, e mais uma vez uso essa palavra no sentido mais amplo. Assim como muita gente odeia o som da música, não há como negar que muitos ouvintes sérios — embora uma clara minoria — a acham cativante. Exatamente por que algumas pessoas preferem música atonal e formas similares? Uma possibilidade é que muitos indivíduos usem métodos diferentes para organizar sons numa hierarquia e isso os leva a preferir diferentes conteúdos musicais e, de fato, sonoros. Por exemplo, se a percepção de som é mais imediata e menos regulada por processos de-cima-para-baixo, alguns sons puros serão odiados e outros, apreciados, dependendo dos detalhes da neurologia. Muitos autistas têm forte aversão a sirenes, bipes, confusão de vozes sobrepostas e níveis "normais" de ruído de fundo. Outros indivíduos (alguns dos quais são autistas, mas não a maioria) têm sons *preferidos*, conforme refletidos nas variadas ofertas disponíveis no mercado musical. Grande parte da música clássica dos séculos XX e XXI, começando com Varese e John Cage, obscurece a distinção entre música e a noção mais geral de som; essas músicas exercem apelo a subgrupos com preferências por sons especiais. Uma lição prática é que "música como barulho" é um fenômeno estético totalmente coerente, independentemente de você encontrá-lo nos compositores clássicos contemporâneos ou em *noise bands* modernas, tais como Merzbow.

Os estudos sobre a música atonal na literatura cognitiva da música mostram que a maioria das pessoas têm dificuldades para colocar a música numa hierarquia expressiva. A música atonal tende a ter menos estrutura nas escalas mais amplas de organização sônica — pelo menos em termos de ordens que a maior parte das pessoas podem apreciar — e, assim, para ouvintes sem interesse ela soa como ruídos aleatórios. Você não vai encontrar harmonias tradicionais ou melodias assobiáveis. Ao ouvirmos com mais frequência uma peça, temas repetidos podem tornar-se aparentes, mas são difíceis de encontrar e não satisfazem a maioria das pessoas da mesma maneira que a progressiva elucidação de um tema de Haydn satisfaz, muito menos uma canção de Buddy Holly. Assim, para compreender ou apreciar a estrutura da música atonal exige-se algumas aptidões especiais de reconhecimento de padrões. Diferentes dos ouvintes comuns, os fãs da música atonal podem se sair melhor em alguns tipos de processamento cognitivo, e melhor na construção de alguns tipos de hierarquia a partir de seus inputs sensórios.

Quando vistos pela lente da neurologia, muitos dos diálogos críticos sobre a música contemporânea parecem desfocados, já que não atingem a verdadeira origem da diferença de opinião. Diana Raffman, filósofa da Universidade de Toronto, escreveu um ensaio que investiga as dificuldades cognitivas por trás da apreciação da música atonal e conclui que esta, como música, não deveria ser uma forma de arte aceitável. O que é notável nesse ensaio é que Diana: a) jamais leva em conta a neurodiversidade dos seres humanos, e b) jamais lida com o fato de que essa música tem alguns fãs de verdade. Colocando sem rodeios, minha hipótese é que grande parte da humanidade tem uma deficiência cognitiva quando se trata de apreciar a música atonal.

Parte do prazer da música atonal e suas correlatas é descobrir a ordem enquanto desfrutarmos a surpresa do que vem em seguida. Na música atonal, a ordem é mais difícil de encontrar do que o normal e, em decorrência, talvez a música tenha um apelo um pouco como o de resolver palavras cruzadas difíceis ou de decifrar um código. Mas para que isso seja divertido você tem que enfrentar a perspectiva de decifrar o código, embora não com muita facilidade.

A ideia de encontrar ordem na música pode soar mecânica, mas não deveria ser tão estranha. Muitas pessoas gostam de pensar em si mesmas como alguém que prefere ver emoção na música, e não estrutura ou ordem, mas essas qualidades estão intimamente ligadas. Para a maioria de nós, encontrar a ordem na música não deveria ser nem tão fácil nem tão difícil. É por isso que não escutamos uma música pop simples muitas vezes seguidas; em pouco tempo a melodia torna-se previsível e não mais nos estimula ou emociona. Em outras palavras, esse tipo de música não tem uma estrutura bastante complexa e ouvi-la é como fazer palavras cruzadas que já resolvemos. É por isso que o jogo da velha não é divertido para a maioria de nós.

Entretanto, se você fica "bom demais" para descobrir a ordem na música, surgirá um problema. Você precisará recorrer a doses cada vez maiores de complexidade informacional para conseguir os efeitos antigos que eram tão agradáveis. É um pouco como precisar de doses sucessivamente mais fortes de heroína, querer ir além de Vivaldi ou, de maneira mais prosaica, tendo que saltar de uma música pop para a próxima. Todos nós não fazemos isso? Mas a medida para a quantidade certa de complexidade difere entre um ouvinte e outro, até mesmo entre ouvintes com o mesmo grau de experiência e educação musical.

O adolescente que só ouve hits pode achar que o seu amor por Mahler é excessivamente intelectualizado, quando para você o compositor é pura alegria e *pathos*. Quando jovem, eu me derretia com as sinfonias de Beethoven, mas hoje isso não basta para mim. Eu tenho uma descarga visceral e elétrica com, digamos, uma apresentação ao vivo dos Master Musicians of Jajouka, uma *noise band* microtonal do Marrocos rural que provavelmente feriria seus ouvidos. Música clássica hindu ao vivo, especialmente a percussiva (Zakir Hussain é um favorito especial) é para mim também uma experiência emocionalmente extática. A música clássica indiana, que não depende de maneira tão forte de harmonias muito previsíveis, produz em mim mais empolgação e emoção pura. Algumas pessoas podem precisar de uma música com um *feeling* mais violento, assim como Kiriana Cowansage gosta de filmes e livros cheios de contraste e alívio intenso. A música atonal, com sua falta de harmonia e melodia tradicionais, frequentemente soa brutal e dissonante, assim como a *noise band* do Marrocos, e isso é parte do que me agrada.

Fiquei curioso e perguntei a Kiriana Cowansage qual o papel que a música tinha em sua vida. A resposta, como se poderia esperar, reflete a diversidade do gosto individual:

Escuto música — geralmente uma ou duas canções repetidamente por um mês ou mais. Então, eu espontaneamente canso e troco. Geralmente, durante cerca de uma semana após uma troca, a música nova faz com que me sinta doida e eufórica — não consigo me concentrar em nenhuma outra atividade —, então preciso achar novas músicas por algum tempo antes de poder usá-las como fundo. Tenho uma reação semelhante (rubor na face, euforia) a certos ritmos acelerados e partes em crescendo. Em música orquestral, gosto de peças sombrias e rítmicas, por exemplo, *Dança dos Cavaleiros*. Apesar disso, nunca desenvolvi um interesse real por música, além de ouvir. Não acompanho nenhum artista em particular e não tenho nenhum preferido. Na verdade, quase não consigo dizer o nome da música que fiquei ouvindo durante um mês. Parece que eu me prendo a elementos internos de uma música sem ligar para ela como um todo ou para o artista em geral.

Muito do que a gente não gosta, nas artes, são simplesmente formas criativas que têm apelo a neurologias diferentes e, talvez, incomuns. Não estou dizendo que todas as pessoas com neurologias diferentes adoram música atonal ou no mínimo têm algum conhecimento a respeito. É apenas que, se vou a um concerto de música clássica contemporânea — do tipo ruidoso —, eu espero ver gente com aptidões cognitivas um pouco especializadas, incluindo a capacidade de ordenar numa hierarquia compreensível sons que podem facilmente parecer caóticos.

As músicas atonal e serial representam mais sinais da divisão do trabalho produtivo presente em todas as sociedades economicamente avançadas. O mundo se tornou tão rico e tão diverso que alguns compositores fazem música com apelo somente a pessoas com um senso muito particular e muito refinado de apreciação musical. É a melhor maneira de pensar a respeito de boa parte da música — e de outras formas artísticas — que você talvez odeie.

Assim como ocorre com a música atonal, a reação mais comum é simplesmente avaliar a perspectiva estética por meio do gosto do público ou dos críticos eruditos. Nós privilegiamos essas perspectivas porque elas gozam de status social ou porque, no caso dos consumidores, têm poder de compra e, assim, comandam a atenção da mídia. Desse modo, se são histórias de assassinos seriais, talvez os críticos considerem de baixo nível e falem sobre a decadência da sociedade. Caso seja música atonal, acaba rotulada como inacessível demais ou sofisticada demais ou afirma-se que os compositores acadêmicos são perversos e autoindulgentes. A maior parte da crítica cultural impressiona pela forma como levanta a questão de qual é o apropriado meio-termo.

Simultaneamente, a consciência da neurodiversidade humana nos ajuda a enxergar a diversidade da beleza na sociedade moderna, ainda que não consigamos apreender todas essas belezas. À medida que a produção cultural tornar-se mais diversa, mais e mais formas artísticas serão direcionadas para agradar pessoas com neurologias incomuns. Mais e mais da beleza estética do mundo ficará oculta para a maioria dos observadores, ou pelo menos para aqueles que não investem em aprendizado. A riqueza estética do mundo cada vez mais abarcará todos os cantos possíveis, de um modo que faria justiça a um conto de Borges.

Geralmente não se coloca nestes termos, mas penso no conhecimento apurado da arte como uma parte fundamental do perfil dos autistas. Volte à lista das forças cognitivas do autismo no capítulo 2. Os autistas têm, em média, melhor percepção visual, um senso de diapasão mais desenvolvido, capacidade superior para reconhecimento de padrões e capacidade superior para detectar detalhes em imagens visuais, em comparação com os não autistas. Contudo, como discutido no capítulo 6, os autistas podem ser menos capazes de apreciar alguns tipos de narrativa ficcional.

O dr. Hans Asperger via claramente o lado estético dos autistas. Ele escreveu:

Outro traço distintivo que se encontra em algumas crianças autistas é uma rara maturidade de gosto pela arte. Crianças normais não têm tempo para a arte mais sofisticada. Seu gosto geralmente recai numa imagem bonita, com rosa e azul *kitsch*... Crianças autistas, por outro lado, podem ter uma compreensão surpreendentemente sofisticada, sendo capazes de distinguir entre a arte e o *kitsch* com grande confiança. Elas podem ter uma compreensão especial de obras de arte difíceis até para muitos adultos, por exemplo, esculturas românicas ou pinturas de Rembrandt. Indivíduos autistas podem julgar com precisão os fatos representados na imagem, assim como o subjacente, inclusive o caráter das pessoas representadas e a atmosfera que permeia uma pintura. Muitos adultos normais jamais atingem esse grau maduro de apreciação artística.

Como discuti no capítulo 5, os autistas em geral não precisam de cânones culturais para apreciar qualidades estéticas em objetos ou obras de arte. Lembra de Sue Rubin e seu gosto por colheres de plástico e água corrente? Hugo Lamoureux, um autista canadense, conta que observar equipamentos de remoção de neve em Quebec é para ele extremamente prazeroso. Não existe um relato completo ou satisfatório sobre o que autistas estão fazendo quando se focam dessa maneira em objetos de sua preferência. Mas, em parte, os autistas parecem estar apreciando algumas qualidades estéticas desses objetos, sem a intermediação daquilo que não autistas normalmente chamariam de obras de arte. Os autistas se concentram nas belezas subjacentes de forma, cor, textura etc., sem exigir um contexto dominante e socialmente construído entre eles e essas qualidades de interesse. Esses autistas vivem num mundo artístico alegre e abundante, mas como sua fruição depende menos de intermediação social e dos cânones formais de gosto e interpretação, tal prazer é mais difícil de ser apreendido por outros.

A diferença aqui não é um simples "autistas × não autistas". Lembre-se de que há uma ampla variedade de aptidões perceptivas entre autistas. Por essa razão, no mínimo, todo autista provavelmente irá se concentrar em diferentes objetos para suas preferências estéticas. As preferências de um autista não necessariamente serão inteligíveis, em termos específicos, para o entendimento de outro autista. Por esse motivo, não existe um "cânone cultural autista" para figurar ao lado dos cânones culturais não autistas. A ausência de semelhante cânone pode parecer um ponto fraco, mas também pode ser vista como um ponto forte: a apreciação estética pela ótica de um cânone é opcional para os autistas. Talvez um cânone cultural seja uma espécie de muleta perceptiva, ou um recurso para enquadramento, de que muitos autistas simplesmente não precisam. Como já mencionei, os autistas, nesse aspecto, se aproximam mais de algumas ideias do budismo; eles podem ver a beleza do universo em objetos muito pequenos ou particulares.

Talvez você se lembre do famoso ensaio de Arthur Danto sobre por que a caixa de sabão Brillo de Andy Warhol é arte, quando uma caixa normal do sabão, antes de Warhol, jamais foi considerada arte. A caixa é mais ou menos a mesma. A resposta de Danto, resumidamente, era que a arte deve ser definida em um apropriado contexto social e entendimento histórico. A caixa original de sabão Brillo — antes de Warhol — era desprovida desse entendimento complementar. Mas Danto nunca deixa claro o tamanho do "mundo da arte" social necessário para criar esse contexto. Precisamos de uma grande nação? Uma nação de tamanho médio? Um pequeno grupo de críticos de arte? E se as caixas de Brillo de Warhol são entendidas como arte apenas na Islândia, com população aproximada de 300 mil? E se o entendimento significativo está na mente de apenas um único indivíduo? Você pode ver onde isso vai dar: crie a sua própria economia.

Se os autistas têm maior acesso direto e independente às qualidades estéticas dos objetos, dependem menos dos caminhos artísticos tradicionais para acessar beleza e deslumbramento. Parece que para muitos autistas a arte é mais poderosa, mas ao mesmo tempo também mais opcional. É uma combinação rara e paradoxal para muitos de nós.

Dito isso, essa combinação paradoxal deveria cada vez mais nos ser familiar, embora por um diferente meio de acesso, ou seja, a tecnologia, em vez da cognição enraizada na neurologia. Lembre-se, pelo capítulo 3, que muitos de nós, por meio da tecnologia da web, estamos trocando tradicionais obras-primas artísticas por nossas montagens pessoais de pedacinhos culturais. O iPhone e os serviços que oferece ultrapassaram as obras-primas clássicas enquanto representação da cultura contemporânea. Obras-primas, como os quadros de Caravaggio, estão mais acessíveis do que nunca e é mais fácil aprender sobre elas e também aprender a apreciá-las. Isso confere maior poder às obras-primas, pelo menos para aqueles que se importam. Ao mesmo tempo, nem todo mundo precisa de Caravaggio. Se você não vê os quadros dele, ou se não experiencia outros exemplos clássicos do cânone ocidental, a vida estética montada por você mesmo ainda assim pode ser rica. Para a maioria de nós pode-se dizer que a arte está se tornando agora mais poderosa, mas também mais opcional.

E isso deixa o mundo mais belo.

9

POLÍTICA AUTISTA

A política mundial quase sempre parece sombria. As guerras são sangrentas e constantes, a maioria das nações tem altos níveis de corrupção e muito desgoverno, e, mesmo nos regimes mais bem-sucedidos, o partidarismo virulento impede a solução de vários problemas importantes de uma maneira dinâmica. Você provavelmente concorda com essa breve avaliação, independentemente dos detalhes do seu posicionamento político.

Esses resultados não são inevitáveis, mas para ver melhorias nós precisamos superar alguns de nossos preconceitos cognitivos. É isso mesmo, muito dos problemas da política vêm da cognição humana. Nem sempre é uma questão de fortalecer os "mocinhos" que estão combatendo os "bandidos". Todos tendemos a achar que somos mais mocinhos do que realmente somos. Nós lutamos quando deveríamos desistir, continuamos agarrados às armas quando deveríamos mudar de ideia e às vezes não percebemos que somos parte do problema, não a solução. Se é para melhorar a política, precisamos nos ajudar a superar nossas tendenciosidades.

Meu colega Robin Hanson administra um website chamado *Overcoming Bias* (www.overcomingbias.com) e essa frase reflete um tema central em seu pensamento: até que ponto somos tendenciosos e o que podemos fazer para superar esses vieses? Sou há muito tempo fã dos esforços de Robin para eliminar do mundo os falsos juízos e, com esse objetivo em mente, ele é fascinado por vieses cognitivos, vieses emocionais, vieses para superestimar nossas próprias capacidades etc. Robin também dá uma grande importância à tendência de acharmos que somos mais inteligentes do que os outros. Tendemos a dar mais peso às nossas próprias opiniões, quando elas se chocam com outras igualmente inteligentes, do que é racionalmente justificável. Quantas pessoas você conhece que largam uma discussão no meio dizendo que o outro está certo?

Uma forma de corrigir essas distorções é fazer uma comparação com as perspectivas de outras pessoas. Então eu me pergunto: se podemos aprender algo a partir da perspectiva autista sobre estética, o que poderíamos aprender com a perspectiva autista sobre política? Como isso poderia contribuir para o autoaprendizado e a criação da minha própria economia? Mas é claro que antes precisamos perguntar o que significa postular uma perspectiva política autista. Os autistas não estão associados com nenhuma luta política em particular, exceto talvez com a de melhor tratamento para autistas. Se o autismo é fundamentalmente um perfil cognitivo, como isso pode ser associado com o complexo e confuso universo da política do mundo real?

Creio que os autistas são especialmente dotados para a apreciação de modos de pensamento político cosmopolitas e legalistas (no sentido de favorecer o império da lei), e, mais amplamente, da noção de uma pragmática "política sem romance". Gostaria de oferecer aqui algumas perspectivas especulativas sobre essas questões.

Começo com uma observação simples, mas pouco reconhecida: há fortes evidências de que pessoas com espectro autista são — de maneiras mensuráveis — mais objetivas do que as não autistas. Ainda é uma questão em aberto até onde essa objetividade vai, mas eis uma típica descrição, da psicóloga Rita R. Jordan, sobre o atual consenso científico:

Pessoas portadoras de TEA [transtorno do espectro autista] têm menos chances de mostrar um viés egocêntrico, ou de outro tipo. Também são protegidas de um viés pelo fracasso de sua memória em se ajustar ao contexto existente ou ao seu conhecimento semântico geral. O pensamento (inclusive a memória) é objetivo de uma maneira pouco comum em pessoas com TEA... e as lembranças permanecem rígidas e precisas (em relação à época de sua codificação). Tais discriminações detalhadas do particular deveriam significar que pessoas com autismo não são propensas à adoção de estereótipos em seus pensamentos ou memória.

Não deveríamos com isso concluir que os autistas sejam mais objetivos em relação a tudo (simplesmente não sabemos), mas a diferença de perspectiva é intrigante.

Outro viés bastante conhecido, extraído da economia comportamental, é chamado de efeito da dotação. As pessoas tendem a pôr valor excessivo nos objetos que já possuem ou que acham que possuem.

Uma pesquisa recente ("Explicando a Consistência Lógica Ampliada Durante a Tomada de Decisão no Autismo", de Benedetto de Martino *et al.*) afirma que autistas têm menos chances de sofrer efeito da dotação e, nesse aspecto, há maior probabilidade de se comportarem segundo os padrões da racionalidade econômica. Um clássico experimento de laboratório dá a algumas pessoas uma soma de dinheiro, nesse caso cinquenta libras, e oferece a elas uma comparação entre duas claras opções: "manter vinte libras" ou "perder trinta libras". Dado o ponto de partida de cinquenta libras, os dois desfechos são os mesmos, apesar de um enquadramento soar positivo e o outro, negativo. Mas as pessoas as tratarão do mesmo jeito? No experimento, pede-se aos participantes para comparar os dois desfechos claros com uma série de riscos. A resposta economicamente correta é ver os dois desfechos claros como iguais na comparação com uma série de riscos. Mas, no laboratório, as cobaias são tipicamente mais contrárias à perspectiva enquadrada em termos de perda ("aversão à perda"). De maneira mais específica, uma vez que o desfecho é enquadrado em termos de perda, as pessoas aceitarão apostas maiores para tentar evitar qualquer perda, em comparação aos riscos que aceitarão quando a posição é enquadrada em termos de ganho.

No estudo, as cobaias autistas se saíram significativamente melhores em ver que a conversa sobre "perda" e "ganho" era mero enquadramento e que as duas opções deveriam ser tratadas de modo igual, apesar de também exibirem algum grau de aversão à perda. Testes de condutibilidade da pele realizados durante o experimento indicaram que os autistas reagiam de maneira menos emocional a enquadrar a opção em termos de perda, e não ganho. Em outras palavras, o mero fato de que um recurso material é visto como "seu" parece influenciar menos autistas do que não autistas.

Eu retornarei a esses resultados, mas antes examinemos algumas perspectivas autistas sobre política.

Já observei que autistas assumidos têm chances especialmente maiores de serem cosmopolitas no pensamento. Isto é, tendem a dar menor importância moral às fronteiras do estado-nação do que a maioria das pessoas. Vejo a relativa ausência de solidariedade cosmopolita como uma tendência geral e a percepção autista, se posso assim chamar, como mais próxima de ser a correta. Como a guerra tem tido um preço muito alto na história da humanidade, vejo como significativos os benefícios da perspectiva cosmopolita menos preconceituosa.

Muito dessa tendência cosmopolita está enraizada na experiência, em vez de na cognição. A maioria dos autistas já passou pela experiência de ser o "grupo de fora" quando se trata de confrontações ou cenários sociais "dentro × fora". Isso os torna naturalmente suspeitos de perseguições políticas, formas radicais de patriotismo e de pensamento de grupo. De qualquer forma, os autistas são menos sincronizados com as tendências sociais dominantes, como já vimos.

Em 2008, uma classe de estudantes na Flórida decidiu, por 14 votos a 2, expulsar um menino de cinco anos rotulado como *aspie*. A professora fez um "julgamento" improvisado do menino, na frente da turma, com testemunhos dos seus detratores de cinco anos. Cada aluno foi instado a dizer algo que não gostasse a respeito do garoto e muitos o chamaram de "esquisito", ou epítetos semelhantes. Então foi feita a votação, repito, por instigação da professora. (Fico emocionado pelos dois votos para manter o menino na classe e gostaria de ter ouvido o que os dois defensores disseram.) Esse é um exemplo radical e a professora mais tarde foi afastada do cargo, mas representa uma tendência por demais familiar de marginalizar pessoas que são diferentes e incapazes de se defender.

Assim, na medida em que o nacionalismo baseia-se no cultivo ou encorajamento de um sentimento em defesa do "grupo de dentro", provavelmente não exercerá muito apelo sobre autistas. Muitos autistas terão cautela em relação ao nacionalismo e o verão como baseado nos mesmos sentimentos de exclusão que levaram à sua perseguição ou opressão nos pátios escolares ou outros locais.

Para um autista consciente, nações, ou também religiões, nem sempre parecerão como as linhas divisórias morais mais importantes. O fenômeno geral da neurodiversidade implica que, dentro de uma nação ou religião, os indivíduos podem ser muito diferentes. Dois autistas em Baltimore e Pequim podem ter algumas características importantes de cognição ou comportamento em comum e podem sentir laços mais fortes entre si do que com muitos de seus compatriotas.

A associação de diversidade com fronteiras nacionais ou com geografia regional faz parte de uma boa parcela da discussão contemporânea da globalização, tanto entre acadêmicos como entre o povo. Se a nação da França torna-se mais parecida com a nação da Alemanha, pressupõe-se que a "diversidade cultural" diminuiu. Quando pessoas em Bancoc começaram a usar jeans e, desse modo, abandonando seu vestuário local, muitos analistas, desde Naomi Klein a Benjamin Barber, afirmaram que tais exemplos mostram um declínio na diversidade cultural. Esses autores perguntaram o quanto uma região geográfica difere de outra e, usando esse parâmetro, julgaram o progresso da diversidade cultural.

Mas por que deveríamos nos concentrar na forma de diversidade que se alinha tão intimamente com espaço físico, fronteiras nacionais e estilos de vida em moda? Muitas das mais importantes formas de diversidade humana, incluindo a neurodiversidade, não se alinham com a geografia de modo simples. Indivíduos autistas conscientes contam com mais chances de ter conhecimento da diversidade nas mentes, neurologias e padrões comportamentais das pessoas. Quando sei que autistas estão usando a web para se organizar, ensinar uns aos outros sobre interação social e para fazer novos amigos, penso: "Ah, a diversidade está aumentando!" É claro que essas tendências vão muito além dos autistas e cobrem grupos recém-organizados de vários tipos diferentes. Subitamente, há mais espaço e latitude para muitas buscas, experiências e modos de vida. Só mais tarde é que eu me pergunto se essas pessoas estão em países separados ou no mesmo país ou se seus países estão ficando mais parecidos. É um preconceito nos concentrarmos demais nos compatriotas ou em qualquer outra forma de relacionamento apenas com os "grupos de dentro".

Também pode haver mais motivos cognitivos fundamentais para uma predisposição autista na direção de atitudes cosmopolitas. Uma nação ou cultura é um pouco como um efeito de dotação, ou seja, a maioria das pessoas a valoriza mais, com graus especiais de fervor, simplesmente porque é a sua. Heródoto observou há muito tempo que cada pessoa acha que o seu modo de vida é o melhor. Você pode encontrar exceções, mas se olhar, digamos, para as guerras na antiga Iugoslávia verá que a maioria dos sérvios favorecia o lado sérvio, a maioria dos bósnios pendia para o lado bósnio e assim por diante. Havia dissidentes soviéticos que torciam para que o país fosse conquistado pelos Estados Unidos, mas em geral vira-casacas políticos desse tipo são relativamente raros. A maior parte das pessoas defende o seu país, cultura ou religião simplesmente porque são os delas.

Se os autistas têm menos propensão ao efeito da dotação, talvez também tenham menos predisposição a dar grande valor a uma nação simplesmente porque é a sua. Os autistas podem ser mais capazes de adotar um ponto de vista objetivo. Eu novamente enfatizo que isso é especulativo, mas se trata de um passo inicial para contemplar as perspectivas autistas em relação à política.

No que tange à teoria política, minha expectativa é dupla. Primeiro, autistas são atraídos por códigos simples e diretos de ética, aplicados universalmente a todos os seres humanos. Além do cosmopolitismo autista e da objetividade autista, isso pode se originar também de uma disposição maior a questionar se exceções socialmente comuns às regras são justificadas.

Segundo, suspeito que um subgrupo de autistas tem relativa facilidade em aceitar ou se agarrar a ideias sobre constituições, a abordagens à ordem social baseadas nas regras, ao raciocínio baseado na letra da lei e aos benefícios impessoais de longo prazo do império da lei. Apreciar a operação abstrata de qualquer mecanismo, seja um relógio, uma máquina, uma economia ou um regime (ou a música atonal, como vimos no capítulo anterior) é bastante difícil. Deveríamos esperar encontrar essa habilidade excedente ou desproporcional entre grupos que têm uma vantagem comparativa na compreensão de mecanismos ordenados e abstratos. Apreciar os benefícios práticos de uma sociedade livre — num elevado nível de abstração — pode ser (vagamente) correlacionado com o autismo da mesma maneira que a matemática, a engenharia ou o talento para consertar relógios o são. Algum pequeno subgrupo de autistas tem essas aptidões, mesmo que os autistas, como um todo, em geral não as possuam.

Repetindo, o que se afirma não é que os autistas sejam "em média mais desse jeito". É sim que a especialização cognitiva e as variadas habilidades cognitivas diversas colocarão os autistas em múltiplos nichos intelectuais, numa ampla variedade de direções, políticas ou não.

A redação da Declaração da Independência certamente exigiu uma extraordinária capacidade de examinar com novos olhos um problema importante. Existe, de fato, um caloroso debate sobre se Thomas

Jefferson pertencia ou não ao espectro autista, em parte devido à sua extrema propensão a reunir e catalogar informação. Como já discuti, as dificuldades de qualquer diagnóstico de figuras do passado são enormes e não creio que seja possível categorizar Jefferson assim. O que se sustenta é o fato de que ideias importantes ou incomuns — assim como perspectivas estéticas incomuns — frequentemente vêm de pessoas com habilidades cognitivas especializadas. Vivendo em 2009, nós habitualmente pensamos que as ideias acerca de uma sociedade livre sempre existiram, mas na verdade tais noções foram totalmente ausentes ao longo da maior parte da história humana e ainda não são dominantes em muitas regiões do mundo. A compreensão de uma sociedade livre e seus benefícios não vem naturalmente para a maioria dos seres humanos. Essa compreensão teve que ser descoberta e comunicada por pessoas com mentes extremamente atípicas.

Em média, os autistas são melhores com modos de raciocínio impressos do que com o discurso oral. Muitos autistas possuem uma memória robusta para detalhes factuais, grande capacidade de reconhecimento de padrões e de interpretar princípios de igualdade de maneira literal e cosmopolita. São exatamente os tipos de habilidades presentes na argumentação legalista e constitucional. Além disso, tais habilidades são especialmente relevantes para a apreciação de sistemas sociais baseados na lei escrita, em vez de sistemas baseados no favorecimento pessoal não declarado ou implícito.

Um pensador que apreciava imensamente os mecanismos abstratos da economia — e de um bom sistema legal — foi Friedrich A. Hayek, ganhador do Nobel de economia (apesar de eu não sugerir que Hayek fosse autista). Hayek enfatizava que a economia de mercado era um mecanismo abstrato eficaz para coordenar planos e descobrir novas ideias; também preferia uma ordem constitucional baseada no temperamento da lei e no tratamento igualitário a todos os seres humanos. Em *Os fundamentos da liberdade* e outras obras, Hayek delineou a visão de uma sociedade liberal como uma "ordem espontânea", ou seja, a proliferação de instituições, convenções, normas e outras práticas sociais e econômicas que geralmente não são resultado de planejamento centralizado. Acima de tudo, Hayek é cético quanto à capacidade dos seres humanos de planejar todos os resultados com antecedência por meio do uso da razão. Hayek argumentava que uma ordem rica e em grande parte não planejada pode florescer quando a sociedade é governada por um relativamente pequeno conjunto de regras abstratas e, idealmente, uma constituição; você não precisa concordar com a versão libertária e conservadora de Hayek dessa mescla para achar que se trata de uma visão atraente.

Hayek também pensava que seus argumentos políticos deveriam basear-se numa compreensão da neurologia humana. Antes da Segunda Guerra Mundial, escreveu uma obra que mais tarde foi intitulada *The Sensory Order* (o livro só seria publicado em 1952). Esse livro, um estudo de neurologia, reflete muitos dos temas mais amplos de conhecimento e interpretação na obra de Hayek. Ele sustenta que a mente é governada pela classificação descentralizada de dados sensoriais. A cognição não tem a ver com processos de cima para baixo ou um único agente de decisão sentado numa única cadeira mental. Na opinião de Hayek, a ordem mental espontânea, resultante da contínua classificação de dados sensoriais, torna possível a cognição, ao mesmo tempo que limita a capacidade de nossa mente de conhecer a realidade em toda a sua intensidade. Num argumento reminiscente de Gödel, Hayek salienta como um processo descentralizado de classificação jamais pode compreender inteiramente a si mesmo e, portanto, jamais pode compreender inteiramente o mundo social. Hayek foi um dos primeiros neuroeconomistas (provavelmente Adam Smith foi o pioneiro) e, apesar de não demonstrar nenhum interesse no autismo, seu modelo central da mente aborda algumas questões fundamentais da cognição autista.

A análise neurológica de Hayek não se baseia em pesquisa científica recente, mas ainda assim é significativo que ele dê tanta importância à neurologia em seus projetos em filosofia econômica e política. Se as imperfeições do conhecimento humano movem os argumentos de Hayek sobre política e economia, a inclinação natural seria o desejo de entender melhor o conhecimento e, consequentemente, ele foi conduzido ao estudo da neurologia.

Minha perspectiva sobre política e neurologia, todavia, difere um pouco da de Hayek. Ele tenta afirmar algo como "uma mente não pode entender muito bem a si mesma e, assim, um regime não pode se redefinir eficazmente segundo princípios de argumentação racional". Isso leva Hayek a algumas conclusões relativamente conservadoras, na linha do clássico conservador britânico Edmund Burke. Hayek repetidamente destaca os riscos de se revisar subitamente instituições tradicionais de acordo com algum plano supostamente racional; ele teme que os limites da mente humana façam com que tais planos cometam exageros e se desviem. Não vejo uma forte correlação entre quão bem uma mente pode se conhecer e quão bem um governo pode fazer planos amplos para a sociedade. A obra de Hayek sobre neurologia, ainda que correta em seus próprios termos, não teve sucesso na justificação ou fundamentação de suas ideias políticas.

Minha intuição básica vai mais nessa linha: "Tipos diferentes de mentes humanas quase sempre têm dificuldade em apreciar as virtudes alheias, de modo que arranjos sociais, e juízos pessoais individuais, deveriam ser sólidos quanto a esse fato." Ainda é um argumento a favor da descentralização social e econômica, mas tem um ângulo diferente em relação ao de Hayek. Na maioria das disputas, perspectivas cosmopolitas que incluem uma apreciação de hierarquias sociais abstratas têm chances de serem subestimadas pela maioria das pessoas, e não deveriam. Como já é provavelmente óbvio a esta altura, penso que as perspectivas autistas sobre política são extremamente valiosas.

As perspectivas autistas não irão, por si sós, definir os debates entre democratas e republicanos ou entre libertários e progressistas, ou qualquer que seja a disputa. Mas quando combinados com outros valores e juízos empíricos, esses princípios influenciarão nossas conclusões políticas. Esses princípios poderiam nos tornar menos partidários, mais desejosos de cooperar, mais dispostos a admitir que não podemos julgar corretamente todas as questões e, mais importante, menos propensos a definir a política em termos de "nós × eles". Semelhantes mudanças aperfeiçoariam os problemas políticos discutidos no primeiro parágrafo deste capítulo, ou seja, guerra, corrupção e desgoverno.

Consideremos o filósofo alemão do século XVIII Immanuel Kant. (Alerta: dois parágrafos de metafísica esotérica virão em seguida; pode pular, se quiser!) Se existe um pensador que exibiu uma atração bastante geral pelas ideias de regras e ordenação, seja na vida pessoal ou pública, é Kant. Talvez mais do que qualquer outro pensador do seu tempo, Kant enfatizou a importância de como a mente ordena a realidade (Kant, a propósito, influenciou Hayek). Para Kant, não se tratava de neurologia, mas sim de um princípio metafísico fundamental. Ele estava tentando resolver os debates da época a respeito de como os seres humanos podem ter certeza de alguma coisa. Ele duvidava das construções dos racionalistas, que afirmavam deduzir o conhecimento a partir unicamente do puro raciocínio; Kant achava que a razão pura, tomada sozinha, ruiria em contradições e becos sem saída. Tampouco foi persuadido pelos empiricistas, como John Locke e David Hume, que viam as sensações da mente como fonte de conhecimento. Kant não via como o mero acúmulo de pedaços específicos de conhecimento sobre nossas sensações poderia levar a algo tão poderoso e exato como a matemática e a geometria. Em essência, Kant determinou-se a refutar o ceticismo em relação à possibilidade de conhecimento, e fez isso destacando como nossas mentes ordenam a realidade e, assim, tornam possível o conhecimento dessa realidade.

Ao mencionar ordem e ordenação, Kant não se referia à rotina diária de classificação e coleta, e sim que nossas mentes contribuem com estruturas subjacentes racionais para todo o universo, incluindo as categorias de espaço e tempo. A ordem vem dos nossos processos ordenadores. Para Kant, conhecemos a realidade não porque nossas mentes a apreendem passivamente, mas porque ajudamos a criá-la. Além disso, nunca podemos conhecer a coisa em si ("númeno"), mas temos acesso somente a como nossas mentes impõem estrutura às coisas. Boa parte da *Crítica da razão pura*, de Kant, delineia seu relato das categorias e regras que a mente oferece à realidade nesse modo "sintético". Na terminologia kantiana de "fenômeno" e "númeno", jamais podemos conhecer o númeno, mas conhecemos o fenômeno ao ajudar a criá-lo com nossas mentes.

Talvez isso soe um pouco complicado e, se você não entende tudo, também não tenho certeza se entendo. Na verdade, não estou seguro de que, se formos examinar minuciosamente, faça muito sentido. A metafísica facilmente cai em conceitos vagos e, sem clareza de linguagem, pode ser muito difícil entender ideias metafísicas, quanto mais avaliá-las. Mesmo assim, Kant era obcecado pela ideia — independentemente de como a interpretamos isso — de que a mente ordena a realidade.

A biografia de Kant mostra que a ordenação tomou muitas formas em sua vida, não apenas na epistemologia e na metafísica. Kant ordenava a sua própria realidade fazendo caminhadas diárias, tentando dominar o conhecimento humano e construir um sistema filosófico perfeito. A ordenação era uma ideia tão forte, e também prática, para Kant que, quando se tratava de metafísica, aparentemente era natural que ela assumisse um lugar central. Colocando sem rodeios, vejo Kant como um pensador genial, mas tendencioso, que elevou a neurologia ao domínio da metafísica. A metafísica kantiana é uma espécie de sonho autista, como se as forças cognitivas especializadas da mente autista de algum modo fossem fundamentais para toda a realidade.

Na vida de Kant, a ideia de ordenação aparece em muitos contextos diferentes. Kant era uma pessoa culta e devotou a vida a acumular e organizar o conhecimento. Lecionava matemática, geografia, antropologia, ciências naturais, metafísica, lógica, teologia, ética e pedagogia; era reconhecido por ter grande proficiência em todas essas áreas. Kant nunca casou ou pareceu ter uma vida sexual ativa. Era bastante sociável, mas geralmente com propósitos intelectuais. Afirma-se que os cidadãos de Königsberg, onde Kant vivia, acertavam seus relógios de acordo com suas caminhadas diárias. É difícil dizer quanto desses relatos históricos é exagero, mas sabe-se que Kant viveu uma vida acadêmica discreta e que evitava pequenas mudanças em sua rotina diária. Suas cartas mostram que barulho e ambientes ruidosos o perturbavam enormemente. Não sabemos se Kant era autista, mas a ideia de ordenação — agora no sentido de comportamento manifesto, e não cognição — teve um forte controle sobre sua vida.

Se examinarmos as ideias éticas e políticas de Kant, veremos que refletem seu fascínio pela ordenação. Ele inclinava-se por uma moralidade bastante rígida de obrigação baseada na ideia de regras de conduta fixas que não deveriam ser quebradas em nenhuma circunstância. Por exemplo, não deveríamos mentir, nem mesmo para salvar vidas humanas. Na esfera política prática, Kant foi um forte e pioneiro defensor do império da lei, do constitucionalismo e da liberdade política, inclusive de uma cosmopolita ordem mundial de paz. Kant tinha grande apreço pelos modos de operação dos mecanismos abstratos.

O que deu errado em muitas das sociedades não livres do mundo atual é a ausência de adesão a regras abstratas de comportamento e uma falta de compreensão de semelhantes regras como mecanismos abstratos benéficos. Um país em que as pessoas não esperam na fila de maneira ordenada, ou em que os motoristas não se mantêm nas faixas, geralmente é um país com sérios problemas econômicos e políticos. É ilustrativo compararmos o comportamento do respeito às regras existente no Chile e na Argentina. No Chile, existe uma chance bem maior de as pessoas obedecerem às regras, inclusive as não declaradas, e os chilenos tomam essas decisões voluntariamente, sem a perspectiva de lucro ou punição imediatos. Você não consegue subornar um guarda de trânsito e a maioria dos motoristas segue as regras. No geral, o país é notavelmente não corrupto, especialmente se comparado aos vizinhos, como a Argentina. O Chile também é mais próspero do que a Argentina e já há algum tempo a vida política tem sido mais estável e livre. O Chile contemporâneo é, segundo a maioria das avaliações, a sociedade mais bem-sucedida da América Latina. Na maior parte dos países latino-americanos — mas não no Chile —, o sistema de arrecadação de imposto de renda não funciona. Você pode discutir se o comportamento do respeito às regras é a causa ou o efeito do sucesso chileno, mas provavelmente se trata das duas coisas.

Uma lista das sociedades mais bem-sucedidas no mundo geralmente incluiria Reino Unido, países nórdicos, Japão, Estados Unidos, Canadá, Austrália e Nova Zelândia. Comportamento governado pelas regras é uma ideia central e, de fato, abstrata em cada uma dessas sociedades. O imigrante húngaro George Mikes observou que "um inglês, mesmo quando sozinho, forma uma fila ordenada de um só".

Para um exemplo de fracasso político, vejamos a Rússia contemporânea. Apesar de passar por um processo de abertura econômica após a queda da União Soviética e de ter uma população instruída, a Rússia hoje não é uma sociedade livre. Não há liberdade de manifestação, a maioria dos recursos é controlada pelo Estado ou por monopólios da máfia e a corrupção grassa. A democracia está sumindo, já que cada eleição é mais controlada que a anterior. A liberdade de imprensa definha.

Muitos russos valorizam a liberdade, mas sua concepção de liberdade não está vinculada a uma similar compreensão dos benefícios das regras ou de como as regras podem funcionar como um útil mecanismo abstrato. A muitos russos falta uma forte ideia de adesão às normas e princípios subjacentes a uma sociedade livre. Pelo contrário, a maioria dos russos, inclusive a maior parte dos inúmeros amantes da liberdade, têm como sua principal adesão os amigos e um ideal de amizade. As adesões são extremamente emotivas e dirigidas para conexões humanas bastante específicas, não para o abstrato ou para um princípio de ordem. A ligação com os amigos também vem antes do dever para com o Estado ou da ideia de fidelidade a um abstrato princípio de ordem.

Muitos russos são céticos em relação a unidades políticas de grande escala e também em relação a princípios políticos de grande escala. E, por conta da Segunda Guerra e do comunismo, estão acostumados a depender dos amigos para sobreviver. Assim, em qualquer ambiente

POLÍTICA AUTISTA   201

político a tendência natural vai para o lado do particularismo, do favorecimento e isso também significa corrupção. O espírito cívico geral é fraco e constituições escritas têm pouco ou nenhum sentido. A vida política se degenera num vale-tudo por recursos e pouca gente ergue a voz para protestar com base no argumento de que isso está rompendo um conjunto de regras explícitas ou implícitas. Assim, estamos mais uma vez vendo uma descida rumo à tirania e ao controle. Contudo, ao mesmo tempo, os russos em sua maioria são seres humanos incrivelmente calorosos e afetuosos (não digo isso somente porque casei com uma...). Esse calor reflete os laços profundos e bastante pessoais com os círculos de amigos e parentes.

Mas onde está a adesão a um ideal de ordem abstrata na esfera política? A noção de ordens abstratas é encontrada em muitas áreas da vida russa — como a dos fenomenais enxadristas russos —, mas infelizmente não é muito levada em conta na concepção russa de regime político.

Neste momento em que escrevo, a Rússia está perdendo o potencial para se tornar uma sociedade livre. E por quê? Já vimos que os autistas têm sua força cognitiva na ordenação mental e também que muitos deles contam com vantagens cognitivas na compreensão dos benefícios de sistemas abstratamente ordenados. Pode-se dizer que a mentalidade geral russa, quando se trata de política, não é suficientemente autista.

10

O FUTURO DO UNIVERSO

Por que não um pouco de audácia? Já vimos como a sociedade dominante está colhendo os benefícios de imitar as forças cognitivas autistas. Ficamos mais obcecados pela informação. Ficamos mais versados em manipular bits de informação e montar esses fragmentos numa narrativa emocionalmente satisfatória, mesmo que o suspense e a beleza dessa narrativa nem sempre sejam visíveis a quem vê de fora. Estamos ficando muito melhores para nos entreter e também aprender. À medida que nossa vida interior torna-se mais rica, a ideia de criar a nossa própria economia vai se transformando em realidade. Estamos aprendendo a usar filtros para obter a informação que realmente desejamos e aprendendo a evitar sobrecarga de informação. Estamos aprendendo a cultivar a paciência intelectual. E a cada dia que passa estamos melhorando no uso da internet para nos conectarmos com outros seres humanos e aprimorarmos as relações pessoais. Acima de tudo, ao imitar alguns traços dos autistas, estamos ficando mais humanos. O que vem em seguida?

Nós poderíamos nos beneficiar de novas maneiras adotando uma melhor e mais profunda compreensão da neurodiversidade humana. Poderíamos ter uma compreensão mais prática dos limites da educação formal. Poderíamos ser mais céticos em relação ao pensamento baseado em narrativas superficialmente atraentes; também poderíamos nos tornar mais resistentes à publicidade ofensiva e menos inclinados à vingança sem sentido. Poderíamos entender melhor como uma mente diferente pode ser uma mente interessante e talvez também uma mente heroica. Poderíamos tratar melhor as minorias, inclusive os autistas. Poderíamos apreciar formas novas e diferentes de música e arte, ou pelo menos ser mais tolerantes com gostos estéticos divergentes. Poderíamos nos tornar cidadãos melhores, mais cosmopolitas, mais objetivos acerca de nossa cultura e nação, e mais capazes de apreciar os benefícios das leis.

Isso é para a sociedade como um todo. Mas gostaria de considerar uma de suas partes. E quanto às pessoas que são autistas? Elas podem muito bem colher algumas das melhorias mencionadas acima, mas como estão seus destinos evoluindo na sociedade moderna, de maneira mais geral?

Os autistas defrontam-se com muitos problemas e obstáculos, mas, em geral, sou otimista. Acima de tudo, muitos autistas estão se beneficiando da web. Em particular, a web permite às pessoas trocar ideias sem estar na presença física umas das outras. Como muitos autistas acham a circulação pública exaustiva (em graus variados), isso é um enorme benefício. Os autistas podem trocar ideias e sentimentos com outras pessoas — inclusive, naturalmente, com outros autistas — com mais facilidade do que nunca. Não apenas por e-mail e sites. Há múltiplos fóruns no Second Life, a plataforma de realidade virtual online, em que autistas conversam entre si por mensagens instantâneas, constroem museus virtuais dedicados à neurodiversidade e seus heróis, e trocam dicas de como lidar com interações sociais com não autistas. Isso não era possível há dez anos.

Não é difícil imaginar mais avanços por meio de novas tecnologias. Por exemplo, os muitos autistas que não falam de maneira inteligível, e que contudo são extremamente inteligentes, poderiam usar iPhones, ou dispositivos semelhantes, para se comunicar com outros em público. O iPhone já pode receber perguntas e dar respostas por meio de software de reconhecimento de voz; uma modificação poderia permitir que a digitação de uma pessoa autista fosse convertida em discurso inteligível.

Os autistas estão usando a web para aumentar suas forças cognitivas. Digamos que um autista seja relativamente bom para absorver novos blocos de informação, analisar essa informação e interpretar, ordenar e reempacotar o resultado em forma escrita. A web dará aos autistas um meio pelo qual essas forças serão ampliadas e depois transmitidas para um grande número de pessoas. Há mais chances de as habilidades cognitivas autistas se elevarem a um patamar de admiração, embora essas habilidades raramente sejam reconhecidas como tal. Em geral, há muitos meios para ordenação mental na web e os autistas têm uma relativa vantagem no trabalho com esses meios e, de fato, na criação deles. Tony Attwood, um conhecido médico especialista em autismo e síndrome de Asperger, contou que quando dá uma palestra costuma encher uma sala de tamanho normal; quando faz uma apresentação no Vale do Silício, seiscentas pessoas aparecem. Há bons motivos para o estereótipo de se vincular os autistas com a tecnologia da informação.

A web elevou a primazia da palavra escrita na nossa cultura. Isso beneficia os inúmeros autistas que são mais aptos na comunicação escrita do que na comunicação oral. A transferência de muitas atividades econômicas e culturais para a web facilita bastante a vida do autista.

Para os autistas, é um golpe de sorte que a palavra escrita e a imagem tenham sido tão promovidas pela tecnologia recente. Olaf Stapledon, o escritor britânico de ficção científica, postulou em seu romance de 1937, *Star Maker*, uma revolução tecnológica que iria materializar tato, paladar, olfato e som em nossas vidas: "Em países civilizados, todos, exceto os párias, levavam um receptor de bolso... O espaço da música foi dominado por temas de sabores e odores, os quais eram traduzidos em padrões de ondulação etérea, transmitidos por todas as grandes emissoras de rádio nacionais e restaurados em sua forma original nos receptores de bolso e baterias de paladar da população. Esses instrumentos forneciam estímulos complexos aos órgãos de paladar e olfato da mão." A radiodifusão "sexual" era enviada diretamente ao cérebro. Em geral, a "estimulação-rádio-cérebro" tornou-se o principal passatempo nessa sociedade.

Talvez isso soe divertido para você (talvez não), mas a revolução tecnológica postulada por Stapledon não seria tão divertida para muitos autistas, especialmente aqueles que são facilmente oprimidos por sons, cheiros e sabores adicionais. Em vez disso, recebemos uma revolução tecnológica de orientação visual — desta vez, pelo menos —, para benefício de muitos autistas.

Estamos testemunhando a primeira geração de autistas, *aspies* e neurodiversos a crescer com uma compreensão explícita (ainda que parcial) de suas neurologias e com capacidade de se comunicarem entre si em massa. Isso dificilmente eliminará todos os problemas dos autistas. Mas, ainda assim, esse desenvolvimento é sem precedentes na história do mundo e eu tenho a expectativa de que ele aumente a felicidade e a produtividade dos autistas. Também espero que este livro possa, de maneira limitada, contribuir para essa tendência geral.

Numa escala nacional, os Estados Unidos estão relativamente bem na mobilização de seus talentos autistas. A cultura americana da não conformidade, da mobilidade geográfica, os muitos espaços vazios e a tolerância a *outsiders* é, sob alguns aspectos, relativamente adequada aos autistas. A juventude é respeitada e os contatos pessoais que vêm com a idade nem sempre são exigidos para se conseguir um bom emprego, pelo menos em comparação com a maior parte do resto do mundo.

A alta tecnologia e o ensino superior, tradicionais histórias de sucesso americanas, criaram um lar natural para muitos autistas produtivos. Como parece que esses setores vão continuar a crescer e que o não conformismo americano irá prosperar, os autistas serão capazes de encontrar mais nichos. É claro que o mundo inteiro se beneficia com a mobilização do talento autista, já que ideias voltadas para a alta tecnologia se espalham globalmente e, na esfera do universo acadêmico, estudantes de todo o planeta vão estudar nos Estados Unidos. Ninguém planejou para ser assim, mas os Estados Unidos criaram um ambiente muito especial para estimular a criatividade e diversidade de talentos.

Muitas das novas e positivas tendências me fazem lembrar do raciocínio por trás da economia clássica. Talvez você saiba que a divisão do trabalho é uma ideia central de *A riqueza das nações*, de Adam Smith. A noção de Smith da divisão do trabalho referia-se à crescente especialização na produção econômica. Ele dá o exemplo, tirado de uma fábrica de alfinetes, de como cada operário faz uma tarefa bastante específica e repetitiva em prol da maior produtividade da fábrica como um todo.

Não era a intenção de Smith, mas eu vejo essa discussão sobre a fábrica de alfinetes como uma parábola do autismo e dos crescentes retornos às forças cognitivas autistas. Se você é capaz de realizar uma tarefa repetitiva com apropriada habilidade, pode receber um salário decente porque não mais se espera que você seja um pau para toda obra ou que domine uma ampla variedade de qualificações. Aumentam as chances de você poder ter uma "disfunção" e ainda assim se sair bem na vida e na carreira. Nós não precisamos alimentar as galinhas de manhã, arar a terra à tarde e consertar sapatos à noite. Não precisamos cortejar a elite da cidade e ter bons contatos sociais. Hoje em dia basta ser muito bom em uma única tarefa profissional. Em outras palavras, a divisão do trabalho permite benefícios desproporcionais a pessoas com talentos cognitivos especializados, e isso inclui muita gente do espectro autista. É mais uma forma de como a modernidade apoia a diversidade.

Smith, como Karl Marx mais tarde, temia que a divisão do trabalho pudesse ser enfadonha e alienante em suas tarefas especializadas e repetitivas. Contudo, para muitas pessoas a resultante capacidade de se especializar é mais benéfica que prejudicial. É uma libertação e uma chance de liberdade individualizada, não somente uma rotina ͺpressiva.

Temple Grandin revela suas preocupações de que o mundo de hoje não fornece suficientes ambientes estruturados para que os autistas prosperem e de que o local de trabalho moderno exige muita versatilidade. São preocupações reais, mas creio que a noção de que o passado foi uma época mais tranquila é em grande parte um mito. Hoje temos um aumento da produção doméstica, temos mais trabalhos de alta tecnologia e também mais nichos de mercado, temos trabalhos de design, de engenharia, de matemática e trabalhos que exigem muito foco detalhado.

O escopo para a divisão do trabalho no mundo de hoje, e o crescimento contínuo desse escopo, é outro motivo pelo qual não identifico o autismo — como conceito — com resultados de vida fracassados. Independentemente do nível de sucesso que os autistas atingiram até o momento, há uma chance muito boa de que esse nível suba. É uma previsão da economia smithiana.

A divisão do trabalho não é a única força apoiando indivíduos neurodiversos na sociedade humana. A mobilidade individual, os meios de transporte e a globalização também ajudam os autistas, ainda que muitos deles não tenham muita capacidade de locomoção. Quando se vive numa pequena vila ou sociedade caçadora-coletora, todo mundo sabe quem é considerado "esquisito". Eles chamam muita atenção. Mas quando viajo para, digamos, Dubai, ninguém sabe se eu sou ou não esquisito. Talvez eu me vista de maneira diferente, fale de maneira diferente e passe tempo demais lendo livros, mas para eles eu de qualquer maneira pareço esquisito. A velha e doce titia Millie também pareceria estranha. As diferenças em esquisitice ficam nebulosas e quem seria visto como esquisito em casa pode passar simplesmente por "estrangeiro". É claro que estrangeiros também vêm para os Estados Unidos, seja para visitar ou imigrar, e isso aumenta a compreensão geral da população acerca da diversidade da raça humana.

Grande parte do Iêmen, o qual eu visitei, vive em condições medievais: virtualmente todas as mulheres que vi usavam véu e todos os homens portavam punhais e mascavam o alucinógeno khat. Não me pergunte quem eram os esquisitos. Não tinha a menor ideia. Mas quando fiz o colegial cada pessoa tinha uma opinião definida sobre todas as demais. Era difícil escapar da tirania da classificação rígida. No geral, quanto mais mesclada a multidão, e maior o número de dimensões de status e conquistas, maior a chance de que pessoas incomuns encontrem um meio de se destacar ou apenas sobreviver ou se encaixar. Para colocar de outra maneira, a mistura de populações baixa o custo de ser incomum. É por isso que os gays preferem morar no litoral ou em grandes metrópoles do que em cidadezinhas do interior americano.

Na comunidade autista, é comum a impressão de que os autistas, quando se casam, provavelmente escolhem estrangeiros como parceiros. Quando o seu cônjuge é de outra cultura, as expectativas de "adaptação" são mais relaxadas e flexíveis porque, de qualquer modo, o casal não se amolda muito bem nas expectativas tradicionais. É mais um exemplo de como o comércio e a diversidade da sociedade moderna podem beneficiar pessoas com capacidades cognitivas incomuns ou especializadas.

Fiquei impressionado por uma afirmação de Jonathan Sacks, o rabino chefe da Grã-Bretanha: "É por meio da troca que a diferença se torna uma bênção, não uma maldição." É uma mensagem que espero que este livro tenha deixado clara. Nessa noção, economia, neurologia e web se unem. A ideia de comércio — incluindo comércio com pessoas de diferentes neurologias e capacidades cognitivas — é um motivo pelo qual a internet tem tanta importância. E ajuda a explicar por que o comércio é tão importante especialmente para autistas e de que maneira o resto do mundo pode se beneficiar das forças cognitivas autistas ao fazer comércio com autistas.

Numa escala global, estamos começando a ver alguns ambientes culturais com elementos simpáticos ou úteis aos autistas. Consideremos a cultura otaku do Japão. A cultura otaku baseia-se em hobbies e interesses obsessivos, frequentemente de natureza obscura. Esses interesses quase sempre envolvem *gadgets* e mangá, mas a diversidade se expandiu e hoje um otaku japonês pode desenvolver um foco radical em filmes de Humphrey Bogart, música pop brasileira ou, para citar um exemplo notório e cada vez mais dominante, mulheres que se vestem como criadas. (Caso você esteja se perguntando, você estuda essas mulheres; não necessariamente faz outra coisa com elas.)

Os otakus japoneses geralmente não são autistas; a taxa de autismo verificada no Japão não parece ser maior do que em outros lugares e muitos japoneses não gostam da cultura otaku devido à sua suposta esquisitice. Não obstante, no Japão há um reconhecimento explícito da obsessão com hobbies como um modo de vida, não apenas como patologia. Esse reconhecimento cria algum espaço cultural para a diferença. Tóquio é um paraíso para gente com interesses incomuns ou altamente específicos. Dada a eficiência do metrô de Tóquio, a cidade é, na prática, a maior, mais rica e mais educada coleção de consumidores em um só local do mundo. Não há nada sequer parecido. Lá, espera-se que você seja obcecado com coisas e isso é parte do charme do lugar.

A cultura japonesa também é (involuntariamente) favorável ao autismo de uma outra maneira. Os japoneses enfatizam a ideia de se desenvolver e aperfeiçoar uma habilidade altamente especializada ao longo de muitos anos de treinamento meticuloso. É por isso que a comida italiana é tão boa no Japão, mesmo fora dos restaurantes sofisticados e caros; o cozinheiro japonês provavelmente teve um aprendizado na Itália durante alguns anos e aprimorou sua técnica desde o regresso. Se você vai a um restaurante no Japão que serve comida cingapuriana ou mexicana, é provável que pelo menos uma pessoa ali passou por um aprendizado na área. Esse tipo de especialização é esperado e, de fato, exigido. Temple Grandin certa vez escreveu: "Encontrei um grande número de pessoas altamente funcionais dentro do espectro autista [no Japão]. Todas elas tinham bons empregos... O que notei é que no Japão o principal é desenvolver habilidades."

Se você estiver fazendo uma excursão global por lugares relevantes para a diversidade cultural, pense em Tóquio como sua primeira parada. Fala-se muito que o Japão tem uma cultura muito homogênea, mas na verdade o país produz muitos tipos ocultos de diversidade. É uma pena que essa inovação japonesa — a noção de otaku — não seja mais amplamente reconhecida e nem receba a devida importância. Ainda assim, representa uma forma de progresso.

A próxima parada na excursão da diversidade é a Finlândia, onde empregos no ramo da alta tecnologia são comuns; as ruas, extraordinariamente silenciosas; os homens, lacônicos; a música clássica contemporânea, popular; há um rigor visual na arquitetura e parece socialmente tácito não fazer contato visual quando se fala com alguém. Não, não há evidências científicas de que todas essas características sejam correlacionadas com o autismo, mas não sou o primeiro a notar que a Finlândia tem muitas características culturais vinculadas ao autismo de uma forma estereotipada. De onde vêm todas essas características? Não tenho ideia, mas a questão não é afirmar que os finlandeses são todos, de algum modo, secretamente autistas. É mais provável que as particularidades de algumas culturas evoluam em direções mais amigáveis ao autismo e aos autistas do que outras, embora por razões que desconheçamos.

Visitei a Finlândia uma vez. Foi a única ocasião na vida em que me senti o extrovertido do pedaço, exceto talvez pelas minhas incursões ao metrô de Tóquio.

Quando, após a visita, descobri a existência de um livro intitulado *Finland: Cultural Lone Wolf*, não tive como deixar de comprá-lo e ler tão logo foi entregue. No livro, estava escrito que:

Os finlandeses... têm um desejo por solidão.

Os finlandeses julgam você pelo seu grau de luotettavuus (confiabilidade). Deve haver uma forte correlação entre palavras e atos quando se lida com eles. Faça o que você disse que ia fazer.

Os finlandeses são basicamente tímidos... na Finlândia, cada um cuida da própria vida; fofoca não é bem vista...

A primeira coisa que impressiona quem acabou de chegar à Finlândia é a taciturnidade dos homens finlandeses. Em geral eles rejeitam a loquacidade estrangeira e podem reagir recolhendo-se ainda mais em sua concha.

Embora os finlandeses prefiram falar pouco, quando abrem a boca são bastante diretos.

Um homem finlandês gosta de contato visual quando se apresenta... mas depois costuma evitá-lo.

O conceito finlandês de tempo é quase que exclusivamente monocromático. Bons planejadores, eles estabelecem as tarefas imediatas em ordem de prioridade e começam a resolvê-las, pragmaticamente, uma a uma.

O livro também observa que os finlandeses não gostam de ouvir mais de uma conversa ao mesmo tempo, um traço associado a muitos autistas. Dificilmente trata-se de evidências rigorosas acerca da sociedade finlandesa, mas cheguei à conclusão de que deveria visitar novamente o país.

Apesar de todos esses benefícios, ainda resta um grande obstáculo no caminho de mais progressos. Meu temor é que muitos preconceituosos e potenciais preconceituosos estejam ficando mais informados a respeito do autismo. Muitos autistas, na verdade, poderiam se sair melhor socialmente, ou em suas profissões, se o mundo os visse como "excêntricos" em vez de autistas. Ainda estamos longe de um mundo perfeito. Se você pensa na típica imagem de uma pessoa rica, inteligente e excêntrica, tudo bem, você é até mesmo valorizado. Os solitários também são aceitos, desde que sejam inteligentes, extravagantes e singulares. Ambiguidade e opacidade são valorizadas, ainda que somente porque as pessoas gostam de especular sobre o que realmente motiva você. Você pode ser um exótico homem misterioso. Mas se o que parecia excêntrico de repente é associado com os traços mais comuns de um grupo de status mais baixo ("desordeiros"), a inteligência da pessoa inteligente não mais é classificada de maneira tão positiva. "Ah, então no fundo é isso" parece ser uma interpretação muito desvalorizadora e é uma categorização que muita gente receia. Consequentemente, a maioria das pessoas inteligentes e bem-sucedidas não querem nunca ser associadas com autismo, síndrome de Asperger e neurodiversidade.

Quaisquer que sejam as tragédias em muitas vidas autistas, as forças cognitivas autistas têm sido vitais para o progresso da humanidade e estão se mostrando cada vez mais importantes para como vivemos e como pensamos, principalmente quando se trata da web.

Precisamos não apenas de uma compreensão melhor e mais profunda do autismo, mas também de um movimento mais forte por um individualismo verdadeiro e respeitoso para todos os seres humanos. É o meu tipo de final feliz, mas não é ainda o que temos no mundo.

A mensagem final deste livro não é sobre autistas ou qualquer outro grupo, e também não é sobre a web. A mensagem final deste livro é sobre respeito para com o indivíduo. O estudo da neurologia humana é uma ciência importante, mas não é somente ciência e não é somente uma ferramenta para diagnóstico ou intervenção médica. É também um caminho na direção da apreciação da diversidade do espírito humano, do esplendor da mente individual e da importância de respeitar a individualidade de cada mente.

Com frequência se sugere que o estudo da mente humana em bases científicas nos levará a B.F. Skinner e seus camundongos, a behaviorismo e controle, a fatalismo e a totalitarismo. Não estou convencido disso. Quanto mais estudamos a mente humana, mais podemos ver a beleza e a singularidade do indivíduo. Rótulos gerais, como "autista", podem ser úteis. Mas precisamos permanecer conscientes do quanto os rótulos são substitutos imperfeitos para formas mais detalhadas de conhecimento a respeito de indivíduos particulares. Eles ocupam o espaço enquanto não são substituídos por uma compreensão mais profunda. E isso não vale só para os autistas. A maioria dos chamados neurotípicos não são nem um pouco típicos e, se pensamos que são, é porque ainda não apreciamos sua singularidade de uma maneira suficientemente informada.

Quanto mais profunda for nossa compreensão da neurodiversidade humana, e mais profunda a nossa apreciação pelo indivíduo, mais poderemos apreciar o número de maneiras diferentes que a mente humana pode contemplar a beleza e maravilha da criação. Soa um pouco meloso, mas, sim, é parte do final feliz deste livro.

Por fim, talvez o final feliz — na medida em que temos um — se estenda para muito além do planeta em que vivemos.

Talvez a interioridade — minha palavra para existência mental interior — deva ser encontrada não apenas entre autistas, em novas tecnologias e na internet. A interioridade pode ser parte do próprio tecido do universo à nossa volta. Soa estranho, mas faz sentido se você gasta algum tempo meditando sobre o que se chama de Paradoxo de Fermi. Esse enigma, um tópico popular de discussão entre aqueles com inclinações filosóficas, recebeu seu nome em alusão a Enrico Fermi, o físico que foi uma das forças criativas por trás da construção da bomba atômica.

Se eu olho para fora, para o resto do universo, fico impressionado com a aparente ausência de sinais de vida inteligente. Exceto pelos seres humanos e os demais animais inteligentes deste planeta, não vemos sinais de inteligência na nossa galáxia. Como o próprio Fermi indagou: "Onde estão eles?"

Não obstante, quanto mais estudamos a região imediata do universo, mais encontramos sistemas solares com planetas. Em março de 2008 havia 277 planetas extrassolares confirmados, e estamos encontrando mais o tempo inteiro. Há talvez 250 bilhões de estrelas bem aqui na Via Láctea. Parece que até mesmo Alfa Centauro, a estrela mais próxima do nosso sol, tem planetas, e possivelmente planetas do tipo da Terra. Quanto mais olhamos para esses planetas em nossa galáxia, mais alguns deles parecem semelhantes à Terra, ou pelo menos parece que possam ter semelhança com a Terra. Isso significa que há alguma chance de abrigarem vida inteligente. Também posso imaginar que vida inteligente poderia se desenvolver em planetas que não se parecem muito com a Terra, mas têm, digamos, oceanos de metano ou outros gases. Mesmo que eu esteja errado nessa especulação, o número total de possibilidades para vida inteligente é incrível e inesperadamente alto.

Sabemos, antes de mais nada, que vida inteligente é possível, dado que encontramos vida inteligente aqui na Terra. E a inteligência se desenvolveu numa série de espécies, não apenas em seres humanos. Baleias, chimpanzés, elefantes, gralhas e corvos parecem inteligentes a seu próprio modo. Não são suficientemente inteligentes ou fisicamente dotados para construir civilizações tecnologicamente sofisticadas, mas suas múltiplas existências refletem o valor de sobrevivência da inteligência num cenário biológico. Assim que a porta se abrir para a inteligência, parece que algumas inteligências, embora não todas, se desenvolverão em civilizações avançadas.

Já vi cálculos interessantes sobre quantas civilizações inteligentes deveria haver pela galáxia. Às vezes chamam isso de Equação de Drake.

A Equação de Drake postula que:

$$N = N^* \times f_p \times n_e \times f_l \times f_i \times f_c \times f_L$$

Nessa equação, N^* representa o número de estrelas na galáxia da Via Láctea, f_p é a porcentagem de estrelas que têm planetas ao redor, n_e é o número de planetas por estrela que podem sustentar vida, f_l é a fração de planetas em que se desenvolve vida, f_i é a fração de planetas capazes de abrigar vida com vida inteligente, f_c é a fração de f_i que se comunica e f_L é a fração da vida do planeta durante a qual civilizações comunicativas estão ativas. A multiplicação de todas essas variáveis nos dará o lado esquerdo da equação, N, ou o número de civilizações comunicativas na galáxia.

Mesmo sob suposições relativamente pessimistas, a Equação de Drake implica que deveria haver muitas civilizações avançadas. Você pode brincar com esses números por horas, mas é muito difícil fazer com que a resposta certa dê apenas 1, ou seja, a civilização humana. E, na medida em que estamos aprendendo mais sobre os números, por exemplo, quando descobrimos novos planetas em outros sistemas solares, as perspectivas para vida inteligente em outras partes estão aumentando, e não diminuindo. Então, para repetir a pergunta de Fermi: "Onde estão eles?"

Não necessariamente devemos esperar que homenzinhos verdes batam na nossa porta. Aparentemente, uma civilização avançada teria muitas formas de deixar traços de sua presença. Poderia enviar sinais de rádio com frequências correspondentes a números matemáticos comumente reconhecidos, tais como pi (3,14...) ou e, o logaritmo natural (2,716...). Ou que tal sondas espaciais autorreproduzíveis movidas a energia solar circulando planetas observados? Dado o (suposto) número de civilizações alienígenas inteligentes, você não precisa pensar que alguma dessas formas de saudação seja especialmente provável. Basta que uma tecnologia de saudação tenha êxito apenas uma vez em chegar a nós. O que é impressionante é que não estamos recebendo saudações, ou pelo menos não somos capazes de reconhecer tais saudações.

É possível que civilizações avançadas possam manipular partes da galáxia para tornar sua presença visível a grande distância? Imagine estrelas, ou outras fontes de luz, dispostas em padrões incomuns, ou altamente visíveis, ou emitindo frequências raras. Pode chamá-las de artefatos estelares avançados. Nós pegaríamos a mensagem. Novamente, basta acontecer uma única vez. Mas parece que nenhum governo alienígena ou filantropo alienígena resolveu se interessar por semelhante projeto. Fico surpreso por não vermos algumas formas de propaganda interestelar; afinal de contas, o céu não é um meio ideal para alcançar consumidores (se posso chamá-los assim) pela galáxia? Nós até mesmo já começamos a enviar propagandas, embora de uma forma bastante básica. Em junho de 2008, um grupo de astrônomos noruegueses transmitiu um comercial de Doritos para uma estrela distante, a 42 anos-luz.

Uma possível conclusão é simplesmente a de que vida inteligente, avançada, seja extremamente rara na nossa parte do universo. Talvez, mas isso se choca contra o fato da nossa existência. Nós temos que desenvolver a civilização humana só mais um pouco até podermos disseminar pela galáxia robôs, mensagens, sondas espaciais ou o que quer que seja. Poderíamos enviar mensagens sobre quem somos e o que podemos fazer, e, se estamos tão perto disso, por que deveríamos ser os únicos a atingir esse estágio?

Ou poderíamos acreditar que civilizações avançadas entram em colapso com grande rapidez. Talvez a vida inteligente seja comum, mas surge uma catástrofe, seja devido a um asteroide errante seja por uma guerra exterminadora, colapso ambiental ou algum outro fator que ainda não compreendamos. É claro que, se essa é a sua opinião, você não deveria ser muito otimista quanto ao futuro da humanidade. É uma maneira de terminar com um final bastante infeliz.

Mas acho mais plausível uma outra explicação para esse silêncio, que é a interioridade. Talvez civilizações avançadas não sejam muito exibicionistas e prefiram buscar o aperfeiçoamento de suas dimensões interiores. Buscam felicidade, sabedoria, ordem, profundidade e beleza, e encontram todas essas qualidades internamente. Em algum nível de tecnologia, não há mais sentido em construir estruturas maiores ou manipular estrelas que explodem. Afinal de contas, se a sua civilização é suficientemente avançada, qual é o sentido de tamanho?

Em vez de se tornarem maiores e mais visíveis, civilizações avançadas podem tentar ficar menores, menos visíveis e, assim, mais robustas. Essas civilizações devotarão sua sabedoria e energia a mergulhar internamente e explorar a vida da mente. Afinal de contas, são as civilizações maiores, expansionistas, que irão colidir ou servir de alvo para competidores mais avançados. Talvez evolução e competição galácticas favoreçam os menores, do mesmo jeito que os insetos parecem ir muito bem no planeta Terra. E quanto à noção de uma "civilização" que usa informação e energia de maneira tão eficiente que pode caber na cabeça de um alfinete ou até mesmo num lugar ainda menor? Nós não esperaríamos encontrar um traço visível de sua existência.

Muita gente ignora essa possibilidade precisamente porque espera encontrar vida inteligente em formas conhecidas e em embalagens conhecidas. Na verdade, é um pouco parecido com a maneira como as forças cognitivas dos autistas, especialmente aqueles que não se comportam segundo os padrões dominantes da sociedade dominante, são ignoradas.

Um leitor que fez um comentário anônimo no meu blog, www.marginalrevolution.com, apresentou uma hipótese interessante em resposta a um post meu sobre o Paradoxo de Fermi. Ele ou ela previu que:

Civilizações suficientemente avançadas provavelmente tornam-se profundamente dependentes de protocolos de comunicação difusos de baixa latência, de tal forma que seus membros precisam permanentemente permanecer dentro de uma fração de um segundo-luz de distância uns dos outros. Pense no Facebook e em celulares anabolizados...

Seres computadorizados provavelmente viverão vidas aceleradas: terão uma velocidade de clock muito maior, porque dispositivos eletrônicos ou fotônicos trabalham muito mais rápido do que as reações químicas que alimentam um cérebro orgânico... devido a questões de velocidade da luz, todas as suas civilizações podem ser restringidas a existir dentro de uma esfera de umas poucas centenas de metros de raio ou ainda menos. Suas civilizações também podem ter durações de vida menores: uma épica ascensão e queda de muitos milênios de tempo subjetivo pode ocorrer dentro de uns poucos dias de tempo real.

... talvez vida suficientemente inteligente inevitavelmente se projete em alguma forma totalmente diferente. Podemos ser como um feto flutuando sozinho dentro de um útero e se perguntando: onde está todo mundo?

É um conjunto de hipóteses bastante exótico, mas gosto das ideias básicas, especificamente, a) os seres humanos estão apenas começando, b) as civilizações mais avançadas terão uma existência em grande parte mental, e c) essas civilizações encontrarão sua maior realização na noção de "Facebook anabolizado".

Assim, quando olhamos para as estrelas, podemos escolher entre diferentes sentimentos. No lado mais triste, podemos ver vazio e sentirmos destruição e perda. Mas quando olho para o céu e admiro as estrelas, fico alegre. Vejo um final feliz. Vejo interioridade.

É o segredo do melhor tipo de prosperidade, pouco importando o quanto você considera o mundo desordenado. É o segredo de criar a sua própria economia.

INDICAÇÃO DE LEITURAS E REFERÊNCIAS

CAPÍTULO 1: O FUTURO DO PENSAR DIFERENTE

Sobre Mark Donohoo, ver "One Man's Story: When an Autistic Child Grows Up", 1º de abril de 2008, www.cnn.com/HEALTH/conditions/04/01/autism.jeffs.story/index.html.

Para a história de Ethan, ver *Asperger Syndrome and Your Child: A Parent's Guide* (Nova York: Collins Living, 2003), de Michael D. Powers e Janet Poland, capítulo 2.

Tanto quanto sei, o termo "infóvoros" surgiu com o professor da USC, Irving Biederman.

Para uma boa apresentação do efeito de enquadramento, ver *Nudge: Improving Decisions About Health* (New Haven: Yale University Press, 2008), de Richard H. Thaler e Cass R. Sunstein.

Para a citação de Steve Hofstetter, ver "Thinking Man: Steve Hofstetter is Your Friend", 14 de novembro de 2005, www.collegehumor.com/article:1632255.

Sobre serviços do tipo Facebook para os muito jovens, ver "Twittering from the Cradle", de Camille Sweeney, *The New York Times*, 11 de setembro de 2008.

Para fontes sobre o Google Earth, ver o blog Google Earth, www.gearthblog.com/blog/archives/2007/10/new_youtube_layer_in_google_earth.html. Sobre invasão de piscinas, ver "Teens Use Technology to Party in Neighbors' Pools", de

James Sherwood, 18 de junho de 2008, www.reghardware.co.uk/2008/06/18/tech_aids_pool_crashing/.

Sobre a ordenação precisa da experiência diária física, ver "Bytes of Life", de Monica Hesse, *Washington Post*, 9 de setembro de 2008.

A entrevista com Kamran Nazeer foi retirada do blog de Seth Roberts, www.blog.sethroberts.net/2008/04/05/interview-with-kamran-nazeer-part-1/.

CAPÍTULO 2: CRIATIVIDADE OCULTA

Para uma boa discussão das distinções entre diferenças cognitivas e comportamentais no autismo, ver a discussão de Anne C. encontrada online aqui: www.existenceiswonderful.com/2008/09/conceptualizing-autism.html. Para discussões gerais sobre autismo e como ele é tratado no discurso popular, ver *Autism's False Prophets: Bad Science, Risky Medicine, and the Search for a Cure* (Nova York: Columbia University Press, 2008), de Paul A. Offit.

Sobre o autismo em si, recomendo *Handbook of Autism and Pervasive Developmental Disorders*, vol. 1 (Hoboken, NJ: John Wiley & Sons, 2005), de Fred R. Volkmar, Rhea Paul, Ami Klin e Donald Cohen (orgs.), e também *Autism Spectrum Disorders: Psychological Theory and Research*, de Dermot Bowler (West Sussex: John Wiley & Sons, 2007), observando que são densos na apresentação. Um bom lugar para acompanhar pesquisas sobre autismo é o *Journal of Autism and Developmental Disorders*; o livro *Autism: An Introduction to Psychological Theory* (Cambridge, MA: Harvard University Press, 1998), de Francesca Happé, é útil para o enquadramento de muitos pontos. Num nível mais popular, recomendo bastante a coletânea de Douglas Biklen de escritos de autistas, *Autism and the Myth of the Person Alone* (Nova York: New York University Press, 2005). O blog sobre autismo de Kristina Chew é outra boa fonte de informação. As obras de Temple Grandin têm sido muito importantes e influentes; ver, por exemplo, seu *Thinking in Pictures, Expanded Edition: My Life with Autism* (Nova York: Vintage, 2006).

Sobre a menor suscetibilidade de autistas para algumas ilusões de ótica e sua capacidade superior para detectar alguns tipos de padrões, ver *Autism Spectrum Disorders: Psychological Theory and Research* (citado acima), de Dermot M.

Bowler, capítulo 5. Sobre acuidade visual, ver "Eagle-Eyed Visual Acuity: An Experimental Investigation of Enhanced Perception in Autism", de Emma Ashwin, Chris Ashwin, Danielle Rhydderch, Jessica Howells e Simon Baron-Cohen, *Biological Psychiatry* 65, n° 1 (janeiro de 2009), 17-21.

O capítulo 6 do livro de Dermot Bowler aborda algumas habilidades cognitivas autistas em atenção e percepção, incluindo percepção auditiva. Ver também a posterior discussão sobre música no capítulo 8 desse livro e outras discussões nos capítulos seguintes.

Sobre autismo e o viés em relação à percepção local, ver "The Weak Coherence Account: Detail-Focused Cognitive Style in Autism Spectrum Disorders", de Francesca Happé e Uta Frith, *Journal of Autism and Developmental Disorders* 36, n° 1 (janeiro de 2006), 5-25, e também "Disentangling Weak Coherence and Executive Dysfunction: Planning Drawing in Autism and Attention-Deficit/Hyperactivity Disorder", de Rhonda Booth, Rebecca Charlton, Claire Hughes e Francesca Happé, *Philosophical Transactions: Biological Sciences* (28 de fevereiro de 2003), 387-92. Ver também "Do Children with Autism Fail to Process Information in Context?", de Beatriz Lopez e Susan R. Leekam, *Journal of Child Psychology and Psychiatry* 44, n° 2 (2003), 285-300; esse texto mostra que processamento local não precisa envolver a desconsideração do contexto e do todo.

Para uma análise da crescente literatura sobre as forças cognitivas do autismo, ver "Learning in Autism", de Michelle Dawson, Laurent Mottron e Morton Ann Gernsbacher, em J.H. Bryne (organizador da série) e H. Roediger (org. do volume), *Learning and Memory: A Comprehensive Reference* (Nova York: Elsevier, 2008). Sobre se o autismo necessariamente envolve um deficit de "função executiva", ver "Executive Functioning in High-Functioning Children with Autism", de Miriam Liss e Deborah Fein, Carl Feinstein, Lynn Waterhouse, Doris Allen e Michelle Dunn, Robin Morris e Isabelle Rapin, *Journal of Child Psychology and Psychiatry* 42, n° 2 (2001), 261-70.

Sobre a sensibilidade perceptiva e sensorial dos autistas, ver "Sensory Experiences Questionnaire: Discriminating Sensory Features in Young Children with Autism, Developmental Delays, and Typical Development", de Grace T. Baranek, Fabian J. David, Michele D. Poe, Wendy L. Stone e Linda R. Watson, *Journal of Child Psychology and Psychiatry* 47, n° 6 (2006), 591-601.

Sobre se autistas sofrem da falta de uma "teoria da mente" ou se isso simplesmente é assimilação de deficits de fala ou outros problemas cognitivos, ver "Does the Autistic Brain Lack Core Modules?" de Morton Ann Gernsbacher e Jennifer L. Frymiare, *Journal of Developmental and Learning Disorders* 9 (2005), 3-16. Ver também "Can autistic children predict by social stereotypes?", de Lawrence Hirschfeld, Elizabeth Bartmess, Sarah White e Uta Frith, *Current Biology* 17, nº 12 (19 de junho de 2007), 451-52. O que acontece é que, sim, crianças autistas podem prever o comportamento social dessa maneira.

Sobre a visão de que a síndrome de Asperger é simplesmente uma forma de autismo, um bom artigo é "Diagnostic Assessment of Asperger's Disorder: A Review of Five Third-Party Rating Scales", de Jonathan M. Campbell, *Journal of Autism and Developmental Disorders* 35, nº 1 (fevereiro de 2005), 25-35. Ver também "Annotation: The Similarities and Differences Between Autistic Disorder and Asperger's Disorder: A Review of the Empirical Evidence", de E. Macintosh e Cheryl Dissanayake, *Journal of Child Psychology and Psychiatry* 45, nº 3 (2004), 421-34.

Sobre Craig Newmark e a síndrome de Asperger, ver www.cnewmark.com/2003/09 craigslist_docu.html.

Sobre Bram Cohen, ver "Do I Look Like a CEO?", de Susan Berfield, *BusinessWeek*, 27 de outubro de 2008, 46-49.

Ver *Late-Talking Children* (Nova York: Basic Books, 1997), de Thomas Sowell, e também *The Einstein Syndrome: Bright Children Who Talk Late* (Nova York: Basic Books, 2002), do mesmo autor.

Sobre "recuperação" do autismo, ver "Can Children with Autism Recover? If So, How?", de Molly Helt, Elizabeth Kelley, Marcel Kinshourne, Juhi Pandey, Hillary Borstein, Martha Herbert e Deborah Fein, *Neuropsychology Review* 18 (2008), 339-66. Para a citação de Fein com a estimativa de 20%, ver "My Son Was Autistic: Is He Still?", de Jayne Lytel, *Washington Post*, 18 de novembro de 2008. Sobre a instabilidade de diagnósticos precoces de autismo, ver "Variability in outcome for children with an ASD diagnosis at age 2", de Lauren M. Turner e Wendy L. Stone, *Journal of Child Psychology and Psychiatry* 48 (2007), 793-802.

Sobre Michelle Dawson e o teste de QI de matrizes progressivas de Raven, ver "The Level and Nature of Autistic Intelligence", de Michelle Dawson, Isabelle Soulières, Morton Ann Gernsbacher e Laurent Mottron, *Psychological Science* 18, n° 8 (2007), 657-62.

A citação de Belmonte é do seu ensaio "The Yellow Raincoat", em *Evocative Objects: Things We Think With* (Cambridge, MA: The MIT Press, 2007), de Sherry Turkle (org.), p. 73.

As citações do livro de Joshua Kendall sobre o Roget, *The Man Who Made Lists: Love, Death, Madness, and the Creation of Roget Thesaurus* (Nova York: G.P. Putnam's Sons, 2008), são das pp. 39, 40 e 277.

Na biografia de Buffett, ver *The Snowball: Warren Buffett and the Business of Life*, de Alice Schroeder (Nova York: Bantam, 2008), 53, 137, passim.

Sobre autistas e humor, ver "Humor in Autism and Asperger's Syndrome", de Victoria Lyons e Michael Fitzgerald, *Journal of Autism and Developmental Disorders* 34, n° 5 (outubro de 2004), 521-31.

A citação da dr. Sandi Chapman pode ser encontrada em "UTD Docs Use Online World to Treat Form of Autism", 9 de julho de 2008, cbslltv.com/local/aspergers.syndrome.treatment.2.767511.html.

O trecho de Jim Sinclair é retirado de "Some Thoughts About Empathy", web.syr.edu/%7Ejisincla/empathy.htm. A citação de Jason Seneca vem de seu ensaio "An Aspie's Guide to Everyone Else", em *Voices of Autism: The Healing Companion: Stories for Courage, Comfort and Strength*, organizado por The Healing Project (Nova York: LaChance Publishing, 2008), 113-18; ver p. 117.

Para a desmontagem da afirmação de que autistas são desprovidos de compaixão, ver "Toward a Behavior of Reciprocity", de Morton Ann Gernsbacher, atualmente em psych.wisc.edu/lang/pdf/gernsbacher_reciprocity.pdf, e também "Who Cares? Revisiting Empathy in Asperger's Syndrome", de Kimberley Rogers, Isabel Dziobek, Jason Hassenstab, Oliver T. Wolf e Antonio Convit, *Journal of Autism and Developmental Disorders* 37, n° 4 (abril de 2007), 709-15.

Sobre a complexa questão de quais traços precoces predizem desfechos autistas bem-sucedidos e fracassados, tais como inteligência ou conquistas futuras, ver

"Outcomes in Autism Spectrum Disorders", de Patricia Howlin, *Handbook of Autism and Pervasive Developmental Disorders* (citado acima), 201-22. Ver também "A Follow-Up Study of High-Functioning Autistic Children", de P. Szatmari, G. Bartolucci, R. Brenner, S. Bond e S. Rich, *Journal of Autism and Developmental Disorders* 19, n° 2 (1989), 213-25. Essa questão permanece não resolvida.

Sobre o *New York Times*, ver por exemplo "Who Do You Love?", de Liesl Schillinger, 13 de julho de 2008, e também "The Rank-Link Imbalance", de David Brooks, 14 de março de 2008. Não obstante, eu continuo fã desses dois excelentes autores.

O ensaio de Ganz está em *Understanding Autism: From Basic Neuroscience to Treatment*, org. de Steven O. Moldin e John L. B. Rubenstein (Nova York: Taylor and Francis, 2006). O livro de Bainbridge é *Beyond the Zonules of Zinn* (Cambridge, MA: Harvard University Press, 2008); ver p. 283.

Sobre como pais de crianças autistas mostram alguns traços parcialmente autistas, ver a obra de Simon Baron-Cohen, por exemplo, "Mathematical Talent is Linked to Autism", de Simon Baron-Cohen, Sally Wheelwright, Amy Burtenshaw e Esther Hobson, em *Human Nature*, no prelo; atualmente está na web em www.autismresearchcentre.com/docs/papers/2007_BC_etal_maths.pdf.

O Centre for Autism Research é uma boa fonte para muitos dos estudos de Baron-Cohen sobre temas relacionados.

Ver também sobre genética "Exploring the Cognitive Phenotype of Autism: Weak 'Central Coherence' in Parents and Siblings of Children with Autism: II. Reallife Skills and Preferences", de J. Briskman, U. Frith e F. Happé, *Journal of Child Psychology and Psychiatry and Allied Disciplines* 42 (2001), 309-16. Sobre algumas das questões genéticas por trás do autismo, ver "Genetic Influences and Autism", de Michael Rutter, *Handbook of Autism and Pervasive Developmental Disorders* (citado acima), 425-52. Recentes estudos incluem "Advances in autism genetics: On the threshold of a new neurobiology", de Brett S. Abrahams e Daniel H. Geschwind, *Nature Reviews Genetics* 9, maio de 2008, 341-55, e "Current Developments in the Genetics of Autism: From Phenome to Genome", de Molly Losh, Patrick F. Sullivan, Dimitri Trembath, e Joseph Piven, *Journal of Neuropathology and Experimental Neurology* 67, n° 9 (setembro de 2008), 829-37.

A transmissão do autismo geralmente origina-se de múltiplos genes em alguns sistemas complexos (i.e., autismo idiopático), novamente, com a possibilidade de gatilhos ambientais. Algumas formas menos comuns de autismo — autismo etiológico — têm causas ou associações específicas, tais como as falhas cromossômicas por trás da "síndrome do X frágil".

Sobre epidemiologia, ver "Epidemiological Studies of Pervasive Developmental Disorders", de Fombonne, em *Handbook of Autism and Developmental Disorders*, 3ª edição, vol. 1: "Diagnosis, Development, Neurobiology, and Behavior", organizado por Fred B. Volkmar, Rhea Paul, Arm Klin e Donald Cohen (Hoboken, NJ: John Wiley & Sons, 2005), 42-69.

Um estudo do autismo como um espectro é "Autistic Features in a Total Population of 7-9-year-old Children Assessed by the ASSQ", de Maj-Britt Posserud, Astri J. Landervold e Christopher Gilberg, *Journal of Child Psychology and Psychiatry* 47, nº 2 (2006), 167-75. Essa área continua inexplorada, mas tem atraído mais atenção.

CAPÍTULO 3: POR QUE A CULTURA MODERNA É COMO O CASAMENTO, EM TODA A SUA GLÓRIA

Sobre fragmentos curtos, ver *The Age of American Unreason* (Nova York: Pantheon Books, 2008), de Susan Jacoby, pp. 257-59. Sobre anúncios de rádio e YouTube, ver *Meatball Sundae: Is Your Marketing Out of Sync?* (Nova York: Portfolio, 2007), de Seth Godin, pp. 96-100. A webpage com informação sobre fragmentos curtos chama-se "Short Is In": kk.org/ct2/2008/03/short-is-in.php.

Sobre os principais websites, ver www.alexa.com/site/ds/top_500.

Sobre o Efeito Flynn, ver por exemplo *What Is Intelligence? Beyond the Flynn Effect* (Cambridge, Reino Unido: Cambridge University Press, 2007), de James T. Flynn.

Para o ensaio de Mark Bittman, ver "I Need a Virtual Break. No, Really", *New York Times*, 2 de março de 2008.

Sobre a noção de colapso de filtro, ver "Interview with Clay Shirky, Part I", *Columbia Journalism Review*, 19 de dezembro de 2008, www.cjr.org/overload/ interview_with_clay.shirky_par.php, assim como a obra de Shirky de maneira mais geral.

Sobre produtividade aprimorada na alternância de tarefas, ver "Task switching training and transfer in two switching paradigms: Transferable improvement in global, but not local switch costs", de Meredith Minear e Priti Shah, *Memory & Cognition* 36 (2008), 1470-83.

Para uma discussão de Twist e Twitter, ver o blog de Jason Kottke, www.kottke.org/08/10/twitter-trends.

CAPÍTULO 4: MENSAGEM INSTANTÂNEA, CELULARES E FACEBOOK

Meu livro preferido de Harold Innis é *The Bias of Communication*, 2ª ed. (Toronto: University of Toronto Press. 2008). Para Leonard Dudley, ver *The Word and the Sword: How Techniques of Information and Violence Have Shaped Our World* (Oxford: Blackwell, 1991).

O diálogo na MI é citado em "How Does Instant Messaging Affect Interaction Between the Genders?", de Christine Lee, atualmente em www.stanford.edu/class/pwr3-25/group2/pdfs/IM_Genders.pdf.

Sobre a letra "C", ver "The Internet: Communication Corruptor or Language Liberator?", *Journal of Young Investigators*, www.jyi.org/features/ft.php?id=258.

Sobre MI e interrupções no local de trabalho, ver *Science Daily*, "Instant Messaging Proves Useful in Reducing Workplace Interruptions", 4 de junho de 2008, sciencedaily.com/releases/2008/06/080603120251.htm,

Para parte do material sobre torpedos, ver "Insights into the Social and Psychological Effects of Text Messaging", de Donna e Fraser Reid, versão preliminar, Universidade de Plymouth, 2004, www.160characters.org/documents/SocialEffectsOfTextMessaging.pdf.

Sobre encontros "ao vivo", ver "Family Ties: Kith and kin get closer, with consequences for strangers", *Economist*, 12-18 de abril de 2008, 11-15, suplemento especial sobre telecomunicação móvel.

Sobre a analogia entre "twittar" e uma conversa de bar, ver confusedofcalcutta. com/2007/12/23/a-sideways-look-at-twitter-in-the-enterprise/.

Sobre Frederic Brochet, experimentos com vinho e trabalhos relacionados, ver Jonah Lehrer, "Grape Expectations: What Wine Can Tell Us About the Nature of Reality", *Boston Globe*, 24 de fevereiro de 2008.

Para Adam Smith sobre validação social, ver *The Theory of Moral Sentiments*, parte 3.

Sobre autossemelhança, ver "Names That Match Forge a Bond on the Internet", de Stephanie Rosenbloom, *The New York Times*, 10 de abril de 2008.

CAPÍTULO 5: BUDA COMO SALVADOR E O PROFESSOR COMO XAMÃ

Para algumas das obras mais sérias sobre budismo na língua inglesa, ver por exemplo *Introduction to Tibetan Buddhism* (Ithaca, NY: Snow Lion Publications, 1995), de John Powers, *Secret of the Vajra World: The Tantric Buddhism of Tibet* (Boston: Shambhala, 2001), de Reginald A. Ray, e *Tantra in Practice* (Princeton: Princeton University Press, 2000), de David Gordon White (org.). Para um interessante tratamento integrando o conceito budista de atenção plena com neurologia, ver *The Mindful Brain: Reflection and Attunement in the Cultivation of Well-Being* (Nova York: W.W Norton, 2007), de Daniel J. Siegel. O recente *Asperger's Syndrome and Mindfulness* (Londres e Filadélfia: Jessica Kingsley Publishers, 2009), de Chris Mitchell, examina o que indivíduos *aspies* podem aprender com o budismo.

Para o relato de Sue Ruhin, ver seu fascinante ensaio "A Conversation with Leo Kanner", em *Autism and the Myth of the Person Alone* (Nova York: New York University Press, 2005), de Douglas Biklen (org.).

A biografia de Fischer Black por Perry Mehrling é *Fischer Black and the Revolutionary Idea of Finance* (Nova York: Wiley, 2005); ver pp. 245-46. O post de Ed Boyden pode ser encontrado em seu blog: "How to Think: Managing

Brain Resources in an Age of Complexity", 13 de novembro de 2007, www.
technologyreview.com/blog/boyden/21925/.

Para uma discussão de MyLifeBits, ver www.marginalrevolution.com/marginalrevolution/2007/02/in_case_you_for.html.

O melhor lugar para ler sobre os debates acerca de Wikipédia e classificação é meta.wikipedia.org.

A história de Keillor é tirada de um artigo na web sobre a psicologia de colecionar; ver boards.collectors-society.com/ubbthreads.php/ubb/showflat/Number/1449381/site_id/l#import, por sua vez extraída de "Call them what you will — obsessive compulsive eccentrics, materialist philosophers or pack-rat artists — collectors' 'unruly passions' make sense of our world", de Steve Winn, *San Francisco Chronicle*, 15 de dezembro de 2003.

A citação de Fauron é de *The System of Objects* (Londres: Verso Books, 1996), de Jean Baudrillard, p. 94.

Sobre George Veley, ver "Mister Universe: What Makes Someone Want to Be the World's Most Traveled Man?", de Rolf Potts, *New York Times Magazine*, 16 de novembro de 2008, 84-87.

As questões do teste educacional são de *Real Education: Four Simple Truths for Bringing America's Schools Back to Reality* (Nova York: Crown Forum, 2008), de Charles Murray, pp. 36-37.

Sobre devaneios e estados de descanso mental no autismo, ver "Failing to deactivate: resting functional abnormalities in autism", *Proceedings of the National Academy of Sciences* 103, nº 21 (23 de maio de 2006), de Daniel P. Kennedy, Elizabeth Redcay e Eric Courchesne, pp. 8275-80.

O foco maior dos autistas exige qualificação. Frequentemente os autistas podem ser menos focados se são distraídos e, sob alguns aspectos, são mais facilmente distraídos do que não autistas; lembra da discussão da reação de surpresa? Para uma discussão dessa questão, ver *Autism Spectrum Disorders: Psychological Theory and Research* (citado acima), de Dermot Bowler, pp. 115-17. De qualquer forma, pode-se pensar nos neurotípicos como tentando, por meio da educação, obter o foco máximo de atenção encontrado em muitos autistas.

Para o número do Ministério da Educação, ver www.ed.gov/about/overview/ budget/budget03/summary/appl/edlite-index.html.

CAPÍTULO 6: A NOVA ECONOMIA DAS HISTÓRIAS

Pode-se encontrar o ensaio de Schelling em seu *Choice and Consequence: Perspectives of an Errant Economist* (Cambridge, MA: Harvard University Press, 1984). Sobre histórias, também sou muito influenciado por *Religion Explained* (Nova York: Basic Books, 2002), de Pascal Boyer, e *Comeuppance: Costly Signaling, Alltruistic Punishment, and Other Biological Components of Fiction* (Cambridge, MA: Harvard University Press, 2008), de William Flesch. Também é importante *Lives We Live By: The Art of Self Deception* (Londres: Bloomsbury, 2001), de Eduardo Gianetti.

A citação de Fernando Pessoa é de *The Book of Disquiet* (Nova York: Penguin Books, 1998), de Fernando Pessoa, p. 252. Pessoa oferece muitas ideias de interesse para este livro.

Sobre o título de García Márquez, o original espanhol é *La vida no es la que uno vivió, sino la que uno recuerda y cómo la recuerda para contarla*.

Sobre o papel da escassez nas histórias de Harry Potter, ver "Harry Potter: The Economics", de Megan McArdle, *Guardian*, 20 de julho de 2007, www.guardian.co.uk/commentisfree/2007/jul/20/harrypottertheeconomics.

Para a citação de Dante, ver *Paradiso*, canto XXIV, 25-27, traduzido por Robert e Jean Hollander (Nova York: Anchor Books, 2007).

Sobre memória episódica pessoal mais fraca no autismo, ver "Episodic memory and autonoetic consciousness in autistic spectrum disorders: The roles of self-awareness, representational abilities and temporal cognition", de Sophie Lind e Dermot Bowler, em *Memory in Autism*, organizado por Jill Boucher e Dermot Bowler (Cambridge, UK: Cambridge University Press, 2008), pp. 66-187.

Sobre autismo e histórias, ver "Narrative Role-Taking in Autism", de Rosa M. Garcia Perez, R. Peter Hobson e Anthony Lee, *Journal of Autism and Developmental Disorders* 38, n° 1 (janeiro de 2008), pp. 156-68. Sobre sonhos, ver "Dream Content Analysis in Persons with an Autism Spectrum Disorder", de Anne-Marie Daoust, Félix-Antoine Lusignan, Claude M. J. Braun, Laurent Mottron e Roger Godbout, *Journal of Autism and Developmental Disorders* 38, n° 4 (abril de 2008), pp. 634-43. Para uma visão radical (e, para mim, exagerada) sobre autismo e histórias, ver "Human, but More So: What the Autistic Brain Tells Us about the Process of Narrative", de Matthew K. Belmonte, em *Autism and Representation*, organizado por Mark Osteen (Nova York: Routledge, 2008), pp. 166-79.

O trecho de Jim Sinclair é de "Some Thoughts About Empathy", web.syr. edu/%7Ejisincla/empathy.htm.

A matéria da CNN.com é "Looking for Hope in the Ashes", de Madison Park, 19 de novembro de 2008, vww.cnn.com/2008/HEALTH/conditions/11/18/autism.california.fire/index.html.

A citação de Pessoa é da p. 153 de *The Book of Disquiet* (Nova York: Penguin Books, 1998), de Fernando Pessoa.

CAPÍTULO 7: HERÓIS

Para as citações das histórias de Sherlock Holmes, achei mais fácil manter as citações diretas no texto. Todas as citações são da edição *Sherlock Holmes: The Complete Novels and Stories*, vols. 1 e 2 (Nova York: Bantam Dell, 2003).

The Genesis of Artistic Creativity: Asperger Syndrome and the Arts (Filadélfia: Jessica Kingsley Publishers, 2005), de Michael Fitzgerald, capítulo 6, é a principal fonte discutindo as relações entre Doyle, Holmes e a síndrome de Asperger. Para o argumento de que personagens dos romances de Jane Austen se encaixam no espectro autista, ver *So Odd a Mixture: Along the Autistic Spectrum in Pride and Prejudice* (Filadélfia: Jessica Kingsley Publishers, 2007), de Phyllis Ferguson Bottomer.

Sobre correspondência para Holmes e a popularidade do personagem, ver en.wikipedia.org/wiki/221B_Baker_Street. Sobre as sociedades Sherlock Holmes, ver *The Adventures of Arthur Conan Doyle* (Londres: Harvill Secker, 2008), de Russell Miller, p. 4.

INDICAÇÃO DE LEITURAS E REFERÊNCIAS 231

Para discussões sobre os métodos de raciocínio de Holmes, ver *The Sign of Three: Dupin, Holmes, Peirce* (Bloomington: Indiana University Press, 1983), de Umberto Eco e Thomas A. Sebeok, orgs. Ver também *The Secret Marriage of Sherlock Holmes and Other Eccentric Readings* (Ann Arbor: University of Michigan Press, 1996), de Michael Atkinson, p. 107. Para a discussão de Doyle sobre o personagem Holmes dentro de si mesmo, ver sua autobiografia, *Memories and Adventures* (Boston: Little, Brown, and Company, 1924), pp. 94-95, e sobre a descrição de Adrian Conan Doyle sobre o pai, ver *The True Conan Doyle* (Nova York: Coward-McCann, 1946), de Adrian Conan Doyle, pp. 18-19, e também *Naked Is the Rest Disguise: The Death and Resurrection of Sherlock Holmes* (Nova York: Penguin Books, 1974), de Samuel Rosenberg, pp. 15-16. Sobre a entrevista particular, ver *Sherlock Holmes and His Creator* (Nova York: St. Martin's Press, 1977), de Trevor H. Hall, pp. 87-88, mais o livro de Adrian Conan Doyle. Ver também *Conan Doyle: A Biography* (Nova York: Holt, Rinehart, and Winston, 1967), de Pierre Nordon, capítulo 15.

A edição padrão em inglês de Hesse, da qual eu retirei os números das páginas, é *The Glass Bead Game: A Novel* (Nova York: Picador, 2002), de Hermann Hesse. Para um relato das crises de Hesse na infância, ver também *Hermann Hesse: Pilgrim of Crisis* (Nova York: Pantheon Books, 1978), de Ralph Freedman, capítulo 1. Para outras informações biográficas sobre Hesse, ver *"... A Poet or Nothing At All": The Tübingen and Basel Years of Hermann Hesse* (Providence: Berghahn Books, 1996), de Richard C. Helt, pp. 21-22 (a citação do pai é da p. 21), e ver também *Hermann Hesse* (citado acima), de Ralph Freedman, pp. 46-48.

Um livro que "joga o jogo do diagnóstico" é *Genius Genes: How Asperger Talents Changed the World* (Shawnee Mission, KS: APC, 2007), de Michael Fitzgerald e Brendan O'Brien. Sobre Glenn Gould, ver *Glenn Gould: The Ecstasy and Tragedy of Genius* (Nova York: W. W. Norton and Co., 1997), de Peter F. Ostwald.

Sobre a visão de Adam Smith de *Teoria dos sentimentos morais*, ver *The Life of Adam Smith* (Oxford: Clarendon Press, 1995), de Ian Simpson Ross, p. 177.

Para várias obras com informação biográfica sobre Smith, ver adamsmithslostlegacy.com/2008/3/adam-smith-and-tourettes-syndrome.html. Sobre Stewart, ver *Adam Smith as Student and Professor* (Nova York: Augustus M. Kelley,

1965), de William Robert Scott, p. 77. A citação de John Rae é de *Life of Adam Smith*, de John Rae, capítulo 17, online em www.econlib.org/librarv/YPDBooks/Rae/raeLSl7.html#Chapter%2017. E de Stewart, ver "Account of the Life and Writings of Adam Smith", de Dugald Stewart, republicado em *Adam Smith: Essays on Philosophical Subjects* (Indianápolis: Liberty Classics, 1976), de W.P.D. Wightman e J. C. Bryce (orgs.), p. 330. Note também que Vernon Smith, em *Rationality in Economics: Constructivist and Ecological Forms* (Cambridge, Reino Unido: Cambridge University Press, 2007), pp. 18-19, especula sobre uma relação entre Smith e a síndrome de Asperger.

Sobre Jared Blackburn, Jared é autista e a discussão é retirada da Autism Europe's Conference 2000. Você encontrará a discussão aqui: autistics.org/library/AE2000-ToM.html; uma referência impressa incompleta também é dada: "A Discussion About Theory of Mind: From an Autistic Perspective", de J. Blackburn, K. Gottschewski, Elsa George e Niki L, *Proceedings of Autism Europe's Sixth International Congress*, Glasgow, Escócia, 19-21 de maio de 2000. Atualmente há uma versão online aqui: www.autistics.org/library/AE2000-ToM.html.

Sobre Smith e distância, tenho uma dívida para com um ensaio não publicado de Maria Pia Paganelli, da Universidade Yeshiva, intitulado "The Moralizing Role of Distance in Adam Smith", 2008.

CAPÍTULO 8: O BELO NÃO É O QUE VOCÊ IMAGINA

Sobre Kiriana Cowansage, ver "An Aspic in the City", de Carlin Fiora, *Psychology Today*, novembro/dezembro de 2006. Acessado online: http://www.psychologytoday.com/articles/index.php?term=pto-4197.html&fromMod =emailed.

Sobre música e neurologia, algumas fontes úteis são *The Musical Mind: The Cognitive Psychology of Music* (Oxford: Clarendon Press, 1985), de John A. Sloboda, e *The Cognition of Basic Musical Structures* (Cambridge, MA: MIT Press, 2001), de David Temperly.

Sobre amusia, ver a obra de Isabelle Peretz, por exemplo, seu ensaio online "Musical Disorders from Behavior to Genes", www.psychologicalscience.org/journals/cd/17_5_inpress/Peretz.pdf.

Sobre autismo e diapasão, ver "Autism and pitch processing splinter skills: A group and subgroup analysis", de Pamela Heaton, Kerry Williams, Omar Cummins e Francesca Happé, *Autism* 12, n° 2 (2008), pp. 203-19. Ver também "Enhanced Pitch Sensitivity in Individuals with Autism: A Signal Detection Analysis", de Anna Bonnel, Laurent Mottron, Isabelle Peretz, Manon Trudel, Erick Gallun e Anne-Marie Bonnel, *Journal of Cognitive Neuroscience* 15, n° 2 (2003), pp. 226-35.

Sobre a correlação entre ouvido absoluto e excêntricos, ver "Autism-Related Language, Personality, and Cognition in People with Absolute Pitch: Results of a Preliminary Study", de Walter A. Brown, Karen Commuso, Henry Sachs, Brian Winklosky, Julie Mullane, Raphael Bernier, Sarah Svenson, Deborah Arin, Beth Rosen-Sheidley e Susan E. Folstein, *Journal of Autism and Developmental Disorders* 33, n° 2 (abril de 2003), pp. 163-67.

Sobre o fato de que autistas não mostram capacidade abaixo da média para perceber emoção na música, ver "Can children with autistic spectrum disorders perceive affect in music? An experimental investigation", de P. Heaton, B. Hermelin e L. Pring, *Psychological Medicine* 29, n° 6 (1999), pp. 1405-10.

Ver "Music critic describes life with Asperger's syndrome", de Rebecca Delaney, *Columbia Missourian*, 13 de março de 2008, www.columbiamissourian.com/stories/2008/03/13/music-critic-describes-life-wth-aspergers-syndrome/.

Sobre Oe, ver *The Music of Light: The Extraordinary Story of Hikari and Kenzaburo Oe* (Nova York: The Free Press, 1998), de Lindsley Cameron. A citação do crítico está na p. 125.

Sobre cognição e música atonal, ver "Is Twelve-Tone Music Artistically Defective?", de Diana Raffman, *Midwest Studies in Philosophy* (2003), pp. 69-87, e a literatura analisada ali. Uma obra clássica é *Cognitive Foundations of Musical Pitch* (Nova York: Oxford University Press, 1990), de C. L. Krumhansl, e também "The Perception of Tone Hierarchies and Mirror Forms in Twelve-Tone Serial Music", de C. L. Krumhansl, G. J. Sandell e D. C. Sergeant, *Music Perception* 5, n° 1 (1987), pp. 31-78. Ver também "The cognitive reality of hierarchic structure in tonal and atonal music", de Nicola Dibben, *Music Perception* 12 (1994), p. 125. Também tenho dívidas pela correspondência para com Helen Daynes a respeito de sua obra não publicada em áreas relacionadas e por comentários de Eric Lyon.

As opiniões de Arthur Danto sobre a caixa de Brillo e questões relacionadas podem ser encontradas no seu *Beyond the Brillo Box: The Visual Arts in Post-Historical Perspective* (Berkeley: University of California Press, 1998).

A citação de Asperger é do ensaio de Hans Asperger "Autistic Psychopathy in Childhood", republicado em *Autism and Asperger Syndrome* (Cambridge, Reino Unido: Cambridge University Press, 1991), de Uta Frith (org.), pp. 37-92; a citação específica vem das pp. 72-73.

CAPÍTULO 9: POLÍTICA AUTISTA

Sobre a questão da objetividade, ver "Practical implications of memory characteristics in autistic spectrum disorders", de Rita R. Jordan, em *Memory and Autism*, organizado por Jill Boucher e Dermot Bowler (Cambridge, Reino Unido: Cambridge University Press, 2008), pp. 293-310; a citação em si está na p. 305. Sobre o experimento econômico, ver "Explaining Enhanced Logical Consistency During Decision Making in Autism", de Benedetto de Martino, Neil A. Harrison, Steven Knafo, Geoff Bird e Raymond J. Dolan, *Journal of Neuroscience* 28, nº 42 (15 de outubro de 2008), pp. 10746-50.

Para a obra de Hayek sobre neurologia, ver *The Sensory Order: An Inquiry into the Foundations of Theoretical Psychology* (Chicago: University of Chicago Press, 1963 [1952]).

Sobre os ensinamentos de Kant, ver *Immanuel Kant's Moral Theory* (Cambridge, Reino Unido: Cambridge University Press. 1989), de Roger J. Sullivan, p. 1; *Kant: A Biography* (Cambridge, Reino Unido: Cambridge University Press), de Manfred Kuchn, pp. 270-73, é um lugar para se encontrar histórias pessoais sobre Kant.

Sobre George Mikes e filas, ver *Queuing for Beginners: The Story of Daily Life from Breakfast to Bedtime* (Londres: Profile Books, 2008), de Joe Moran, p. 61.

CAPÍTULO 10: O FUTURO DO UNIVERSO

Sobre tecnologia da informação usada por autistas para se comunicarem, um livro é *Getting IT: Using Information Technology to Empower People with Communication Difficulties* (Filadélfia: Jessica Kingsley Publishers, 2006), de Dinah Murray e Ann Aspinall.

Ver *Starmaker* (Nova York: St. Martins Press, 1987 [1937]), de Olaf Stapledon, pp. 34-35

Sobre a história de Tony Attwood, ver *American Nerd: The Story of My People* (Nova York: Scribner, 2008), de Benjamin Nugent, p. 146.

Para Grandin sobre o Japão, ver *The Way I See It: A Personal Look at Autism and Asperger* (Arlington, TX: Future Horizons, 2008), de Temple Grandin, p. 222.

Sobre a Finlândia, ver *Finland, Cultural Lone Wolf* (Boston: Intercultural Press, 2007), de Richard D. Lewis.

Jonathan Sacks é citado em *The Bourgeois Virtues: Ethics for an Age of Commerce* (Chicago: University of Chicago Press, 2007), de Deirdre N. McCloskey, p. 30.

A ideia de manipular estrelas para torná-las visíveis a distância eu tomei emprestada de Robin Hanson. Sobre o anúncio de Doritos, ver freakonomics.blogs.nytimes.com/2008/03/19/et-the-entrepreneur/.

O post sobre o Paradoxo de Fermi pode ser encontrado no meu blog: www.marginalrevolution.com/marginalrevolution/2008/05/the-fermi-parad.html.

AGRADECIMENTOS

Tenho muitas dívidas, incluindo, é claro, com Kathleen Fasanella. Gostaria de agradecer particularmente a Michelle Dawson por seus comentários sobre o manuscrito e também por me ajudar a entender as recentes pesquisas sobre autismo. Bryan Caplan ofereceu úteis observações sobre o texto, assim como "Autism Diva", Seth Roberts e minha mulher, Natasha. Partes do capítulo 3 provêm de antigas conversas com Sahar Akhtar. Yana Chernyak prestou auxílio com algumas das ideias do capítulo 4. Agradeço a Erik Lyon e Kiriana Cowansage pelas proveitosas correspondências e ideias sobre música e estética. Os comentários e críticas da minha agente, Teresa Hartnett, e do editor Stephen Morrow foram inestimáveis ao longo de todo o processo. Eu me apoiei em observações e conversas com muitas outras pessoas, mas como não tenho certeza se todas elas desejam ser identificadas neste contexto vou oferecê-las um imenso obrigado coletivo.

ÍNDICE REMISSIVO

8hands.com, 18
"A Mente como um Órgão Consumidor" (Schelling), 119-120, 138
abdução, 155
acesso
  a conteúdo na web, 54, 57
  à cultura, 49-51, 68-69
  custos de, 51, 57, 68
aculturação, 108, 112, 113
adolescentes, 79
adultos com autismo, 45
afiliações, 91
Alchian, Armen A., 56
Alcoólicos Anônimos, 89
Alexa.com, 54
Alighieri, Dante, 129
Allen, William R., 56
almoço, duração do, 51
Alucinações musicais (Sacks), 174
Amazon.com, 54, 69, 89
amizade, 86, 89, 200
amusia, 175
analgésicos, 86
Anarquia, Estado e utopia (Nozick), 142
Andersen, Hans Christian, 164
AOL, 54

Argentina, 199
Ariely, Dan, 85, 125
Asperger, Hans, 37, 183
atenção plena, 98, 110
Atkinson, Michael, 155
Attwood, Tony, 205
Austrália, 200
autenticidade, 142-144
autismo e indivíduos autistas, 25-48
  como perfil cognitivo, 28, 188
  comportamentos e traços associados com, 39-40 (*ver também características específicas*)
  critérios de diagnóstico para, 47
  definindo, 27, 33, 48
  e budismo, 96-98
  e comunicação, 30, 44, 79, 133, 165, 204, 209
  e educação, 109, 11-113, 116, 200
  e política, 188-194, 196, 201
  forças cognitivas associadas com, 25, 27-29, 31, 33, 39, 47-48, 63, 164, 183
  fraquezas cognitivas associadas com, 29-30, 37, 45, 63, 163
  hostilidade social em relação ao, 47

índices de, 45-46
inteligência social e interações, 30-31, 36, 40-43, 167, 204 e histórias, 130-133, 135-36, 140
mobilizando talentos do, 206
na ficção, 147-48, 158-163 (*ver também* Holmes, Sherlock)
percepção pública do, 26, 32, 40-42, 172, 212-213
pessoas bem-sucedidas com, 33-39, 163-165, 175-177
"recuperação" de, 36
variação de resultados no, 31, 33, 47
Ver também síndrome de Asperger; neurodiversidade
autoestimulação, 40, 165
autonarrativas, 136
autossemelhança, 91
aversão à perda, 189-190

Baggs, Amanda, 43
Bailenson, Jeremy, 91
Bainbridge, David A., 43
Barber, Benjamin H., 191
Baron-Cohen, Simon, 33, 34
Bartók, Béla, 164
Bedpost.com, 21
beleza, 49. *Ver também* valores estéticos
Bell, Gordon, 101
Bell, Joseph, 158
Belmonte, Matthew, 38
bens, 139-140
bibliotecas, 51
Bildungsroman (história de desenvolvimento da vida), 121
Bittman, Mark, 63
BitTorrent, 34
Black, Fischer, 99-100
Blackburn, Jared, 167

Blogger.com, 54
blogs, 43, 77, 81, 90, 92
Bola de neve: Warren Buffet e o negócio da vida, A (Schroeder), 39
bolhas do mercado imobiliário, 138
Bollywood, 128
Boswell, James, 166
Bourdieu, Pierre, 173
Boyden, Ed, 100
Brafman, Ori, 126
Brafman, Rom, 126
Brightkite.com, 21
Brochet, Frederic, 84
budismo tântrico, 103
budismo, 95-99, 102, 107, 185
Buffett, Warren, 39
Burke, Edmund, 196
buscas, 127-129

Canadá, 200
Carr, Nicholas, 61
Carroll, Lewis, 164
casamento, 209
catástrofe na arte, 171
Cavendish, Henry, 164
celulares, 78, 81
Cervantes Saavedra, Miguel de, 122
Chapman, Sandi, 41
Chile, 199-200
Chopra, Deepak, 104
Cícero, 93
ciência, 99
civilizações avançadas, 215-218
CNN.com, 135
Cohen, Bram, 34
coleções, 104-105, 107
comércio, 209
compaixão por outros, 41-43
competição, 93, 141

ÍNDICE REMISSIVO

complementos, problema dos, 105
componente genético do autismo, 44
comportamento autolesivo, 40
comportamento governado por regras, 199-201
comunicação escrita, 205. *Ver também* mídia impressa
comunicação oral, 30, 43
comunicação, 71-93
   comunicação escrita, 43, 205
   comunicação oral, 30, 43
   e autistas, 30, 41, 43, 79, 133, 165, 204, 209
   e efeitos de enquadramento, 83-88, 93
   e-mail, 72-74, 76, 83
   Facebook, 86-89
   importância do meio, 71, 73, 75
   MI, 72-77, 88
   microblogs, 71
   mídia impressa, 51, 72, 194
   RSS (Really Simple Syndication), 90
   torpedos, 77-79
concentração. *Ver* foco
conexões políticas, 92
conferência de Autreat, 151
construção de comunidade, 206
contato visual, 40, 45
controle de informação, 14
coordenação, 133-134
corrupção, 201
cosmopolitismo, 190-194, 196
Cowansage, Kiriana, 169-171, 181
Cowen, Tyler (menino de nove anos), 91
Craigslist, 34, 54
crianças com autismo, 45
crianças que aprendem a falar tarde, 35
criatividade, 65
Crítica da razão pura (Kant), 198
cultura

acesso a, 49-51, 67-69
alfabetização cultural, 66
cultura de pedacinhos, 51, 57-58
custos da, 50
diversidade na, 192, 209-212
e aculturação, 108-109
e efeito menor denominador comum, 134
e MI, 76
e multitarefa, 58-60, 63
e períodos de atenção, 60-62
e sobrecarga de informação, 58
efeito da internet sobre a, 54
feiura da, 49, 66, 68-69
misturas montadas de, 58-59, 63-65, 71, 73, 153
montagem de, 49, 52-56
romance comparado a, 50, 66-68
termo, 49-50
valor em, 19
vício em, 62

dados sensoriais, hierarquia de, 22
dalai lama, 96-97, 99, 154
Danto, Arthur, 185
Darwin, Charles, 35, 164
Dawson, Michelle, 36-37
De Martino, Benedetto, 189
Declaração da Independência, 193
Delicious, 20
democracia, 200
Departamento de Educação (EUA), 111
desequilíbrios de gênero, 64
devaneios, 121
Dickinson, Emily, 164
dificuldades experimentadas por autistas, 112, 204
Digg, listas do, 62
Dirac, Paul, 35, 164

discriminação contra autistas, 190, 212-213
discurso, modo de, 40
Distinção: crítica social do julgamento, A (Bourdieu), 173
diversidade, 192
divisão do trabalho, 207-208
"Do Padrão de Gosto" (Hume), 173
Dom Quixote (Cervantes), 122
Don Giovanni (Mozart), 64, 66
Donohoo, Mark, 12
Doyle, Sir Arthur Conan, 148, 152, 153, 154, 158
Dudley, Leonard, 71
Dylan, Bob, 164
Dyson, Esther, 56

eBay, 54, 89
Eco, Umberto, 155
ecolalia, 40, 166
economia comportamental, 125-127
economia de mercado, 194
economia, 123-127, 130, 196
Edison, Thomas, 35, 164
educação, 107-117
 e aculturação, 108-109
 e foco, 110, 116
 e habilidades cognitivas autistas, 109, 111-113, 116, 207
 e instrução cara a cara, 113-117
 e valores estéticos, 173
 limites da, 203
 taxa de retorno na, 116
efeito da dotação, 189, 192
efeito menor denominador comum, 134
efeito placebo, 85, 88, 116
efeitos de enquadramento
 definidos, 16
 e autistas, 190

e comunicação, 83-89
e Facebook, 86-89
e interesses articuláveis, 93
e máquina da experiência, 143
e ordenação mental, 16
Einstein, Albert, 35, 164
email, 59, 83
e-memory, 101
emprego, 75
engenharia, 34
enólogos, 84-85
Equação de Drake, 215
escassez, 127
escolha na margem, 143, 144, 145
Estados Unidos, 206
estereótipos do autismo, 27, 30, 136
estoicismo, 86, 125
ética, códigos de, 193
everytrail.com, 21
expectativas, 67, 86, 125
"Explicando a Consistência Lógica Ampliada Durante a Tomada de Decisão no Autismo" (De Martino *et al.*), 189

Facebook
 e civilizações avançadas, 218
 e efeitos de enquadramento, 86-89
 e ordenação mental, 17, 21-22
 grupos no, 90-91
 popularidade do, 54
Fasanella, Kathleen, 11
Fauron, M., 106
FeedDemon, 90
Fein, Deborah, 36
Feiticeira, A, 129
feiura da cultura contemporânea, 49, 66, 68-69

ÍNDICE REMISSIVO 243

Feldman Morton, 52
Fermi, Enrico, 214
figuras históricas, 163, 165
filmes, 115, 134
Finding Angela Shelton (Shelton), 90
Finland: Cultural Lone Wolf (Lewis) 211
Finlândia, 210-211
Flickr, 18
foco
  de Adam Smith, 165
  de autistas, 96-97, 111-112
  e educação, 110, 116
folksonomia, 20
Força do absurdo, A (Brafman and Brafman), 126
fotografias, 20
"fraca coerência central" dos autistas, 30
Freud, Sigmund, 105, 175
Friedman, Milton, 175
FriendFeed, 18
Fundamentos da liverdade, Os (Hayek), 194
Fuser, 18
fuzileiros navais dos EUA, 109

Ganz, Michael L., 43
Garmin Forerunner 305 GPS, 21
Gates, Bill, 35
Gathera, 18
Gödel, Kurt, 195
Gogh, Vincent van, 35, 164
Google Earth, 20, 132
Google Reader, 90
Google Sky, 20
Google
  e códigos de vestimenta, 131
  e interesses articuláveis, 92
  e ordenação mental, 22
  e períodos de atenção, 60-62
  popularidade do, 54
Googlegänger, 90
Gore, Thomas, 34
Gould, Glenn, 35, 164
Grande Depressão, 7
Grandin, Temple, 34, 175, 207, 210
grupo de discussão Asperger's LiveJournal, 44
grupos, 91
Guerra do Iraque, 123
guerra, 190
Guevara, Ernesto "Che", 175
Guinness World Records, 107

hábitos alimentares, 40
Halberstadt, Alemanha, 52
Handbook of Autism and Pervasive Developmental Disorders, 46
Hanson, Robin, 187
Harlequin, romances da, 128
Harry Potter, série, 129, 133
Hart-Davis, Guy, 15
Hassan, Mohammed, 90
Hayek, Friedrich A., 194-197
Heidegger, Martin, 142
Heródoto, 192
Hesse, Hermann, 159-160, 162-163
hierarquias sociais, 196
histórias, 119-145
  buscas, 127-129
  consumo de, 121
  e a máquina de experiências, 142-145
  e autistas, 130, 140
  e natureza da vida delimitada por histórias, 122
  e pontos focais, 131-133, 136
  economia das, 130
  funções duplas e conflitantes das, 136-139

importância social nas, 131, 133
na literatura, filmes e televisão, 128-129
papel das, 130
poderes manipuladores das, 139-140
questão de simplificação excessiva nas, 133-136
Ver também literatura
Hofstetter, Steve, 17
Holmes, Mycroft (personagem ficcional), 150-152
Holmes, Sherlock (personagem ficcional), 148-162
   inteligência social e interações de, 149, 153-155
   irmão de, 150-152
   meticulosidade de, 149, 157
   personalidade orientada para o detalhe de, 148, 155, 157
   poderes de raciocínio de, 151-152, 155
   sucesso comercial da série, 155, 162
Holt, Molly, 36
Homo ordo, 22
House, 153
House, Gregory (personagem ficcional), 153
HowManyOfMe, website, 90
HTML, 77
Hume, David, 173-174, 197
humor, 40
Hussain, Zakir, 181
Hussein, Saddam, 123, 124

identidade, 122, 134, 136-137
Iêmen, 208
ilusão, 143, 145
ilusões de ótica, 28
incentivos, 123, 125
Inferno (Dante), 129
informação, 57-58, 62

infóvoros, 12-13, 16, 19, 52
Innis, Harold, 71
inteligência animal, 215
inteligência
   e autismo e indivíduos autistas, 28-29, 31, 37
   e Google, 61
   e multitarefa, 59-60
   inteligência animal, 215
   não humana, 214-218
interesses articuláveis, 92
interioridade, 119, 214, 217-218
internet. Ver web
introversão, 35, 40
intuição, 155
iPhones
   e autistas, 204
   e formatos de comunicação, 77
   e pedacinhos de cultura montados, 66
   e pontos focais, 132
   e valores estéticos, 186
iPods, 14-16, 65, 86, 89
Irã, 123
iTunes, 14, 15, 16, 51

Jaiku, 80
James, Jamie, 177
Japão, 79, 200, 209-210
Jefferson, Thomas, 35, 164, 194
Jogo das contas de vidro, O (Hesse), 159-160, 163
Johnson, Samuel, 35, 164
Jordan, Rita R., 188
Joyce, James, 164

Kant, Immanuel, 197-199
Keillor, Frank, 105
Kendall, Joshua, 38

ÍNDICE REMISSIVO

Kidmondo, 18
Kindle, 50, 69
Klein, Naomi, 191
Knecht, Joseph (personagem ficcional), 159-162
Krugman, Paul, 113

Laboratório de Interação Humana Virtual, 91
Lamoureux, Hugo, 184
Laurie, Hugh, 153
leitura, 29, 55, 68, 97, 139
liberdade, 194, 201
Lil'Grams, 18
LinkedIn, 88
literatura, 139, 145, 147-148, 167. Ver também Holmes, Sherlock
LiveJournal, grupo de discussão, 44
local de trabalho, 75
Locke, John, 173, 197

Mackenzie, Henry, 166
macroeconomia, 137-138
Man Who Made Lists, The (Kendall), 38
manipulação, 139-141
Mankiw, Greg, 113, 115
mantras, 98
máquina de experiências, 142-145
Marginal Revolution, blog, 11
Márquez, Gabriel García, 122
Marx, Karl, 207
matemática, 29, 34, 152
Maxim, 51
McLuhan, Marshall, 71
meditação, 98-99
meetways.com, 132
Mehrling, Perry, 99
Melville, Herman, 132

memória, 28, 131, 189
Mendel, Gregor, 35, 164
Mensagem para você, 128
metafísica, 197-198
MI, 72-77, 88
Michelangelo, 164
Microsoft Network (MSN), 54
mídia impressa, 51, 72, 194
mídia, cobertura da, 43, 135-136
Midnight Economist, 57
migrantes, 108
minorias, 204
mobilidade, 206, 208
modelo de sinalização da educação, 108, 112
monotonizar a existência, 141
montagens culturais, 49, 52-55
Monty Python em busca do cálice sagrado, 137
moralidade, 199
Moriarty, James (personagem ficcional), 152
mórmons, 109
mosttraveledpeople.com, 107
Mozart, Wolfgang Amadeus, 64, 67, 164
multitarefa, 58-60, 63
música atonal, 177-187
música clássica indiana, 181
música serial, 178
música
 acesso a, 51
 ao vivo, 116
 atonal, 177-187
 duração da, 50, 52
 e amusia, 175
 e autistas, 28, 35, 176, 181-185
 e pedaços de cultura montados, 64
 e validação social, 89
 indústria da, 15

ordem na, 181
percepção de diapasão, 28, 175
serial, 178
serviços de assinatura, 15
My Mile Marker, 21
MyLifeBits, 101
MySpace, 54

nacionalismo, 191
napkin fiction, 52
Napster, 15
National Association of Blind Lawyers, 34
Náusea, A (Sartre), 142
Nazeer, Kamran, 21
nerds, 32, 112
neurodiversidade
  compreensão da, 213
  e grupos de apoio, 33
  e música atonal, 177, 179-180
  e política, 192
  e respeito pelo indivíduo, 214
  e valores estéticos, 183
  figuras históricas com, 164
  importância da, 126
  relação com autismo, 32
  Ver também autismo e indivíduos autistas
neurodiversity.com, 44
neuroeconomia, 125-126, 195
neurologia
  e Kant, 198
  e o dalai lama, 99
  e política, 194
  e respeito pelo indivíduo, 213
  e valores estéticos, 170-175, 179-186
neuroplasticidade, 99
New York Review of Books, The, 51
New York Times, The, 42, 63, 107

New Yorker, The, 51
Newmark, Craig, 34
Newton, Isaac, 35, 164
Nordon, Pierre, 158
Nova Zelândia, 200
novidade, 141
Nozick, Robert, 142-145
Nudge (Thaler and Sunstein), 125

"O Google está nos emburrecendo?" (Carr), 61
Obama, Barack, 91
objetividade dos autistas, 193
obsessão, 105
Odadeo, 18
Oe, Hikari, 176-177
Oe, Kenzaburo, 176
ordenação de informação, 11-23
  colecionar como forma de, 105
  e autistas, 12-13, 19-23, 30, 33, 45, 64, 140, 205
  e budismo, 95-96, 98-99, 102, 107
  e contextos de redes sociais, 16-18
  e educação, 113
  e histórias, 127-130, 140
  e importância do meio, 73
  e Kant, 197-199
  e multitarefa, 63
  e música, 181
  e registro da vida cotidiana, 99-101
  e sobrecarga de informação, 62
  e web, 14-22
  em personagens ficcionais, 148
ordenação mental. *Ver* ordenação de informação
Orwell, George, 164
"Os Custos do Autismo" (Ganz), 43

Ostwald, Peter, 164
otaku, cultura, 209-210
Overcoming Bias, website, 187

paciência, 60-61
Page, Tim, 176
pais de crianças autistas, 45
países nórdicos, 200
países, viagem a, 107
Paradoxo de Fermi, 214-215, 217
Paraíso (Dante), 129
pares, 91
patriotismo, 190
PDF, documentos, 77
pensamento grupal, 191
percepção de diapasão, 28, 175
percepção sensorial dos autistas, 29, 144, 179
percepção
   capacidades perceptivas de autistas, 44, 148, 172, 183
   e valores estéticos, 173
   efeito sobre comportamento humano, 123-124
períodos de atenção, 61
perseverações, 40, 166
personalidades orientadas para o detalhe, 148, 172, 183
Pessoa, Fernando, 122, 141
Pierrot Lunaire (Schoenberg), 178
Poderoso chefão, O, série, 134
Poe, Edgar Allan, 158
política, 187-201
   e cognição humana, 187
   e comportamento governado por regras, 199-201
   e cosmopolitismo, 190-192, 194, 196
   e efeito da dotação, 189, 192
   e objetividade, 188

   e ordenação, 196-199
   e raciocínio abstrato, 192-196
   pontos focais, 131-132, 134, 136
pós-modernismo, 53
Pownce, 80
preferências alimentares, 40
Previsivelmente irracional (Ariely), 125
Princesa prometida, A, 128
processamento ou percepção local, 28-29, 45
produção doméstica, 140
produção, 19
Profecia celestina, A (Redfield), 104
propaganda, 140
propaganda, 51, 139-140, 216
prosopagnosia, 35
prosperidade, 11, 218
protestantes evangélicos, 109
psicologia narrativa, 127
psicologia, 125
Psychology Today, 170-171

Quine, Willard van Orman, 164

Rae, John, 166
Raffman, Diana, 180
Rain Man (filme), 25
Rangaswami, J. P., 83
realidade, 124, 197-198
reconhecimento de padrões, 28, 150, 183, 194
reconhecimento facial, 35, 132
redes sociais, 18
registro da vida cotidiana, 99-101
Reid, Donna, 79
Reid, Fraser, 79
Reino Unido, 200
relações de "grupo de dentro", 191

religiões New Age, 104
religiões, 89, 104, 191
respeito pelo indivíduo, 213
Reunião de negócios, 116
revistas, 51
Rhapsody, 15
Riqueza das nações, A (Smith), 125, 165, 207
Roget, John, 39
Roget, Peter Mark, 38
Roget's Thesaurus (Roget), 38
romance, 50, 66-68
rotinas, 135
RSS (Really Simple Syndication), 90
Rubin, Sue, 96-97, 184
Russell, Bertrand, 35, 164
Rússia, 200-201

Sacks, Jonathan, 209
Sacks, Oliver, 174
sacrifício, 86
Sartre, Jean-Paul, 142
satisfação do consumidor, 121
Savage, Michael, 42
savants, 25
Schelling, Thomas C.
   e Nozick, 145
   sobre limitações humanas, 138
   sobre pontos focais, 131, 133
   utilização de histórias, 119-121, 127
Schoenberg, Arnold, 177-178
Second Life, 82, 204
Secondbrain.com, 18
Segredo, O (Byrne), 104
Seidel, Kathleen, 44
Seinfeld, 104
Seneca, Jason, 42
Senhor dos anéis, O (Tolkien), 128
SenseCam, 101

Sensory Order, The (Hayek), 195
serviços de microblog, 71, 80-82
Shelton, Angela, 90
Shirky, Clay, 62
Silício, Vale do, 205
Simone, Nina, 174
simpatia, 164, 166
Sinclair, Jim, 41, 131
síndrome de Asperger
   cobertura da mídia sobre, 43, 153
   comportamentos e traços associados à, 39-40
   construção de comunidade da, 206
   e discriminação, 191
   e grupos de apoio, 33, 44
   e valores estéticos, 170, 176
   perseverações, 166
   pessoas bem-sucedidas com, 33, 35, 164
   relação com o autismo, 31
síndrome de Tourette, 166
síndrome de Williams, 174
sistemas solares, 214-215
Skinner, B. F., 213
Smith, Adam
   compreensão psicológica de, 125
   e neuroeconomia, 195
   perfil cognitivo de, 164-168
   sobre divisão do trabalho, 207
   sobre efeitos de enquadramento, 86
   sobre validação social, 89
Smith, Vernon, 32-33, 47
Sony Reader, 69
Sowell, Thomas, 35
Spielberg, Steven, 35
Stapledon, Olaf, 205
Star Maker (Stapledon), 205
status social, 172
Stephenson, Neil, 56
Stewart, Dugald, 165-166

String Quartet Number Two (Feldman), 52
sumários de conversação, 100
Sunstein, Cass, 91, 125
Swift, Jonathan, 35, 164

tarefas e rotinas repetitivas, 40, 207
teatro, 115
Technorati, 62
tecnologia da informação, 205
tecnologia, 53. Ver também tecnologias específicas, inclusive web
telefone, falar ao, 40
televisão, 115, 121
Teorema de Alchian-Allen, 57-58
Teoria dos sentimentos morais (Smith), 86, 125, 165
terroristas, 89
Tesla, Nikola, 35, 164
teste de QI de matrizes progressivas de Raven, 37
Thaler, Richard H., 125
The Teaching Company, 113
ThinkTank, 100
TiVo, 141
"Tlön, Uqbar, Orbis Tertius" (Borges), 89
tolerância à dor, 29
Tolkien, J. R. R., 128
tom de voz, 40
Tóquio, Japão, 210-211
torpedos, 78-80
Totspot, 18
Tower Records, 15
transporte, 208
Tratado de Bridgewater (Roget), 38
troca, benefícios da, 209
Turing, Alan, 35, 164
Turkle, Sherry, 56
Twist, 82
Twitter, 16, 22, 80-83, 87, 98

überdistorção, 84
überviés, 88, 93
União Soviética, 200
Universidade de San Diego, 110
University Economics (Alchian e Allen), 57
universo em um átomo, O (dalai-lama), 96

validação social, 89
valor
 das histórias, 130, 145
 e efeitos de enquadramento, 84-86, 89
 e interioridade, 69
 na cultura, 18
valores estéticos, 169-186
 cânones de, 97, 184-185
 e autismo, 169-171
 e crítica cultural, 182
 e neurodiversidade, 183
 e neurologia, 170-175, 179-186
 julgamentos sobre, 172
 papel da percepção nos, 173
Veley, Charles, 107
viagens, 107, 208
vícios, 54, 62, 140, 142
vidas sexuais, 21
violência na arte, 171
visão, 28
Viver para contar (Márquez), 122

Walmart, 14, 66
Warhol, Andy, 164, 185
Watson, John H. (personagem ficcional), 154-157
web
 acesso a conteúdo, 55, 57, 69
 e autistas, 63, 133, 204, 209
 e conexões políticas, 91-92

e desempenho cognitivo, 59
e educação, 114-115
e ordenação mental, 14-22
e períodos de atenção, 60-62
efeito de reformulação das conexões
  cerebrais, 19
grupos e afiliações na, 91-93
moeda da, 53-54
tamanho do conteúdo, 55
Ver também sites específicos, tais como
  Facebook
websites populares, 54

Webern, Anton, 177
Wikipédia, 18, 20, 54, 99-102
Windows Live, 54
Wittgenstein, Ludwig, 164

Yahoo!, 54
Yeats, William Butler, 164
YouTube, 20, 51, 54, 89

Este livro foi composto na tipologia Sabon
LT Std, em corpo 11/16, e impresso em papel
off-white 80g/m² no Sistema Cameron da
Divisão Gráfica da Distribuidora Record.